DU

CAUTIONNEMENT

EN DROIT ROMAIN ET EN DROIT FRANÇAIS

~·≈⊙≈⊙≈·~

THÈSE

PRÉSENTÉE A LA FACULTÉ DE DROIT DE POITIERS

POUR OBTENIR LE GRADE DE DOCTEUR,

ET

SOUTENUE LE VENDREDI 28 JUILLET 1865, A 2 H. 1/2 DU SOIR,

DANS LA SALLE DES ACTES PUBLICS DE LA FACULTÉ

Par FÉLIX FESTY.

Avocat a la cour impériale de Poitiers.

POITIERS,

IMPRIMERIE DE A. DUPRÉ,

RUE DE LA MAIRIE, 10.

1865

DU

CAUTIONNEMENT

EN DROIT ROMAIN ET EN DROIT FRANÇAIS.

~~~

THÈSE

PRÉSENTÉE A LA FACULTÉ DE DROIT DE POITIERS

POUR OBTENIR LE GRADE DE DOCTEUR,

ET

SOUTENUE LE VENDREDI 28 JUILLET 1865, A 2 H. 1|2 DU SOIR,

DANS LA SALLE DES ACTES PUBLICS DE LA FACULTÉ,

Par FÉLIX FESTY,

Avocat à la Cour impériale de Poitiers.

~~~

POITIERS,
IMPRIMERIE DE A. DUPRÉ,
RUE DE LA MAIRIE, 10.

—

1865

COMMISSION

PRÉSIDENT,   M. RAGON.

SUFFRAGANTS , { M. GRELLAUD, ✳, doyen,
M. ABEL PERVINQUIÈRE, ✳,
M. MARTIAL PERVINQUIÈRE,
M. LEPETIT, } Professeurs.

C.

A LA MÉMOIRE DE MON PÈRE.

A TOUS CEUX QUE J'AIME.

DROIT ROMAIN.

« Sponde; noxa presto est. »
Sidonius Apollinaris.

PROLÉGOMÈNES.

Dans le langage juridique des Romains, le verbe *cavere* et le substantif *cautio* expriment l'idée générale de sûreté, soit que l'on veille à ses propres intérêts, soit que l'on veille aux intérêts d'autrui ; mais ils signifient surtout les sûretés accessoires d'une dette, sans distinction entre les sûretés réelles (gage, hypothèque) et les sûretés personnelles : *cautum intelligitur*, dit le jurisconsulte Paul, *sive personis, sive rebus cautum sit.* (L. 188, § 1, D., *de verb. signifîc.*)

Les sûretés réelles sont hors de notre sujet.

Les sûretés personnelles consistent soit dans l'engagement de plusieurs débiteurs solidaires (*correi debendi*), soit dans l'adjonction à une obligation principale d'une obligation accessoire contractée par une tierce personne, dans une *adpromissio*. C'est à ce dernier point de vue seulement que nous avons à traiter des sûretés personnelles.

L'*adpromissio*, par suite des progrès de la jurisprudence, a revêtu trois formes différentes, d'où elle a pris les noms de *sponsio*, *fidepromissio*, *fidejussio*.

A l'origine, il n'y a qu'une seule forme d'*adpromissio*, la *sponsio*, qui porte l'empreinte de l'esprit formaliste et exclusif du droit romain primitif ; c'est un engagement qui ne se peut contracter qu'au moyen de paroles solennelles : « *Idem dare spondes ? — Idem spondeo*, » dont l'usage est réservé aux citoyens romains. Plus tard, la formule « *Idem fidepromittis ?*

1

— *Idem fidepromitto,* » vint fournir aux *peregrini* un moyen de se porter aussi *adpromissores.* — La *sponsio* ou la *fidepromissio* a un double but : 1° garantir le payement d'une dette valable, *ut diligentius nobis cautum sit ;* 2° valider indirectement, dans certains cas, une obligation nulle, comme celle contractée pour le temps où le débiteur ne sera plus, *post mortem debitoris* (Gaïus, *Inst.*, c. iii, § 119). A ce point de vue, le *sponsor* ou le *fidepromissor* joue en sens inverse le même rôle que l'*adstipulator* qui accède à la stipulation faite pour un temps postérieur à la mort du créancier, *post mortem creditoris* (Gaïus, *loc. cit.*, § 117).

Voici les caractères que présente, sous l'ancien droit, la *sponsio* ou la *fidepromissio* :

1° L'obligation d'autrui que l'*adpromissor* veut garantir doit avoir une dation pour objet et résulter d'un contrat formé *verbis* (Gaïus, *loc. cit.*, § 119) ; mais l'*adpromissio* est-elle valable quand le débiteur principal est un étranger ou un esclave qui a promis par la formule essentiellement civile, celle de la *sponsio ?* Cette question était encore controversée du temps de Gaïus ; les paroles solennelles n'ayant pas été valablement prononcées, les jurisconsultes rigoristes en concluaient que l'*adpromissio* manquait de fondement, bien qu'il y eût une obligation naturelle.

2° Le *sponsor* ou le *fidepromissor* ne peut garantir une dette future, ni une dette antérieurement contractée ; il faut qu'il s'oblige en même temps que le *reus*. Bien que les textes soient muets à cet égard, nous pouvons induire cette particularité de ce passage de Plaute :

LYSITELES : Filiam tuam spondes mihi uxorem dari?
CHARMIDES : Spondeo.
CALLICLES :   Et ego spondeo idem hoc.

(*Trinummus*, act. v, sc. ii, vers 38 et 39.)

Il résultait de là que si l'on voulait garantir par la *sponsio* une obligation primitivement contractée sans *adpromissio*, il fallait, sous peine de nullité, remplacer la première dette par une seconde à laquelle accédait immédiatement le *sponsor* (G. *loc. cit.*, § 178).

3° Lorsqu'il y a plusieurs *sponsores* ou *fidepromissores* garantissant une même dette, chacun d'eux est tenu pour la totalité comme s'il était seul, et comme entre eux il n'y a aucune relation ni de mandat, ni de gestion d'affaires, ni de société, celui qui a payé le créancier ne peut exercer aucun recours contre les autres, et c'est sur lui que retombe tout le fardeau de l'insolvabilité du débiteur.

4° Enfin l'engagement du *sponsor* ou *fidepromissor* n'est pas transmissible à ses héritiers ; les Romains, en effet, considéraient le cautionnement comme un contrat tout personnel ; de plus, on avait une raison particulière pour restreindre ainsi les effets de la transmission héréditaire : on cherchait sans doute à rendre plus rare l'application des moyens d'exécution si rigoureux que la loi des XII Tables autorisait contre les débiteurs. Toutefois il faut observer que le pérégrin qui se porte *fidepromissor* transmet son obligation à ses héritiers, si telle est la législation de la cité à laquelle il appartient. (Gaïus, *loc. cit.*, § 120.)

Le législateur, comme nous venons de le voir, traitait, à l'origine du moins, les *adpromissores* avec une grande sévérité qui n'avait qu'un seul correctif, l'intransmissibilité de l'obligation à leurs héritiers (c'était là une nouvelle preuve du parallélisme qui s'était établi entre l'*adstipulatio* et l'*adpromissio*) ; mais plusieurs adoucissements se produisirent à la faveur de divers plébiscites fort importants à remarquer dans l'histoire du droit romain, plébiscites dont l'existence et quelques dispositions nous sont révélées par Gaïus.

La loi *Apuleia* (*de sponsu*, an de Rome 652, 102 avant J.-C.), applicable même hors de l'Italie, vint ouvrir une ère nouvelle toute favorable aux adpromettants ; dès lors il exista de plein droit entre les *co-sponsores* et les *co-fidepromissores* une sorte de société qui permettait à celui d'entre eux qui avait payé plus que sa part de répéter cet excédant contre les autres par l'action *pro socio.* (Gaïus, *loc. cit.*, § 122.) On rapporte à cette même loi une autre disposition que Gaïus nous fait connaître comme établie par une loi dont le nom est resté illisible dans le manuscrit de Vérone. Le créancier qui voulait recevoir des *sponsores* ou des *fidepromissores* devait faire connaître à l'avance pour quel objet et combien il devait en recevoir. Ces renseignements, en effet, étaient utiles pour que ceux qui allaient associer leur responsabilité pussent mesurer la portée de leurs engagements. Si le créancier ne faisait pas ces déclarations, les cautions pouvaient, après trente jours, obtenir leur libération, si elles prouvaient, au moyen d'un *præjudicium,* qu'il n'avait pas été satisfait aux prescriptions du plébiscite.

La loi *Furia de sponsu* (dont la date approximative doit être fixée à l'an de Rome 659, 95 avant notre ère) vint faire un second pas dans cette voie d'indulgence au profit des *sponsores* et des *fidepromissores :* elle réduisit à deux ans la durée de leur engagement qui auparavant ne s'éteignait qu'à leur mort, et divisa de plein droit, dans cet intervalle de deux années, l'action du créancier entre ceux qui existaient au moment de l'exigibilité de la dette ; de telle sorte qu'ils ne pouvaient être forcés de payer que chacun sa part virile; mais cette loi nouvelle n'était applicable qu'à l'Italie ; aussi dans les provinces on continua à appliquer la loi Apuleia.

Une troisième loi, dite *Publilia,* dont la date nous est inconnue, mais qui est présumée appartenir à la même époque que la loi *Furia,* vint accorder une faveur toute spéciale aux *sponsores.* Tandis que les *fidepromissores* ne pouvaient recourir contre le *reus* que par l'action *mandati in simplum,* les *sponsores* purent agir contre lui par l'action *depensi,* et obtenir, en cas de dénégation de sa part, une condamnation au double. La raison de cette différence est peut-être que les pérégrins ne participaient pas à l'exercice des actions créées par une loi ; c'est ainsi qu'il fallait inventer une formule fictive pour leur permettre d'agir au moyen de la *condictio furtiva* et de l'*actio damni injuriæ*, dérivant de la loi *Aquilia*. (Gaïus, *Inst.*, c. IV, § 37.) — Outre l'action *depensi*, la loi *Publilia* donnait au *sponsor* qui n'avait pas été remboursé six mois après le payement, le droit de pratiquer contre le *reus* une *manus injectio pro judicato*, et la loi *Furia* lui avait ouvert la même voie de contrainte contre le créancier qui avait exigé de lui au delà de sa part virile. (Gaïus, *Inst.*, c. IV, § 22.) Il va sans dire que le *fidepromissor* pérégrin ne put procéder ainsi par action de la loi ; quant à celui qui était citoyen, c'est un point qui peut faire doute, parce que Gaïus ne s'en est pas expliqué et n'a parlé que du *sponsor*.

Aucune des lois que nous venons de rappeler ne fait mention de la troisième classe d'adpromettants, des *fidejussores*. Il est permis de conjecturer que l'institution de la *fidejussio* leur fut postérieure, ou que du moins elle fonctionnait rarement en pratique lors de leur promulgation. Du reste, le besoin d'une forme nouvelle pour l'*adpromissio* se faisait depuis longtemps sentir ; il fallait créer un système de cautionnement plus largement conçu, qui offrît aux créanciers les garanties que le nouveau système de législation était venu si considérablement diminuer. On atteignit ce résultat au moyen d'une troisième formule : « *Idem fidejubesne? — Idem fidejubeo.* » Telle fut l'origine de la fidéjussion ; quant à ses principaux caractères, nous les résumerons ainsi : elle peut accéder à toute obligation, quelle qu'en soit la nature (qu'elle soit civile, prétorienne ou même naturelle, pourvu, toutefois, qu'elle soit valable), quel qu'en soit l'objet (*dare, facere, præstare*), quelle qu'en soit la *causa civilis* (*res, verba, litteræ, consensus, delictum, variæ causarum figuræ*), quelle qu'en soit la date ; d'ailleurs l'engagement des fidéjusseurs est perpétuel de sa nature et transmissible à leurs héritiers (Gaïus, *Inst.*, c. III, § 120) ; enfin, chacun de ceux qu'ont accédé à la même dette est tenu pour le tout sans pouvoir recourir contre les autres, ni invoquer le bénéfice de la loi *Furia* ; mais cette législation devait subir des adoucissements.

Une loi *Cornelia*, rendue sous Cornélius Sylla, en l'an de Rome 673, 81 avant J.-C., vint établir, en matière de cautionnement, ce que la loi *Cincia* avait établi en matière de donation : celle-ci avait pour but de protéger les donateurs contre des libéralités considérables qu'ils auraient peut-être faites trop légèrement ; celle-là vint protéger les *adpromissores* contre des engagements trop étendus, contractés peut-être dans les mêmes circonstances; dès lors un même *adpromissor* ne put valablement s'obliger pour une somme supérieure à vingt mille sesterces en faveur du même débiteur, envers le même créancier dans la même année : « *Qua lege idem pro codem apud eumdem, codem anno, relatur in ampliorem summam obligari creditæ pecuniæ quàm in XX millibus.* » (Gaïus, *Inst.*, c. III, § 124.) Il n'y a d'exceptées que les satisdations données en matière de dot, *dotis nomine*, ou pour garantir l'exécution d'une disposition testamentaire, ou sur l'ordre du juge, ou bien enfin en vertu de la *lex vicesima hereditatum.* Le bénéfice de la loi *Cornelia* fut commun aux trois classes d'adpromettants; et comme elle voulait embrasser dans ses dispositions le plus grand nombre de cas possible, elle s'appliqua à toute obligation ayant pour objet une *pecunia credita*, c'est-à-dire, suivant la large signification de ces mots, à toute dette de genre ou de quantité dont l'existence n'était suspendue par aucune condition.

Survint plus tard une constitution d'Adrien, qui permit au fidéjusseur actionné par le créancier de forcer celui-ci à diviser ses poursuites entre lui et les autres cofidéjusseurs intervenus en faveur du même débiteur ; mais ce rescrit n'étendait pas aux fidéjusseurs le bénéfice de la loi *Furia*, comme nous le verrons dans le cours de nos développements en traitant du bénéfice de division. A côté de ce bénéfice, nous trouvons dans le Digeste celui de cession d'actions, et en outre, dans le Code de Justinien, celui de discussion. Le premier fut imaginé par les jurisconsultes comme un moyen d'assurer le recours de la caution ; ils lui permirent de refuser au créancier le payement qu'il réclamait, tant qu'il ne lui aurait pas cédé ses actions contre les autres obligés à la dette. Enfin ce fut Justinien qui, en 539, rétablit, par la novelle IV, le bénéfice de discussion, qui permet au fidéjusseur de ne pas répondre à la poursuite du créancier tant que celui-ci n'a pas discuté le *reus*. Nous dirons, pour terminer cet historique de l'*adpromissio*, que, bien que dans la loi *Apuleia* il ne fût nullement question des *fidejussores*, la jurisprudence les faisait participer à la disposition qui donnait aux *sponsores* et aux *fidepromissores* la faculté de se libérer en faisant constater par un *præjudicium* qu'il n'était pas intervenu de déclaration publique de la part du créancier sur l'objet de la dette et le nombre des adpromettants.

La fidéjussion finit par supplanter la *sponsio* et la *fidepromissio* ; elle s'appliquait, en effet, à un plus grand nombre de rapports de droit, et présentait au créancier une sûreté plus considérable. Sous Justinien l'*adpromissio*, quant à ses deux premières formes, est complétement tombée en désuétude. Aussi les compilateurs des Pandectes ont-ils pris le soin d'effacer, dans les textes qu'ils ont empruntés aux anciens jurisconsultes, tout ce qui avait trait aux anciennes institutions. Certains de ces textes portent même des traces évidentes d'interpolations.

Nous n'envisagerons donc ici l'*adpromissio* que sous sa dernière forme, la *fidejussio*, telle que nous la trouvons dans le dernier état du droit. Nos développements sur cette matière se répartiront en quatre titres : dans le titre premier, nous nous demanderons entre quelles personnes la fidéjussion peut prendre naissance ; dans le titre deuxième, nous étudierons ce mode de cautionnement dans sa nature, son objet et son étendue ; les différents effets de la fidéjussion feront le sujet du titre troisième ; enfin, dans le titre quatrième, nous verrons comment s'éteint la fidéjussion ; enfin, dans un appendice, nous traiterons des principaux caractères de deux institutions destinées, par la jurisprudence, à combler les lacunes de la fidéjussion, nous parlerons du constitut *alieni debiti* et du mandat *credendæ pecuniæ*.

TITRE PREMIER.

ENTRE QUELLES PERSONNES LA FIDÉJUSSION PREND NAISSANCE.

D'après ce qui précède, un *fidéjusseur* est une garantie personnelle donnée par stipulation au créancier pour sûreté de sa créance ; c'est un débiteur adjoint au débiteur principal pour acquitter la dette à sa place.

Il faut bien se garder de confondre avec le fidéjusseur l'*expromissor*, qui s'en rapproche à plusieurs égards : tous deux, à la vérité, s'obligent pour autrui par une stipulation, mais leur engagement n'a pas la même portée : et d'abord le fidéjusseur est un débiteur accessoire ; l'*expromissor*, au contraire, est un débiteur principal ; — ensuite le premier s'engage sans affranchir le débiteur principal de son obligation, « *citra novationem*, » dit Cujas ; le second au contraire se substitue au débiteur principal, qui se trouve ainsi complétement libéré.

Ceci posé, nous nous demanderons dans ce titre : 1° quelles personnes peuvent se porter fidéjusseur ; — 2° quelles personnes peuvent recevoir un fidéjusseur ; — 3° enfin comment se forme la fidéjussion.

CHAPITRE PREMIER.

Quiconque veut intervenir comme fidéjusseur doit satisfaire à cette condition : il doit être *idoneus* , ce qui signifie
que le fidéjusseur doit présenter au créancier des garanties
suffisantes de solvabilité et de capacité.

La solvabilité se compose de deux éléments : les facultés
pécuniaires et la facilité des poursuites futures (L. 2, pr., D.,
qui satisd. cog.). Si donc le fidéjusseur se trouve *locuples* ,
mais qu'il ait à sa disposition la *præscriptio fori*, le créancier
pourra le considérer comme *non idoneus* et refuser sa garantie, à moins toutefois qu'il n'ait renoncé à se prévaloir
de ce moyen de défense pour le cas où il viendrait à être
poursuivi (L. 7, pr., *in fine*, D., *qui satisd. cog.*, et L. 1, D.,
si quis in jus voc.). Lorsque des doutes s'élèvent sur le point
de savoir si un fidéjusseur est *idoneus*, la question est tranchée par des arbitres, sauf le droit d'appel pour la partie qui
trouve la sentence inique (L. 9, D., *qui satisd. cog.*).

Quant à la capacité, elle forme la règle générale ; l'incapacité forme l'exception ; elle peut résulter :

1° *De la minorité de vingt-cinq ans.* — Il n'est permis au
mineur de vingt-cinq ans de se porter fidéjusseur que *in rem
suam*, c'est-à-dire que dans les affaires qui l'intéressent :
ainsi il peut cautionner son propre procureur (L. 8, pr., D.,
de fidej. et mand.).

2° *De l'état militaire.* — Ce que nous venons de dire des
mineurs de vingt-cinq ans s'applique aux soldats ; toutefois
ces deux incapacités n'ont pas la même raison d'être : l'une
en effet tire sa source de l'âge , l'autre de la profession ; le
législateur se défie de l'inexpérience du mineur de vingt-
cinq ans ; quant au soldat, il se doit exclusivement à son dra-

peau : *Armis non privatis negotiis occupentur*, dit l'empereur Léon. (L. 31, C., *de loc. cond.*)

3° *De l'état ecclésiastique.*—Plusieurs constitutions vinrent, dans le dernier état du droit, interdire aux gens d'église de se porter fidéjusseur pour autrui. N'est-il pas convenable qu'à raison de leur profession, ils se tiennent écartés des affaires ? *Ut clerici a... negotiis secularibus abstineant*, porte la rubrique d'une de ces constitutions. (Nov. cxxiii, c. vi; Léon, nov. lxxxvi.)

4° *De l'esclavage.* — De ces mots de la loi 20, D., *de fidej. et mand. :* « *cùm servus fidejussionis nomine obligari non posset...*, » il semble résulter que l'esclave ne peut jamais se porter valablement fidéjusseur ; mais une distinction doit être admise : l'acte de l'esclave, en effet, peut se rattacher ou ne pas se rattacher à la gestion de son pécule ; il peut agir ou *extra causam peculii*, ou *ex causa peculiari*.

L'esclave a-t-il contracté *extra causam peculii*, son engagement est nul, et, au cas de payement, le créancier se trouvera exposé à une *vindicatio* ou à la *condictio indebiti* de la part du maître, suivant que les espèces comptées proviennent des deniers de ce maître ou de l'argent du pécule. Dans tous les cas, si le maître lui-même a effectué le payement, il aura la *condictio indebiti* contre le créancier, sans pouvoir jamais exercer aucun recours contre le débiteur principal, auquel il n'a pas pu procurer sa libération.

L'esclave est-il intervenu *ex causa peculiari*, le maître sera tenu de l'action *de peculio* à raison de cet engagement ; toutefois, au cas d'un payement fait de ses propres deniers et à son insu, il aura contre le créancier la *rei vindicatio*. (L. 19, D., *de fidej. et mand.*)

5° *De la qualité de fils de famille.* — Comme l'esclave, le *fils de famille* est, en principe, incapable de se porter fidéjusseur ; mais ici encore des distinctions sont nécessaires : le fils de famille, en effet, peut être appelé à garantir la dette soit d'un étranger, soit de son père. Au premier cas, la fidéjussion sera efficace jusqu'à concurrence du pécule, car l'action *de peculio* sera toujours donnée contre le père, sans distinguer ici, comme pour l'esclave, si l'engagement a eu pour mobile ou non la gestion du pécule. — Au second cas, la fidéjussion produira infailliblement effet ; car le fils de famille, devenu *sui juris*, pourra être poursuivi jusqu'à concurrence de ses facultés ; de plus, il pourra être condamné alors même qu'il est en puissance. Le père, de son côté, sera tenu de l'action *de in rem verso* ou de l'action *quod jussu*, suivant que la fidéjussion a eu lieu à son insu ou par son ordre. — Cependant, si le fils a payé après son émancipation, il aura contre le père une action *utile*, qui lui compétera même s'il est resté en puissance, pourvu toutefois, dans ce dernier cas, qu'il ait payé des deniers de son pécule *castrans*. Mais, dans aucun cas, il n'aura une action directe contre son père ; car il ne peut y avoir d'obligation civile entre un père et son fils. (L. 2, § 3, D., *qui satisd. cog.*; L. 10, § 2, D., *de fid. et mand.*)

6° *De la qualité de femme.* — Les législateurs ont toujours voulu protéger la femme contre les conséquences de sa fragilité et de sa faiblesse; aussi, quand la tutelle perpétuelle des femmes fut tombée en désuétude, des édits rendus sous Auguste et sous Claude leur défendirent d'intercéder pour leurs maris, prohibition que le sénatus-consulte Velléien vint étendre à tous les cas d'intercession. Mais que faut-il entendre par intercession ? On désigne par ce mot tout acte ayant pour but la garantie de la dette d'autrui ; cette expression comprend donc : l'expromission, le constitut, le mandat *credendæ pecuniæ*, et les différentes sortes d'adpromissions, par conséquent la fidéjussion.

Dans l'ancien droit, l'incapacité de la femme relative à la fidéjussion comme à toute espèce d'adpromission s'appliquait *exceptionis ope*, c'est-à-dire que la femme avait, pour repousser l'action du créancier, une exception tirée du sénatus-consulte Velléien, et si elle avait payé, ignorant que ce

moyen de défense fût à sa disposition, on lui accordait la
condictio indebiti. (L. 10, D., *de cond. ind.*) Toutefois il y
avait des cas où la fidéjussion de la femme était efficace, où
on lui refusait le secours de l'exception tirée du sénatus-consulte, ce qui se présentait :

1° Lorsque la femme s'engageait *in rem suam*, par exemple quand elle intervenait pour assurer la possession à l'a-
cheteur d'une hérédité auquel elle devait garantie en cas
d'éviction, ou bien lorsqu'elle s'obligeait pour son propre
fidéjusseur (LL. 3 et 13, pr., D., *ad Sen. Vell.*).

2° Lorsque celui pour lequel elle intervenait lui avait versé
entre les mains le montant de la dette ; dans ce cas, en effet,
il n'y avait pas lieu de craindre que la femme s'appauvrît,
puisqu'elle ne pouvait être poursuivie que pour ce qu'elle
avait reçu (LL. 16 et 22, pr., D., *ad Senatusc. Vell.*).

Justinien, craignant qu'on vînt à éluder la prohibition du
sénatus-consulte en simulant la numération des espèces,
exigea qu'elle fût constatée par un acte dressé en présence
de trois témoins (L. 23, pr., C., *ad Senat. Vell.*) ;

3° Lorsque la femme intervenait pour garantir le paie-
ment d'une dot (L. 12, C., *h. tit.*) ;

4° Lorsqu'elle s'engageait en faveur d'un mineur de vingt-
cinq ans, et que le débiteur principal était devenu insolvable
(L. 12, D., *de minoribus viginti quinque annis*) ;

5° Lorsqu'elle s'engageait en faveur de la liberté (L. 24, C.
ad Senatusc. Vell.) ;

6° Enfin, lorsqu'elle avait renoncé à user de l'exception du
sénatus-consulte (L. 32, § 4, D., *h., tit.*, et Nov. cxxxiv,
c. 8.)

Quant à cette renonciation, elle était prohibée dans plusieurs cas :

1° Si la femme était prête à défendre en justice pour un tiers ;
car elle devait, suivant Pomponius, donner caution qu'elle
ne se prévaudrait pas du secours à elle offert par le sénatus-
consulte. On explique cette décision en disant que la femme

ne peut se faire illusion sur les conséquences de l'acte ; d'ailleurs, c'est pour ce même motif que la femme incapable de s'obliger pour autrui reste néanmoins capable de libérer spontanément autrui de sa dette, soit par un payement en argent, soit par une *datio in solutum* (L. 32, § 5, D., *h. tit.*) ;

2° Quand la femme voulait être tutrice de ses enfants (l. 24, § 2, D., *de act. empt.*) ;

3° Enfin, quand la femme renouvelait en majorité et après un intervalle de deux années une première intercession, à moins qu'elle n'eût eu lieu en faveur du mari : « *Sibi imputet*, porte une constitution de Justinien, *si quod sæpius cogitare poterat et evitare, non fecit, sed ultro firmavit* » (L. 22, C., *ad Senatusc. Vell.*). Si l'on rapproche ces derniers mots du principe : « *Quod nullum est, confirmari non potest,* » on ne peut douter que l'idée d'une obligation dérivant de l'intercession d'une femme n'ait fini par se faire jour dans le dernier état de la législation [1].

CHAPITRE II.

POUR ET ENVERS QUELLES PERSONNES ON PEUT SE PORTER FIDÉJUSSEUR.

Nous diviserons ce chapitre en deux sections : dans la première nous nous demanderons pour quelles personnes on peut se porter fidéjusseur, et dans la seconde envers quelles personnes on peut s'engager en cette qualité.

SECTION I.

POUR QUELLES PERSONNES ON PEUT SE PORTER FIDÉJUSSEUR.

La fidéjussion peut intervenir en faveur de toute personne capable d'être obligée ; on peut donc se porter fidéjusseur :

1° Pour un *esclave :* — c'est ainsi que, d'après le juriscon-

[1] M. Machelard, *Oblig. nat. en dr. rom.*, 1re part., § 2, append.

sulte Julien, on peut garantir la vente d'un esclave faite par un autre esclave ; alors, à la différence du maître du vendeur, qui n'est tenu qu'*intra vires peculii*, le fidéjusseur se soumet à toutes les obligations de la garantie, quel qu'en puisse être le chiffre , comme si le vendeur eût été un homme libre. (L. 70, § 3, D., *de fid. et mand.*)

Observons toutefois que, quand le maître reçoit le fidéjusseur, celui-ci peut être interrogé par l'esclave débiteur principal ; car cette qualité s'efface complétement pour ne laisser place qu'à la *persona domini*, dont l'esclave est le représentant alors qu'il stipule [1].

2° Pour un *pupille* engagé *sans l'autorisation de son tuteur* (L. 25, D., *de fid. et mand.*) ;

3° Pour un *prodigue* ou pour un *fou* (*ibid.*).

Nous examinerons ces deux points sous le titre deuxième,

4° Pour un *père de famille* sous la puissance duquel on se trouve placé : c'est ce que nous avons vu au précédent chapitre ;

5° Pour une *succession vacante* qui n'a pas encore été acceptée ; car cette succession représente une personne, *personæ vice fungitur* (L. 22, D., *de fid et mand.*) ;

6° Pour le *codébiteur* de celui en faveur duquel on est déjà intervenu (L. 40, D., *h. tit.*).

Mais on ne peut se porter fidéjusseur :

1° Pour soi-même ; car on se trouverait en position de se poursuivre soi-même, ce qui est impossible : nous trouvons au Digeste une application de cette règle, quand Africain nous dit qu'un affranchi ne peut cautionner la dette naturelle par lui contractée pendant qu'il était esclave (L. 21, § 2, D., *h. tit.*) ;

2° Pour une *femme*, ainsi que nous le verrons plus loin en étudiant l'*exceptio senatusconsulti Velleiani ;*

3° Pour un *déporté* (L. 47, pr., D., *h. tit.*) ;

---

[1] M. Machelard, *Oper. cit.*, 1re part , § 2, p. 175, note 1.

4º Pour un *interdit* (L. 6, D., *de verb. oblig.*).

ENVERS QUI ON PEUT SE PORTER FIDÉJUSSEUR.

Un fidéjusseur ne peut s'engager envers celui à qui le débiteur principal ne doit rien ; par conséquent, si j'ai stipulé dix mille sesterces *mihi aut Titio*, Titius ne pourra pas recevoir de fidéjusseur, car il est, non pas un créancier, mais seulement un *adjectus solutionis gratia*. (L. 23, D., *de fid. et mand.*)

De même, si un fils de famille a stipulé qu'on lui rendrait ce qu'il prêterait à Titius, et qu'il ait effectué ce prêt depuis son émancipation, le fidéjusseur ne devra rien au père de famille, parce que le *mutuum* se formant *re*, par la numération des espèces, Titius ne lui devra rien lui-même. Quant au fils de famille, il a reçu le fidéjusseur alors que, d'après le droit strict, il ne pouvait rien acquérir pour lui ; aussi ce fidéjusseur ne se trouvera engagé envers lui que par une raison d'équité, *humanitatis intuitu*. (LL. 47, § 1, D., *de fid. et mand.*, et 132, § 1, D., *de verb. oblig.*)

Ajoutons, pour terminer, que le fils de famille ne peut recevoir un fidéjusseur pour ce que lui doit son père ; car toutes les actions du fils résident sur la tête du père, qui ne peut évidemment se poursuivre lui-même. La même décision s'appliquerait à l'esclave créancier de son maître. (L. 56, § 1, D., *de fid. et mand.*)

CHAPITRE III.

FORMATION DE LA FIDÉJUSSION.

La fidéjussion se forme par stipulation ; elle constitue

donc un contrat *verbis*, et, à l'origine, des paroles sacramentelles devaient être prononcées par les parties; mais un texte d'Ulpien (L. 8, pr., D., *h. tit.*), reproduit dans les Instituts de Justinien (*de fidej.*, § 7), nous montre que, dès le temps de ce jurisconsulte, on s'était écarté de la formule primitive: ainsi peu importe en quelle langue les contractants se sont exprimés; il suffit qu'ils se soient bien compris, qu'ils aient pu se donner un mutuel consentement; bien plus, au rapport d'Ulpien, l'écrit constatant la fidéjussion faisait pleine foi, car il faisait supposer l'accomplissement régulier de toutes les formalités. (L. 30, D., *de verb. oblig.*, § 8, Just. Inst. *de fid*). Ce principe paraît avoir été admis plus tôt et plus complétement pour la fidéjussion que pour les stipulations en général : celles-ci ne furent dégagées de l'entrave des formules que par une constitution de l'empereur Léon (§ 1, *in fine*, Just. Inst. *de verb. oblig.*)

La fidéjussion peut être contractée soit avant, soit après l'obligation principale, sauf à ne produire son effet, dans ce dernier cas, qu'au temps où cette obligation aura pris naissance; toutefois la règle que nous venons de poser comporte une distinction lorsqu'il s'agit de garantir la restitution d'une dot par un mari : le fidéjusseur est-il intervenu *constante matrimonio*, son engagement est nul ; son intervention a-t-elle eu lieu, au contraire, avant le mariage, il se trouve valablement engagé. Voici la raison de cette différence : il serait étrange qu'après avoir, sans aucune garantie, confié son honneur à son mari, une femme vînt exiger de lui des garanties à raison de sa dot. (L. 4, § 1, C., *de fid. dot.*)

TITRE II.

DE LA NATURE, DE L'OBJET ET DE L'ÉTENDUE DE LA FIDÉJUSSION.

Nous diviserons ce titre en trois chapitres.

CHAPITRE PREMIER.

DE LA NATURE DE LA FIDÉJUSSION.

La fidéjussion est de son essence un contrat accessoire ; elle suppose un contrat principal auquel elle accède et sans lequel elle ne saurait exister ; il faut donc se demander quelle obligation peut servir de base à la fidéjussion. Ulpien répond en ces termes à cette question : « *Omni obligationi fidejussor accedere potest* » (L. 1, D., *de fid. et mand.*). C'est en vain qu'on opposerait à la généralité de ces termes le passage suivant de Justinien : « *Pro eo qui promittit solent alii obligari qui fidejussores appellantur...* » (Pr. Just. Inst. *de fid.* — Gaïus, c. III, § 115). D'où il résulterait que l'obligation formée *verbis* servirait seule de base à la fidéjussion ; telle, en effet, n'a pas été l'intention de Justinien, qui s'est borné à emprunter à Gaïus un passage où il était question de *sponsores* et de *fidepromissores*, lesquels *adpromissores*, ainsi que nous l'avons vu, ne pouvaient accéder qu'à une obligation verbale, *pro eo qui promittit*.

La généralité des termes employés par le jurisconsulte Ulpien, dans le fragment précité, amène les conséquences suivantes :

1° Il est indifférent de savoir *de quel droit* l'obligation principale tire son origine, c'est-à-dire qu'elle peut être civile, prétorienne ou même naturelle.

2° Peu importe sa *causa*; en sorte qu'elle peut résulter d'un contrat, de quelque manière que ce contrat ait pris naissance (*re, verbis, litteris, consensu*) ; — d'un quasi-contrat, — même d'un délit, d'un vol par exemple ; vainement on nous opposerait la maxime : « *maleficiorum fidejussorem accipi non posse,* » que l'on traduirait ainsi : « on ne peut recevoir un répondant pour un délit ; car elle doit être entendue dans ce sens, non pas que la victime d'un délit ne peut pas recevoir un répondant pour la peine qui en résulte, mais qu'entre complices d'un même délit on ne peut pas se donner des répondants pour la part revenant à chacun dans les gains qui en proviennent ; car on n'admet pas de société contractée pour commettre des infractions aux lois. (LL. 8, § 5 ; 56, § 3 ; 70, § 5, D., *de fid. et mand.*)

3° Il est indifférent que l'obligation principale contienne un fait ou même qu'elle soit l'accessoire d'une autre ; c'est ainsi qu'on peut cautionner la *jurata promissio operarum* que doit faire un affranchi (L. 8, § 1, D., *de oper. libert.*) ; qu'on peut recevoir un fidéjusseur d'un autre fidéjusseur. (L. 8, § 12, D., *de fid. et mand.*)

Ceci posé, trois hypothèses peuvent se présenter : l'obligation principale est valable et sanctionnée par des moyens plus ou moins énergiques ; — elle est nulle *ipso jure* ; — enfin, valable *ab initio*, elle est paralysée par une exception. Chacune de ces hypothèses fera le sujet des sections qui vont suivre.

SECTION I.

OBLIGATION VALABLE ET SANCTIONNÉE D'UNE MANIÈRE PLUS OU MOINS ÉNERGIQUE.

Dans l'hypothèse où nous nous plaçons, l'obligation principale peut être sanctionnée par une action civile ou par une action prétorienne ; bien plus, elle peut être destituée d'action, quoique produisant les autres effets de l'obligation civile, c'est-à-dire constituer une obligation purement naturelle.

Nous n'ajouterons rien à ce que nous venons de dire des obligations civiles et prétoriennes ; quant aux obligations naturelles, la question présente plus d'intérêt.

Et d'abord ce principe que toute obligation naturelle peut servir de soutien à une fidéjussion ne soulève pas le moindre doute, en présence de ce texte formel de Justinien : « *Ne illud quidem interest utrùm civilis an naturalis sit obligatio cui adjiciatur fidejussor* » (§ 1 Just. Inst. *de fid.*); et cette idée se retrouve encore au Digeste dans un fragment de Julien (L. 16, § 3, D., *de fid. et mand.*) ; bien plus, les jurisconsultes ont fait de nombreuses applications de ce principe ; telles sont les espèces suivantes : on peut se porter fidéjusseur pour un esclave qui s'oblige soit envers son maître, soit envers un étranger (§ 1 Just. Inst. *de fid.*; G. c. III, § 119 ; LL. 13, D., *de cond. ind.* ; 35 et 70, § 3, D., *de fid. et mand.*); — pour un fils qui s'engage envers son père (L. 13, § 1, D., *de fid. et mand.*) ; — pour un pupille qui rend sa condition pire sans autorisation de son tuteur (L. 127, D., *de verb. oblig.*) ; et cette dernière décision devait s'étendre au cas où un mineur de vingt-cinq ans avait obtenu une *restitutio in integrum* pour cause de lésion ; « car, dit M. Machelard [1], si, aux yeux des jurisconsultes, l'impubère même qui a contracté sans l'*auctoritas tutoris* est obligé naturellement, bien qu'il ne soit pas enrichi, on ne peut pas refuser une égale capacité au pubère qui se trouve dans une position analogue ; » enfin nous verrons plus loin, en étudiant les effets de l'expiration d'une action temporaire, que la L. 37, D., *de fid. et*

[1] M. Machelard, *des Oblig. nat.*, 1re partie, § 2, art. 1, p. 212.

mand., présente encore un exemple d'une obligation naturelle servant de base à une fidéjussion.

Quant au point de savoir si l'engagement d'un fou ou d'un prodigue peut être garanti par une fidéjussion, la question paraît dès l'abord fort controversée ; en effet, dans un texte (L. 25, D., *de fid. et mand.*), Ulpien semblerait faire supposer que cet engagement peut être cautionné comme celui d'un pupille non autorisé, et qu'il y a là une obligation naturelle fondée sur la possibité qu'elle ait été contractée pendant un intervalle lucide ou dans un moment de bonne gestion. Mais Gaïus nous dit positivement le contraire, en nous présentant la règle qu'il donne comme certaine (L. 70, § 4, D., *h. tit.*), et Ulpien lui-même, dans un autre texte, donne la même décision que Gaïus. Or il n'y a là qu'une contradiction apparente ; d'après Cujas, en effet, Ulpien aurait, dans la loi 25 précitée, sous-entendu les mots « *jure obligato*, » de sorte que dans l'espèce prévue par cette loi il s'agirait d'une obligation contractée par le *reus* avant qu'il ait été atteint de folie ou frappé d'interdiction. Ceci posé, Ulpien décide que la fidéjussion sera valable, bien que le fidéjusseur soit dans l'impossibilité d'exercer aucun recours contre le *reus* à raison du mandat que celui-ci lui aurait donné en état de folie ou d'interdiction [1].

SECTION II.

OBLIGATION NULLE *ipso jure.*

Si l'obligation principale est nulle, la fidéjussion l'est aussi, car *accessorium sequitur sortem rei principalis.*

[1] Cujas (*ad leg.* 19, *de usuc.*) s'est sans doute inspiré de l'expression *jure obligato* qu'emploie Gaïus dans la disposition finale de la loi 70, § 4, D., pour interpréter la loi 25 *de fid.*; quant aux mots : *quoniam his mandati actio non competit*, qui terminent cette dernière loi, nous les entendons, avec Cujas, comme s'il y avait *quoniam adversus hos*, etc.

Voici quelques cas dans lesquels les textes appliquent cette règle générale :

1° Quand l'obligation principale a été contractée sous une condition impossible (L. 29, D., *de fid. et mand.*) ;

2° Lorsqu'elle a été contractée par un fils de famille, en supposant toutefois que l'intervention du fidéjusseur a été postérieure au décès du *reus ;* car avec lui s'éteignent toutes les obligations qu'il a personnellement contractées, puisqu'il ne laisse aucune hérédité pour continuer sa personne (L.L. 18, § 14 et 11, *h. tit.*); cependant, si l'on suppose que le fils de famille s'est engagé à raison de son pécule *castrans,* son obligation lui survivra et pourra servir de base à une fidéjussion ;

3° Quand il s'agit d'une vente frappée de nullité, comme celle de biens ruraux appartenant à un mineur; car, s'il était permis de cautionner une vente de cette nature, le vendeur, par l'effet de l'action récursoire du fidéjusseur, se trouverait indirectement tenu à la garantie (L. 46, D., *h. tit.*) ;

4° Quand l'obligation principale résulte d'un *mutuum* fait sans stipulation avec des espèces appartenant à autrui ; car une condition essentielle à la validité d'un prêt de cette nature, c'est que le prêteur rende l'emprunteur propriétaire des espèces prêtées. — Toutefois, si l'argent a été dépensé par celui-ci, le prêteur aura contre lui une action personnelle en restitution, et le fidéjusseur donné sera tenu à raison de cette action, car il a répondu de toutes les conséquences que pourrait avoir la numération des espèces ;

5° Quand l'obligation a été contractée par un débiteur qui, ayant été déporté depuis, a donné ensuite un fidéjusseur ; la *capitis diminutio* qu'a subie le *reus* a eu en effet pour résultat d'éteindre l'obligation par lui antérieurement contractée (L. 47, D., *h. tit.*). En vain on objecterait contre cette décision la L. 19, *in fine,* D., *de duobus reis,* où Pomponius semble dire que, l'un des deux codébiteurs ayant été déporté, le fidéjusseur qu'il donne ensuite est obligé : *fidejussor postea ab eo datus tenetur ;* car, pour interpréter ce passage, il faut, d'après Pothier [1], ou rapprocher l'un de l'autre les mots *postea* et *tenetur*, et dire que le fidéjusseur donné par le débiteur avant la déportation reste obligé après ; ou bien faire rapporter le mot *eo* à celui des codébiteurs resté dans la cité, et dire alors que ce codébiteur postérieurement à la déportation de l'autre peut valablement donner un fidéjusseur.

SECTION III.

OBLIGATION PRINCIPALE VALABLE *ab initio* , MAIS PARALYSÉE PAR UNE EXCEPTION.

Les exceptions que peut invoquer le débiteur principal, pour paralyser l'action du créancier, sont-elles à la disposition du fidéjusseur? L'affirmative résulte évidemment de ces mots de Marcien : « *Omnes exceptiones quæ reo competunt, fidejussori quoque, etiam invito reo, competunt* (L. 19 , D., *de except.*) ; toutes les exceptions qui compètent au débiteur principal compètent aussi au fidéjusseur, qui peut s'en prévaloir même malgré ce débiteur ; mais, pour qu'il en soit ainsi, quel intérêt a donc le fidéjusseur, puisque, s'il n'use pas de l'exception et paye, il a contre le débiteur une action récursoire? Nous répondrons à cette objection en rappelant le principe : « *Interest pecuniam retinere potius quàm solutum repetere* » (L. 15, pr., D., *de fid. et mand.*) ; il est plus avantageux de retenir l'argent que de le répéter après payement ; d'ailleurs, il y a bien des cas où le *reus* perdrait le bénéfice d'une exception à lui accordée, si le fidéjusseur, n'ayant pu s'en prévaloir, venait recourir contre lui.

Toutefois la règle posée plus haut par Marcien comporte une distinction, car les exceptions sont ou inhérentes à la personne ou inhérentes à la dette.

---

[1] Pand. Justin., t. III ad. lib. XLV. Pand. tit. II, *de duob. reis.*

§ 1er.

Exceptions *personæ cohærentes*.

Les exceptions *personæ cohærentes*, étant le résultat de considérations personnelles, restent propres au débiteur, *non transeunt ad alios* (L. 7, D., *de except.*); par conséquent, le fidéjusseur, pas plus que l'héritier, ne les peut invoquer pour sa défense ; telles sont : l'exception *quod facere possit*, tirée du bénéfice de compétence accordé à un associé, à un frère, à un père ou patron, à un mari poursuivi en restitution d'une dot, à un donateur actionné en exécution de sa donation, enfin, depuis Antonin, à celui de deux époux qui se trouve débiteur de son conjoint, pourvu que, dans ce cas, l'obligation n'émane pas d'un délit (lois 16, 20 et 24, D., *de re judic.*); — l'exception *nisi bonis cesserit*, accordée au débiteur qui a obtenu la faveur de la cession de biens (§ 4 Just. *Inst. de replic.*) ; enfin l'exception tirée du pacte *de non petendo* consenti *in personam*.

Pourquoi le fidéjusseur du chef du débiteur principal ne peut-il invoquer les exceptions *quod facere possit* et *nisi bonis cesserit ?* C'est parce que son intervention a eu précisément pour but de garantir le créancier contre ces moyens de défense ; quant à l'exception *pacti de non petendo in personam*, nous dirons que le créancier n'a entendu s'enlever que le droit de poursuivre le débiteur principal, en se réservant celui d'agir contre ses cautions, bien que, par suite de leur recours, le débiteur principal doive se trouver forcé de payer. Observons toutefois que le créancier ne put agir ainsi que jusqu'à l'introduction du bénéfice d'ordre; car la remise faite *in personam* au débiteur principal ne put avoir pour effet de priver le fidéjusseur du droit qu'il avait de refuser tout payement avant la discussion préalable du *reus*.

§ II.

Exceptions *rei cohærentes*.

Les exceptions *rei cohærentes*, à la différence de celles qui précèdent, résultent de circonstances qui affectent la dette elle-même ; aussi elles peuvent être invoquées par le fidéjusseur (L. 7, § 1, D., *de except.*). Nous les diviserons en deux catégories : celles qui, paralysant l'action, laissent exister une *naturalis obligatio* ; — celles, au contraire, qui entraînent l'extinction même de l'obligation naturelle.

1° *Exceptions laissant subsister l'obligation naturelle.*

Dans cette classe nous rangerons les diverses exceptions de procédure : l'*exceptio rei judicatæ*, l'exception qui résulte de l'expiration d'une action temporaire, l'*exceptio senatus-consulti Macedoniani;* et en abandonnant le sens technique du mot *exception*, en l'entendant dans le sens général de défense, la *in integrum restitutio* pour cause de minorité.

Exceptions de procédure.

Ces exceptions sont : l'*exceptio rei in judicium deductæ*, l'*exceptio litis dividuæ*, l'*exceptio rei residuæ*, enfin l'*exceptio cognitoria* ou *procuratoria*.

I. Exception *rei in judicium deductæ*. Cette exception recevait une double application évidente, lorsque, l'affaire ayant été déduite *in judicium* par la *litis contestatio*, le demandeur voulait, avant la sentence, intenter de nouveau la même action ; — lorsque le demandeur avait laissé périmer la procédure par suite de l'expiration de dix-huit mois ou des pouvoirs du magistrat, suivant qu'il s'agissait d'un *judicium legitimum* ou d'un *judicium imperio magistratus continens ;* — enfin, quand la demande avait été repoussée par une exception dilatoire, *cum temere rem in judicium deducebant et consumebant*. (§ 10, Just. Inst. *de except.* — G., c. IV, § 123.)

Toutefois l'exception qui nous occupe n'était utile que quand la *litis contestatio* ne réunissait pas les conditions requises pour opérer *ipso jure* l'extinction de l'action, à savoir : *judicium legitimum, formula in jus, actio in personam.* Par conséquent, dès que l'*ordo judiciorum* fut tombé en désuétude, l'*exceptio rei in judicium deductæ* fut conservée sans raison d'être dans la pratique, et, sous Justinien, elle disparut définitivement.

II. Exceptions *litis dividuæ, rei residuæ* et *cognitoria.*—Les exceptions *litis dividuæ* et *rei residuæ* avaient pour but de protéger le *reus* contre les obsessions du créancier, en faisant renvoyer sa demande à la préture suivante, quand, après avoir, dans l'*intentio* de la formule, fractionné sa créance, il venait *in jure* demander le surplus, ou bien lorsque, ayant à diriger contre le défendeur plusieurs actions, il aurait voulu obtenir une formule à l'effet d'intenter une de ces actions après en avoir déjà intenté une autre. (G., c. IV, § 122.) — Quant à l'exception *cognitoria*, elle faisait rejeter la demande à raison de l'incapacité de la personne que le créancier avait chargée de le représenter. (G., c. IV, § 124 ; Just. Inst. IV, *de except.*) De là il résulte entre les trois exceptions que nous venons d'analyser dans leurs effets et l'exception *rei in judicium deductæ* une grande analogie, en présence de laquelle on ne peut mettre en question, malgré le silence des textes à cet égard, le point de savoir si ces exceptions aussi compètent au fidéjusseur du chef du débiteur principal.

Exception *rei judicatæ.*

L'exception *rei judicatæ* était donnée au défendeur lorsque, la *litis contestatio* n'ayant pas réuni les trois conditions mentionnées plus haut, l'action avait abouti à une sentence. La possibilité pour le fidéjusseur d'invoquer cette exception du chef du *reus*, comme exception *rei cohærens*, n'est pas douteuse; elle est formellement exprimée dans les textes. (L. 7, § 1, D., *de except.*)

Expiration d'une action temporaire.

Nous devons d'abord examiner la question suivante : le laps de temps opère-t-il *exceptionis ope?* Doneau [1] fait à cet égard une distinction entre les actions qui, comme les actions annales prétoriennes, sont soumises à la prescription par la loi de leur création, et celles qui n'y sont soumises que par une loi postérieure ; le laps de temps opérerait *ipso jure* sur les actions de la première catégorie, *exceptionis ope* sur celles de la seconde. Pour nous, rejetant cette distinction, nous croyons, avec la plupart des auteurs, que dans tous les cas la prescription opère *exceptionis ope.*

En effet, le principal argument qu'invoque Doneau à l'appui de son système est tiré des termes ordinaires de l'édit : « *Intra annum judicium dabo;* » d'où il conclut qu'après l'expiration de l'année, l'action ne peut pas être demandée, et qu'elle est éteinte *ipso jure* : « *Eas transacto eo tempore ipso jure finiri dicimus, ut post id tempus nullæ sint... actio nulla est quæ non datur jure civili aut prætorio* [2]. » Or, plusieurs textes nous présentent des cas où l'action est refusée, où il y a une *nulla actio* d'après Doneau, alors qu'on ne saurait douter que le défendeur ne soit armé d'une exception; c'est ainsi qu'on lit dans la L. 2, § 1, D. *ad Senatusc. Vell.* : « *...ne eo nomine ab his petitio neve in eas actio detur...;* » et dans la L. 1, pr., D., *de Senatusc. Maced.* : « *... ne cui actio petitioque dentur.* » Du reste, à propos des actions temporaires prétoriennes, il est question d'une *annalis exceptio* (L. 30, § 5, D. *de pecul.*;—L. 15, § 5, D., *quod vi*); enfin le nom de *præ-*

---

[1] Donellus, *De jure cir.*, lib. xvi, c. viii, §§ 21 et 22; — lib. xxii, c. ii, § 18.

[2] Donellus, *De jur. civ.*, loc. cit.

scriptio, donné au moyen de défense qui nous occupe, ne révèle-t-il pas suffisamment son caractère ?

Quant aux actions civiles, elles rentrent, sauf quelques rares exceptions, dans la seconde catégorie établie par Doneau; en effet, perpétuelles de leur nature, elles ne devinrent prescriptibles que sous Théodose II, qui introduisit la *longi temporis præscriptio* (L. 3, C., *de præscr.* XXX...); et en présence des termes employés par ce prince : « *Agenti triginta annorum præscriptio metuenda,* » on ne peut douter que cette institution n'eût pour résultat de paralyser *exceptionis ope* le droit d'action par le laps de temps.

Nous nous demanderons maintenant si la prescription laisse subsister une obligation naturelle. Dirons-nous qu'il en doit être ainsi, parce que la prescription a été introduite *odio creditorum,* pour punir le créancier de sa négligence (L. 19, D., *de cond. ind.*)? Non, car il nous faudrait pour cela admettre la distinction faite par certains jurisconsultes entre les exceptions qui sont établies *odio creditorum* et celles qui sont établies dans l'intérêt spécial du débiteur, les premières laissant subsister la *naturalis obligatio* que ne respectent pas les autres. Cette distinction, en effet, ne trouve sa raison d'être que dans le rapprochement des exceptions tirées des sénatus-consultes V lléien et Macédonien (L. 40, D., *de cond. ind.*), dont il sera question plus loin, et à l'appui de notre thèse nous fournirons les deux exemples suivants : l'exception de dol a été évidemment introduite en haine des créanciers, et cependant elle ne laisse pas subsister une obligation naturelle (LL. 7, 8, D., *de cond. ob turp. caus.*); — l'exception *rei judicatæ* a été établie dans l'intérêt exclusif du débiteur, et pourtant elle produit un effet contraire (LL. 28 et 60, pr., D., *de cond. ind.*).

A notre avis, les exceptions laissent ou ne laissent pas subsister une obligation naturelle, suivant qu'elles sont fondées sur le *jus civile* ou sur le *jus gentium*; or, comme le *temporalis exceptio* se base évidemment sur le droit positif, on ne saurait douter qu'elle ne respecte l'élément naturel de l'obligation. Et d'ailleurs, s'il en devait être autrement, le créancier dont l'action est actuellement prescrite, se trouverait placé dans une position plus défavorable que celui à qui il a toujours été dû *naturaliter*, puisqu'une créance purement naturelle est imprescriptible. Nous pouvons encore, à l'appui de notre système, argumenter de la survivance de l'action hypothécaire à l'action personnelle ; on ne conçoit pas, en effet, qu'une hypothèque soit possible s'il n'y a une obligation quelconque qui lui sert de base.

Enfin la solution que nous admettons résulte d'une manière infaillible de la L. 37, D., *de fid. et mand.*, ainsi conçue : « *Si quis, postquam tempore transacto liberatus est, fidejus-* » *sorem dederit, fidejussor non tenetur ; quoniam erroris fide-* » *jussio nulla est.* » Voici l'espèce : Un débiteur libéré par la prescription donne un fidéjusseur; celui-ci est valablement engagé; mais, comme il doit profiter des exceptions qui compètent au débiteur principal, il se trouve libéré par la *temporalis exceptio; non tenetur cum effectu*, dit de Savigny. Néanmoins il faut supposer que le fidéjusseur est intervenu dans l'ignorance de la prescription accomplie; car, s'il en était autrement, son engagement aurait eu précisément pour but de protéger le créancier contre ce moyen de défense, et alors la *temporalis exceptio* serait paralysée par une *replicatio doli*. Mais à quoi servirait cette restriction, s'il ne survivait pas une obligation naturelle à l'expiration d'une action temporaire ?

Des auteurs nient que l'on puisse interpréter ainsi la loi 37 qui précède. Les uns soutiennent qu'elle prévoit le cas d'un débiteur qui aurait formellement limité son engagement à un certain temps; mais, dirons-nous, ce temps expiré, il ne resterait plus qu'une *inanis obligatio*, laquelle ne pourrait servir de base à une fidéjussion valable, et alors quel serait l'intérêt de la question de savoir si le fidéjusseur a eu connaissance ou non de l'accomplissement de la prescription?

D'autres pensent qu'il s'agit ici d'un *sponsor* qui , libéré par
le laps de deux ans, aurait donné lui-même un fidéjusseur;
dans ce cas encore, quelle influence pourrait exercer l'erreur
du fidéjusseur, puisque la loi *Furia* détruisait par deux ans
la substance entière de l'obligation ¹ ?

D'après ce qui précède, nous croyons nous être pleinement
justifié d'avoir placé l'expiration d'une action temporaire au
nombre des moyens de défense *rei cohærentes*, qui laissent
subsister une obligation naturelle, et peuvent·être invoqués
par le fidéjusseur du chef du *reus*.

Exception *senatusconsulti Macedoniani.*

La faculté donnée au fidéjusseur d'opposer au créancier
l'*exceptio senatusconsulti Macedoniani*, comme une exception
in rem, est fondée sur la crainte d'une violation indirecte de
ce sénatus-consulte par suite du recours qu'exercerait contre
le *filius-familias* le fidéjusseur , s'il était obligé de payer ;
par conséquent, toutes les fois que ce recours sera devenu
inefficace, soit parce que le fidéjusseur est intervenu dans
un esprit de libéralité, soit parce qu'il est intervenu spontanément (auquel cas il ne peut se prévaloir, à notre avis du
moins, d'une gestion utile à l'égard du fils de famille),
l'exception tirée du sénatus-consulte lui devra être refusée,
et il ne pourra repousser l'action du créancier

Devrait-on admettre cette solution au cas où, sur le mandat
d'un fils de famille, un fidéjusseur serait intervenu de mauvaise foi, précisément dans le but de se rendre complice de la
fraude du créancier, de favoriser les folles dépenses de l'emprunteur (dans cette espèce, en effet, il n'y a pas à craindre
de recours de la part du fidéjusseur contre le *reus*, puis-

¹ *V.* Mulhenburch, *Doct. Pand.*, v. II, § 481; — de Savigny, *Traité
de dr. rom.*, t. v, §§ 248, 249, 251; — M. Machelard, *Oblig. nat.*, 2ᵉ part.,
§ 4, pag. 161-169, 189-191.

que le mandat qu'a donné celui-ci est nul comme illicite) ?
L'affirmative pourrait, à la rigueur, être soutenue ; on dirait
alors que le fidéjusseur a entendu assumer sur lui les risques
de l'affaire. A notre avis, l'opinion contraire doit être admise : les deux parties, créancier et fidéjusseur, ne sont
pas plus dignes d'intérêt l'une que l'autre, et à situation égale
on préfère celui qui se défend à celui qui attaque ; d'ailleurs le sénatus-consulte n'a-t-il pas été édicté en haine
des créanciers ? Toutefois, s'il est incontestable que le fidéjusseur a entendu se charger des risques, la solution devrait
être contraire [1].

Dans tous les cas, l'exception qui nous occupe respecte
l'élément naturel de l'obligation ; en vain soutiendrait-on le
contraire, en argumentant de l'existence d'une exception perpétuelle ; car le jurisconsulte Marcien, dans le L. 40, pr., D.,
de cond. ind., nous dit que la règle : « *Qui exceptionem perpetuam habet, solutum per errorem repetere potest,* » n'est
pas absolue, qu'elle cesse d'être applicable quand l'exception
a été introduite *odio creditorum* (ce qui ne peut être admis
en principe, comme nous l'avons montré plus haut par deux
exemples), et il nous cite à l'appui de son assertion le cas
d'un payement effectué par un emprunteur devenu *pater-
familias*.

Nous dirons enfin qu'à la différence des autres exceptions
perpétuelles, qui, en cas d'omission *per errorem* dans la formule, pouvaient être recouvrées par voie de restitution tant
que la sentence du juge n'était pas venue clore les débats,
l'*exceptio senatusconsulti Macedoniani* pouvait être opposée, même après cette sentence, pour paralyser l'*actio judicati*. (G. c. IV., § 125 ; L. 11, D., *de Senatusc. Maced.*)

Observons toutefois que le bénéfice du sénatus-consulte
était refusé au débiteur principal, et, par suite, au fidéjusseur, dans les cas suivants :

[1] M. Machelard, *op. cit.*, pag. 129, note.

1° Quand l'emprunteur avait un pécule *castrans*, qui lui permettait de jouer jusqu'à un certain point le rôle de *pater-familias* (L. 2, D., *de Senatusc. Maced.*) ;

2° Quand le préteur avait cru de bonne foi traiter avec un père de famille; mais il fallait que sa croyance reposât sur un motif légitime, que son erreur fût justifiée parce qu'elle était conforme à l'opinion générale, et autorisée par une sorte de possession d'état ; en sorte qu'il ne lui aurait pas suffi d'alléguer qu'il avait été victime d'une imprudente facilité, ou de son ignorance du droit (L. 3, pr., D., *de Senatusc. Maced.; — L. 1, C., ad Senatusc. Maced.*)[1];

3° Quand l'emprunt n'avait été contracté que de l'aveu du père, ou dans son intérêt (LL. 12 et 7, § 12, D., *de Senatusc. Maced.*).

In integrum restitutio pour cause de minorité.

Nous avons vu précédemment que l'obtention d'une *restitutio in integrum* par un pubère mineur de vingt-cinq ans laisse subsister une *naturalis obligatio*, susceptible de servir de base à une fidéjussion; nous nous demanderons maintenant si le fidéjusseur peut ou non se prévaloir de ce moyen de défense.

Il faut d'abord éliminer le cas où le créancier de mauvaise foi a prêté de l'argent à un mineur, c'est-à-dire sachant bien que celui-ci en ferait un mauvais usage : *si perdituro pecuniam credidit*, dit Ulpien ; *cum eum perditurum non ignoraret*, dit Paul. (L. 12, § 11, D., *mand.*; L. 24, § 4, D., *de min.*) En pareille hypothèse, en effet, la restitution serait inutile, puisque le créancier, à raison de sa mauvaise foi, n'a d'action pas plus contre le fidéjusseur que contre le *reus* lui-même. (L. 27, § 1, D., *de min.*) — Nous éliminerons aussi le cas où le mineur a été trompé (*circumscriptus*); alors, en

---

[1] M. Machelard, *op. cit.*, pag. 112.

effet, protégé par le droit commun, *communi auxilio et mero jure munitus* (L. 16, pr., D., *de min.*), il ne peut demander la restitution. Cette hypothèse se trouve prévue par le jurisconsulte Paul dans la disposition suivante : « *Intercessionis quoque exceptio... etiam fidejussori competit. Idem dicitur et si... quis fidejusserit... pro minore viginti quinque annis circumscripto.* » (L. 7, § 1, D., *de except.*) Quant à l'exception qui compète au fidéjusseur dans l'espèce qui nous occupe, c'est, d'après M. de Savigny [1], l'exception créée par la loi *Plætoria*, moyen de défense qui aurait disparu par suite de l'introduction de l'exception générale de dol. Nous croyons que Doneau fait allusion à cette espèce, quand il dit : « *Si minor dolo adversarii circumscriptus fidejussores dederit, competet et fidejussoribus doli exceptio eadem, quæ et minori decepto competeret* [2]. »

Il faut supposer, non pas que le mineur a été trompé, mais bien qu'il s'est trompé lui-même, qu'il a été *deceptus in re sine dolo*, c'est-à-dire qu'il se trouve lésé sans qu'il y ait eu dol de la part du créancier; alors il n'a d'autre remède que la *in integrum restitutio* (L. 7, § 1, *in fine*, D., *de except.*) ; c'est dans ce cas qu'il y a lieu de se demander si cette *restitutio* profite au fidéjusseur. Il ne peut pas l'invoquer tant qu'elle n'a pas été demandée par le débiteur ; il ne peut s'en prévaloir que secondairement, quand le débiteur a pris l'initiative ; ce qui résulte de la disposition finale de la loi 7, § 1, D., *de except.* : « *Quod si deceptus est in re, tunc nec ipse (reus) ante habet auxilium quàm restitutus fuerit, nec fidejussori danda est exceptio.* » Nous entendons, avec M. de Savigny, ces expressions, malgré leur équivoque, en ce sens, qui est le plus naturel : le fidéjusseur, ainsi que le *reus*, ne peut se prévaloir de la restitution avant que celui-ci l'ait lui-

[1] Savigny, *Trait. de dr. rom.*, ch. XIV, § 345, note K. — Machelard, *op. cit.*

[2] Donell. *De jure civ.*, lib. XXI, c. XIV, § 7.

même demandée ; cela, du reste, est en parfaite harmonie avec le caractère tout personnel de la restitution que Papinien , dans la loi 95, § 3, D., *de solut.*, qualifie de *propria et personalis defensio.*

Ceci posé, si nous consultons les textes sur le point qui nous occupe, nous trouvons qu'ils se prononcent d'une manière absolue, les uns pour l'affirmative (L. 51, pr., D., *de proc.*;— L. 89, D., *de adq. hered.*), les autres pour la négative (LL. 1, 2, C., *de fid. min.*). Il nous suffira, pour les concilier, de dire avec Ulpien : « *Hoc auxilium solet interdùm fidejussori prodesse.* » (L. 3, § 4, D., *de min.*) Quant aux circonstances qui autorisaient l'extension de ce secours au fidéjusseur, elles étaient laissées à l'appréciation du magistrat : dans la *causæ cognitio*, préalable nécessaire à l'obtention d'une restitution, il examinait dans quel but était intervenue la caution, lequel il devait sacrifier du créancier ou du fidéjusseur ; de là la distinction suivante : celui-ci s'était-il engagé *cum contemplatione juris prætorii*, c'est-à-dire précisément en vue de l'éventualité d'une restitution pour cause de minorité du *reus*, comme il aurait été inique de le secourir au détriment du créancier, la restitution lui était refusée; c'est ce que dit en ces termes le jurisconsulte Paul : « *Qui sciens prudensque se pro minore obligavit, si id consulto consilio fecit, licet minori succuratur, ipsi tamen non succurretur.* » (L. 13, D., *de min.* — *Senten.* 1, 9, § 6.) Mais, dira-t-on, le mineur demeurera exposé au recours du fidéjusseur, et perdra ainsi le bénéfice de la restitution ; ce sera comme si le créancier l'avait contraint indirectement à payer : « *ut hoc facto, minor ab ipso creditore per fidejussorem conveniri videatur,* » dit Doneau [1]. Nous répondrons à cette objection en disant que le mineur se fera également restituer contre l'action *mandati*, en principe du moins ;

---

[1] Donell. *op. cit.* lib. XXI, c. XIV, 18.

car, s'il a déterminé le fidéjusseur à le cautionner en dissi-
mulant son état de minorité, on lui fera application de la
règle : « *Non placet in delictis minoribus succurri* ; » en sorte
qu'on ne pourra refuser au fidéjusseur un recours sur lequel il a dû compter en s'obligeant. (L. 0, § 2, D., *de min.*) —
Le fidéjusseur s'est-il, au contraire, engagé *sine contemplatione juris prætorii*, précisément en vue de garantir la solvabilité du *reus* qui lui était connue, sans prendre garde
qu'il cautionnât un débiteur mineur, alors, si son erreur
n'est pas grossière, la restitution pourra lui être accordée
par le préteur comme un moyen de défense *rei cohærens*,
et il pourra l'opposer au créancier. (L. 13, D., *de min.*)

2° *Exceptions* in rem *qui détruisent même l'obligation naturelle.*

Les exceptions *rei cohærentes*, qui détruisent à la fois l'obligation civile et l'obligation naturelle, et qui peuvent être invoquées par le fidéjusseur à plus forte raison que les précédentes, sont :

(A) L'*exceptio doli mali* (L. 7, § 1, D., *de except.*). — C'est
une exception *in personam* du côté du demandeur à qui on
l'oppose, c'est-à-dire qu'on ne peut s'en prévaloir que contre
l'auteur même du dol ; mais elle est *in rem* du côté du défendeur, c'est-à-dire qu'on ne recherche pas contre qui le
dol a été commis ; il suffit qu'il y ait eu dol dont le demandeur ait été l'auteur. (LL. 2, § 2, et 4, § 33, D., *de doli mali...*)

(B) L'*exceptio metus causa*. — Elle est *in rem* du côté du
défendeur et du côté du demandeur. (LL. 4, § 33, D., *de doli
mali*, et 7, § 1, D., *de except.*)

(C) L'*exceptio jurisjurandi*. — Elle passe au fidéjusseur du
chef du *reus*, quand celui-ci a prêté le serment à lui déféré
sur l'existence de la dette, a juré *se dare non oportere*, et que
le fait de cette prestation se trouve contesté *in jure* entre les

parties ; car, au cas où il ne serait pas mis en doute, il n'y aurait pas lieu à une exception, puisque l'action serait refusée par le préteur, *quia jusjurandum loco solutionis cedit*.

(D) L'*exceptio pacti de non petendo in rem*. — Cette exception passe du chef du *reus* au fidéjusseur. Ceci posé, quelle solution devrait-on donner à la question suivante : le débiteur, par un nouveau pacte avec le créancier, peut-il enlever au fidéjusseur le bénéfice d'un premier, pacte ? Paul soutient l'affirmative, en s'appuyant sur ce principe : *Nihil tam naturale est quam quidquid eodem modo dissolvi quo colligatum est ;* les deux pactes successifs résultant du concours des mêmes volontés, le premier se trouve anéanti par le second — Anthianus est d'un avis contraire ; il soutient qu'on ne peut enlever au fidéjusseur malgré lui un droit qui lui est acquis. Nous croyons avec Pothier [1] que cette dernière solution est la seule admissible, attendu que celle de Paul ne peut s'appliquer qu'au cas où il n'y a pas un droit acquis à des tiers. (LL. 27, § 2, et ult , D., *de pactis ;* L. 19, D., *de except.*)

(E) L'*exceptio senatusconsulti Velleiani*. — Cette exception se rapproche beaucoup de celle tirée du sénatus-consulte Macédonien ; comme cette dernière, en effet, elle est un moyen de défense inhérent à la dette, qui peut être invoqué, même pour repousser l'*actio judicati* (L. 11, D., *de senatusc. Mac.*), par le fidéjusseur du chef du débiteur. En tant qu'elle est accordée au fidéjusseur, elle se fonde aussi sur cette idée que le refus qui en serait fait à ce dernier se retournerait contre la femme ; mais il faut, pour concevoir cela, se placer dans l'hypothèse où le fidéjusseur a ignoré l'*intercessio* ; autrement l'action *mandati* ne serait pas possible. (Arg. L. 7, D., *ad senatusc. Vell.*)

Certains jurisconsultes, adoptant l'opinion de Gaius Cassius, poussaient même l'assimilation entre les exceptions

[1] Pothier, *Oblig.* part. II, ch. VI.

· tirées des sénatus-consultes Macédonien et Velléien au point de décider que le fidéjusseur qui se serait engagé dans un esprit de libéralité, ne pourrait pas plus invoquer l'une que l'autre; mais l'opinion contraire, professée par Julien, avait prévalu; elle se basait sur cette considération qu'en prohibant l'intercession des femmes, le sénat avait frappé de réprobation non-seulement l'obligation civile, mais encore l'obligation naturelle: *quia senatus totam obligationem improbat*. (L. 16, § 1, D., *ad senatusc. Vell.*). Et cette décision se trouve confirmée par ce passage de Marcien : «. . *Si quidem ejus causa exceptio (perpetua) datur cum quo agitur, solutum repetere potest, ut accidit in senatusconsulto de intercessionibus*. (L. 40, pr., D., *de cond. ind.*) On fait contre notre système l'objection suivante, tirée de la *L.* 32, D., *de pactis :* le pacte *de non petendo in rem* ne laisse subsister aussi aucune obligation naturelle, et le fidéjusseur intervenu *donandi animo* ne peut se prévaloir de l'*exceptio pacti*; pourquoi en est-il autrement dans les mêmes circonstances, quand il s'agit de l'*exceptio senatusc. Velleiani?* Les jurisconsultes romains, pour le décider ainsi, s'étaient sans doute inspirés de la considération suivante : lorsque le fidéjusseur peut du chef du *reus* se prévaloir du pacte de remise, le créancier éprouve une déchéance définitive; quand au contraire le fidéjusseur a invoqué le sénatus-consulte Velléien, il reste encore au créancier d'autres ressources : soit, au cas d'une *expromissio* de la part de la femme, une action restitutoire contre le débiteur primitif, ce qu'exprime ainsi le jurisconsulte Julien : «... *prætore restituitur prior debitor creditori* (L. 16, § 1, *in fine*, D., *ad senatusc. Vell.*); soit l'action ordinaire contre le débiteur que l'intercession de la femme n'a pas libéré.

Observons toutefois que l'*exceptio senatusc. Velleiani* n'offre pas toujours au fidéjusseur un moyen de paralyser d'une manière péremptoire l'action du créancier; c'est ce qui se réalise dans l'espèce suivante :

Une mère a chargé quelqu'un de cautionner le *defensor*

qui représente son fils absent: si le demandeur ignore cette circonstance et qu'il poursuive le fidéjusseur, il pourra paralyser, par la réplique de dol, l'exception tirée du sénatus-consulte, sans que le fidéjusseur puisse se retourner contre la femme, dont il n'a pas pu ne pas connaître l'intercession ; si , au contraire, le demandeur a su que le fidéjusseur était intervenu en considération du mandat de la mère, il n'a pas à se plaindre ; il devait s'attendre à l'opposition d'un pareil moyen de défense de la part du fidéjusseur.

(F) *L'exceptio quod libertatis onerandæ causa petitur.* — Il y a lieu d'admettre cette exception toutes les fois qu'un maître a , de son propre mouvement, affranchi un de ses esclaves, et lui a fait promettre de l'argent pour avoir cet affranchi à sa discrétion ; *ut non exigat eam (pecuniam), sed ut libertus eum timeat et obtemperet et.* En présence des termes formels de la loi 7, § 1, D., *de except.*, on ne peut douter que cette exception ne compète aussi au fidéjusseur du chef du *reus* (LL. 1, § 8, et 2, § 2, D., *quar. rer.*).

CHAPITRE II.

DE L'OBJET DE LA FIDÉJUSSION.

Il doit y avoir identité d'objet entre l'obligation du débiteur principal et celle du fidéjusseur ; le fidéjusseur qui s'obligerait *in aliam rem* ne serait pas tenu. Ainsi, la dette principale ayant pour objet de l'argent, la fidéjussion ne saurait avoir pour objet du blé ; mais, réciproquement, si la dette principale avait pour objet du blé, la fidéjussion pourrait avoir pour objet de l'argent. La raison de cette différence, c'est que l'argent peut servir d'estimation au blé, tandis que le blé ne peut servir d'estimation à l'argent : *quia non est æstimatio rerum quæ mercis numero habentur, in pecunia numerata fieri potest, ita pecunia quoque merce æstimanda est* (L. 42, D., *de fid. et mand.*).

Observons toutefois que, si le fidéjusseur ne peut valablement s'engager qu'à la prestation de la chose même à laquelle le *reus* est obligé, il peut également s'engager à la prestation d'une partie de cette même chose ; c'est ce qui résulte de ce fragment de Pomponius : « *Fidejussores et in partem pecuniæ et in partem rei recte accipi possunt.* » (L. 9, D., *h. tit.*) Enfin le fidéjusseur peut s'engager à payer au créancier tout ce que celui-ci ne pourra pas obtenir du débiteur; nous sommes ainsi conduit à étudier le mode de cautionnement auquel les commentateurs ont donné le nom de *fidejussio indemnitatis.*

Nous verrons plus loin, en étudiant les modes d'extinction de la fidéjussion, que la poursuite dirigée contre le débiteur principal libérait le fidéjusseur; le créancier courait donc les risques de l'insolvabilité du *reus*, sans pouvoir agir contre le fidéjusseur pour compléter le recouvrement de sa créance. C'est à cet état de choses que l'introduction de la *fidejussio indemnitatis* vint porter remède ; dès lors le créancier, après avoir stipulé du débiteur *Titius* : « *Decem dare spondes ?* » stipulait du fidéjusseur *Seius*, non plus ainsi : « *Idem dare spondes?* » comme dans la fidéjussion ordinaire, mais en ces termes : « *Quanto minus a Titio consecutus fuero, dare spondes ?* »

Quant à l'obligation du fidéjusseur *indemnitatis*, elle est essentiellement conditionnelle; il a promis, en effet, de fournir au créancier tout ce que celui-ci ne pourra obtenir du *reus : sub conditione debet, si a Titio exigi non poterit;* et pour juger du sort de cette condition, il faut s'attacher non pas à la *litis contestatio*, non pas à la condamnation, mais à la manière dont le *reus* exécutera la sentence: s'il l'exécute en entier, *Seius* n'aura jamais été tenu, puisque la condition sous laquelle il devait est défaillie; si, au contraire, la sentence n'est exécutée qu'en partie, *Seius* payera le surplus.

Nous devons toutefois observer que le jurisconsulte Celsus

a commis une inexactitude dans la loi 42, D., *de rebus cre-dilis*; parlant du cas où le débiteur principal a payé, il s'exprime en ces termes : « *Ut si Titius judicatum fecerit, nihil ultra Seius tenebitur.* » *Seius* ne sera plus tenu de rien, en sorte que le payement effectué par *Titius* aura eu pour effet de procurer à *Seius* sa libération; or, ainsi que le fait remarquer Paul dans la loi 116, D., *de verb. oblig.*, pour qu'il en fût ainsi, il faudrait que *Titius* et *Seius* fussent *duo correi promittendi*, ce qui n'a pas lieu ici, puisque *Seius* est débiteur sous cette condition : *si a Titio exigi non poterit*, si *Titius* n'a pas pu payer. La réalisation ou l'inaccomplissement de la condition dépendra donc de la discussion de *Titius;* mais, en attendant, l'existence de l'obligation du fidéjusseur est incertaine : il ne peut donc être libéré.

D'après ce qui précède, nous voyons que la discussion du débiteur principal est un préalable indispensable à l'exercice de l'action du créancier contre le fidéjusseur *indemnitatis*. Celsus, cependant, a prévu le cas où le créancier aurait agi en premier lieu contre *Seius*, et il décide que celui-ci a été valablement poursuivi pour toute la partie que *Titius* était hors d'état de payer sur la somme par lui due, et qu'ainsi *Titius* ne pourra être actionné que pour la partie qui n'a pas pu être demandée efficacement à *Seius*. Une telle solution ne peut être admise qu'en ne tenant pas compte du caractère d'engagement conditionnel que revêt l'obligation du fidéjusseur *indemnitatis*; nous croyons donc avec Paul qu'elle doit être rejetée, et que la poursuite dirigée en premier lieu contre le fidéjusseur ne peut être ici valable [1].

[1] V. M. Pellat, *Textes, ch. des Pand.*, x, p. 161-171.

CHAPITRE III.

DE L'ÉTENDUE DE LA FIDÉJUSSION.

Nous nous demanderons d'abord comment on doit interpréter les stipulations par rapport à la fidéjussion, puis nous
étudierons les différentes modalités que comporte cette
forme de cautionnement.

SECTION I.

DE L'INTERPRÉTATION DES STIPULATIONS PAR RAPPORT A LA FIDÉJUSSION.

Lorsqu'il y a conformité entre l'objet de l'obligation principale et celui de la fidéjussion, il y a lieu de se demander
si le fidéjusseur est obligé dans des limites aussi étendues que
le *reus;* il faut, à cet égard, distinguer entre les conséquences
qui dérivent de l'obligation principale à raison de sa nature
et celles qui résultent de l'office du juge.

Voici des explications du premier point de vue : le fidéjusseur donné par le fermier au bailleur garantit le payement des fermages pour toute la durée du bail, et même la
valeur des instruments aratoires que le fermier reçoit de son
maître, sans estimation, à titre de garnitures du fonds : *ob
pecuniam dotis prædiorum teneri convenit.* (LL. 58, pr., et 52,
§ 2, D., *de fid. et mand.*) — Le fidéjusseur du tuteur est tenu,
vis-à-vis du pupille, *in id quanti interest*, pour défaut de
représentation par le tuteur des inventaires et autres actes
appartenant au mineur. (L. 32, pr., D., *de adm. et per. tut.*)
— Enfin nous citerons le cas d'un *mutuum* fait avec des espèces appartenant à autrui et garanti par un fidéjusseur.
(V. ci-dessus tit. II, ch. 1er, sect. 2e, 4°.)

Toutefois il y a des cas où l'on ne pourra pas considérer

le fidéjusseur comme tenu *in omnem causam*, comme ayant garanti toutes les conséquences de l'obligation principale : c'est quand il aura lui-même entendu apposer des limites à son engagement. Ainsi donné après la *litis contestatio*, et surtout pour garantir la présence du défendeur dans l'instance jusqu'à la sentence, il n'est pas soumis à l'action *judicati*. (LL. 2, § 12, D., *de adm. rer. ad. civ. pert.*; 68, § 1, D., *de fid. et mand.*; 10 pr., C., *codem.*) — Intervenu pour assurer au créancier l'exercice de la *condictio certi* résultant d'un *mutuum*, il n'est pas obligé de répondre à l'*actio pigneratitia* résultant du gage. (L. 68, pr., D., *de fid. et mand.*)

Arrivons maintenant aux conséquences de l'*officium judicis*; nous poserons à cet égard la règle suivante : le fidéjusseur est ou n'est pas soumis aux obligations que l'office du juge impose au *reus*, suivant qu'il s'est obligé ou non *in omnem causam*. Les textes nous présentent plusieurs espèces à l'appui de cette règle : et d'abord dans la L. 54, pr., D., *loc. cond.*, le jurisconsulte Paul se demande si le fidéjusseur du fermier répondra non-seulement des termes échus et non payés, mais encore des intérêts dus à raison de la demeure du *reus*. L'affirmative n'est pas douteuse , si le fidéjusseur s'est obligé *in omnem causam conductionis*, par exemple s'il a été interrogé de la manière suivante : *In quantum illum condemnare ex bona fide oportebit, tantum fide tua esse jubes ?* ou bien en ces termes : *Indemnem me præstabis ?* et il en sera ainsi, bien que les intérêts moratoires, dans les actions de bonne foi, soient dus, non en vertu de l'obligation principale, mais en vertu de l'office du juge : *Usuræ in bonæ fidei judiciis, etsi non tam ex obligatione proficiscantur quam ex officio judicis applicentur.* — Nous trouvons une solution analogue dans la L. 2, § 11, D., *de admin. rer. ad civil. pertin.*; voici l'espèce : un entrepreneur de travaux publics ayant été condamné à des dommages-intérêts pour n'avoir pas fait un ouvrage, son fidéjusseur charge de le faire un autre entrepreneur; comme

celui-ci ne remplit pas son obligation, l'héritier du fidéjusseur sera tenu des intérêts de la somme due par le premier
entrepreneur, parce que, en ce qui concerne la première loca-
tion, il s'est engagé *in universum*, et en ce qui touche la
seconde, il a pris sur lui les risques de l'entreprise, en se
substituant à l'État. — Enfin Paul prévoit dans la L. ult., D.,
de fid. et mand., l'espèce suivante : une personne agissant en
revendication, *procuratorio nomine*, donne la *cautio de rato*
et succombe ; le *dominus litis*, de retour, renouvelle l'instance et triomphe ; le défendeur, ayant refusé d'obéir à
l'*arbitrium*, a été condamné à tous dommages-intérêts sur
le *jusjurandum in litem* déféré au demandeur ; le fidéjusseur
ne sera tenu que de l'estimation de la chose litigieuse, car
il n'a pas entendu garantir les conséquences de la ténacité
du défendeur. — Solution analogue dans la L. 68, § 1, D.,
de fid. et mand., où le même jurisconsulte décide que le fidéjusseur d'un fermier des deniers publics n'est tenu que du
payement du capital, et nullement des intérêts encourus par
suite de la demeure du *reus*, la lecture de l'acte ayant démon-
tré, dans l'espèce, que le fidéjusseur s'était engagé d'une manière limitée : *quoniam in solum centum annua se obliga-
verant, non in omnem conductionem, decrevit fidejussores in
usuras non teneri.* — Il va de soi que les fidéjusseurs des
administrateurs des cités ne sont pas tenus de l'amende prononcée contre ces derniers ; c'est ce qu'a décidé l'empereur
Sévère : *Fidejussores magistratuum in pœnam vel mulctam,
quum non spopondissent non conveniri debere decrevit ;* et, en
général, la fidéjussion ne s'étend pas aux peines encourues
ex officio judicis par le débiteur principal : *non debet impu-
tari fidejussoribus, quod ille reus propter suam pœnam præ-
stitit.* (L. ult. *in fine*, D., *de fid. et mand.*)

L'engagement du fidéjusseur ainsi précisé, nous dirons
qu'il se trouve perpétué par le fait et la demeure du *reus ;*
la *mora* et le *factum debitoris* sont mis ici sur la même ligne
au point de vue des effets qui en résultent. A l'appui de

cette assertion, nous citerons le passage suivant de Paul : « *Cum facto suo reus obligationem perpetuat, etiam fidejussoris durat obligatio, veluti si moram fecerit in Sticho solvendo et isdecessit.* » (LL. 58, § 1, D., *de fid. et mand.*; 24, § 1, D., *de usur.*; 88 pr., D., *de verb. oblig.*) Le même jurisconsulte donne en ces termes le motif de la décision : « *quia (fidejussores) in totam causam spoponderunt* » (L. 91, § 1, D., *de verb. oblig.*); c'est parce que l'engagement des fidéjusseurs a été contracté sans restriction. Observons toutefois que si le *reus* est un pupille, il ne sera pas vrai de dire que sa demeure perpétue l'engagement du fidéjusseur ; *nulla enim intelligitur mora ibi fieri ubi nulla petitio est.* (L. 127, D., *de verb. oblig.*) — Quant aux intérêts dus *ex mora* par le débiteur, ils ne peuvent augmenter l'obligation du fidéjusseur que lorsqu'il s'est engagé *in omnem causam;* c'est ce qui résulte des lois 54, D., *locati,* et 68, § 1, D., *de fid. et mand.,* que nous avons expliquées plus haut.

SECTION II.

DES MODALITÉS DE LA FIDÉJUSSION.

Le fidéjusseur peut être, à la vérité, plus étroitement engagé que le débiteur principal, comme il arrive au cas de la fidéjussion d'une *obligation naturelle* ; mais sa condition ne doit pas être pire (L. 4, § 7, D., *de fid. et mand.*); il ne peut devoir plus que le *reus ;* or on peut devoir plus qu'un autre de plusieurs manières, soit à raison de la *quantité,* soit à raison de la *condition* ou du *terme*, soit à raison du *lieu*, enfin soit à raison de la *modalité* proprement dite : *quantitate, conditione vel tempore, loco, modo.* Nous aurons donc à examiner l'obligation du fidéjusseur sous chacun de ces points de vue,

§ 1er.

Quantitate.

Le fidéjusseur ne peut s'obliger pour une plus forte somme que le débiteur ; car l'accessoire ne peut contenir plus que le principal : *nec plus in accessione esse potest quàm in principali re.* (Gaïus , c. III, § 126 ; Inst. Just. § 5, *de fid.*) C'est ainsi qu'un maître tenu *de peculio* ne pouvant être forcé de payer *ultra vires peculii,* l'obligation du fidéjusseur qui l'aura cautionné ne pourra excéder la valeur de ce pécule. (L. 25, D., *de fid. et mand.*)

Mais que décider si le fidéjusseur s'est engagé pour une somme plus forte que le *reus,* si , par exemple, il a promis vingt, quand la dette principale ne s'élevait qu'à dix? son obligation est-elle nulle pour le tout, ou bien est-elle valable jusqu'à concurrence de la dette? Cette question a donné naissance à deux systèmes : quand une donation excède le taux légal, dit-on dans le premier système, elle est valable jusqu'à concurrence de ce taux (L. 34, C., *de don.*); de plus, le fidéjusseur qui a promis plus qu'on ne lui demandait ne peut-il pas, suivant Julien, exercer l'action de mandat jusqu'à concurrence de la demande (L. 33, D. , *mandati*)? Pourquoi, d'après cela, ne pas admettre la validité de la fidéjussion jusqu'à concurrence de la dette? et d'ailleurs, *manifestissimum est,* dit Ulpien, *viginti et decem inesse.* (L. 1, D., *de verb. oblig.*) — Dans le second système, on raisonne ainsi : le fidéjusseur ne peut s'obliger pour autrui *in duriorem causam,* et, d'après le même Ulpien, les répondants qui s'engagent de cette manière ne sont pas tenus du tout : *placet eos non omnino obligari* (L. 8, § 7, D., *de fid. et mand.*); par conséquent, la fidéjussion ne peut valoir même pour partie ; d'ailleurs, s'il y a plus dans la promesse que dans la demande, elles ont chacune un objet différent : or, point d'identité d'objet entre la demande et la promesse, point de stipulation valable. (G., c. iii. § 102; Inst. Just., § 5, *de inut. stipul.*) C'est à ce dernier système qu'à notre avis revient la préférence.

§ II.

Conditione vel tempore.

1° Conditione.

L'obligation du fidéjusseur est nulle quand le *reus* s'est engagé sous condition, et le répondant purement et simplement; car, s'il en était autrement, l'obligation accessoire existerait à une époque où l'obligation principale serait peut-être encore en suspens, ce qui est inadmissible. (L. 8, § 7, D., *de fid. et mand.*; Inst. Just., § 5, *de fid.*)

Que décider si le *reus* s'est engagé sous une condition, et que le fidéjusseur se soit engagé, en outre, sous une seconde condition? Si ces deux conditions sont unies par la disjonctive ou, le fidéjusseur se trouve placé *in duriorem causam*, car son obligation a plus de chance de se réaliser que celle du *reus*; quel parti faudra-t-il prendre alors? D'après Gaïus, on peut alors ou déclarer immédiatement la fidéjussion nulle, ou bien attendre, pour en apprécier la validité, l'échéance de celle des deux conditions à laquelle les deux obligations du *reus* et du fidéjusseur sont subordonnées. (L. 70, pr., D., *de fid. et mand.*)

Lorsque le fidéjusseur et le *reus* se sont engagés chacun sous une condition unique, mais différente, la question de savoir si le fidéjusseur est obligé *in duriorem causam* reste douteuse jusqu'aux événements; mais, à cet égard, une distinction est nécessaire : est-ce la condition *reo injuncta* qui se réalise la première, le fidéjusseur se trouvera obligé lors de la réalisation de l'autre, comme si, dès le principe, le *reus* s'était engagé purement et simplement ; si, au contraire, la condition *fidejussori injuncta* se réalise avant l'autre, le fidéjusseur ne sera pas tenu ; c'est comme s'il s'était engagé dès le principe purement et simplement, et le débiteur principal sous condition, ce qui aurait placé le fidéjusseur *in duriorem causam*. (L. 70, § 1, D., *h. tit.*)

2° Tempore.

La règle est la même pour le terme que pour la condition ; si l'on renverse la maxime : « *minus solvit qui tardius solvit* » (L. 12, §1, D., *de verb. signif.*), on peut dire : *paye plus qui paye plus tôt :* il y a donc une condition plus onéreuse pour le fidéjusseur à promettre purement et simplement ce que le débiteur à promis à terme.

Par la combinaison du terme et de la condition, le jurisconsulte Julien a été conduit à poser la question suivante : que doit-on décider, si le débiteur s'est obligé à terme, et le fidéjusseur sous condition? Une distinction sera nécessaire. Si la condition se réalise avant l'échéance du terme, le fidéjusseur est en demeure d'être poursuivi avant le *reus ;* son engagement, étant contracté *in duriorem causam,* ne sera pas valable ; — si, au contraire, l'échéance du terme précède la réalisation de la condition ou concourt avec elle, le fidéjusseur demeure obligé. (L. 16, § 5, D., *de fid. et mand.*)

§III.

Loco.

Celui qui a promis dans un lieu déterminé contracte une obligation plus étendue que s'il eût promis purement et simplement, car il ne peut pas payer dans un autre lieu sans le consentement du créancier; si donc je stipule du débiteur principal purement et simplement, et que j'assigne au fidéjusseur un lieu pour le payement, celui-ci ne sera pas tenu de remplir sa promesse. De même, si le *reus* et le fidéjusseur étant à Rome, celui-ci a promis de payer dans un lieu plus éloigné que le débiteur, son engagement ne sera pas valable. (L. 16, §§ 1, 2, *h. tit.*)

En combinant le lieu et le terme, Papinien a posé les espèces suivantes : le débiteur principal est à Rome et le fidéjusseur est à Capoue, qui est le lieu assigné pour le payement; pourra-t-on poursuivre sur-le-champ le fidéjusseur ? Non, il faudra lui laisser le délai qui serait nécessaire au débiteur pour se rendre à Capoue ; car, tant que ce délai ne sera pas expiré, l'exigibilité ne sera pas arrivée pour le débiteur. Que décider si, en sens inverse, le fidéjusseur à Rome promet de payer à Capoue, où se trouve et promet le *reus*? On est d'abord tenté d'admettre pour le fidéjusseur la possibilité de poursuites immédiates ; car le débiteur lui-même, se trouvant à Capoue, peut être poursuivi sur-le-champ ; mais une telle solution doit être rejetée, car le fidéjusseur se trouverait ainsi traité avec plus de rigueur que le débiteur principal, qui, s'il était à Rome, ne pourrait encore être poursuivi; il faut, par conséquent, tenir compte au fidéjusseur du temps nécessaire pour aller de Rome à Capoue.

Nous dirons donc que, dans les deux espèces proposées, la fidéjussion est faite sous la condition tacite qu'un délai sera accordé au fidéjusseur *ex utriusque persona*, c'est-à-dire tant de son chef, comme au premier cas, que de celui du *reus*, comme au second. (L. 49, § 2, D., *h. tit.*)

§ IV.

Modo.

Le fidéjusseur qui s'est obligé sous une alternative, quand

le débiteur principal s'est obligé purement et simplement, ou bien qui s'est obligé sous une alternative plus onéreuse que le débiteur principal, n'est pas tenu de son engagement. Supposons que le *reus* ait promis l'esclave Stichus, et que le fidéjusseur ait promis Stichus ou dix *aurei* ; le fidéjusseur, d'après Julien, ne sera pas l'obligé ; car, Stichus venant à mourir par cas fortuit, le *reus* se trouverait libéré de son engagement, alors que le fidéjusseur devrait encore les *aurei*. Marcellus fait observer que, dans notre espèce, la fidéjussion est nulle plutôt parce qu'il n'y a pas identité d'objet entre l'obligation principale et l'obligation accessoire que parce qu'il y a *causa durior* pour le répondant. (L. 8, § 8, D., *de fid.*)

Le jurisconsulte Julien pose l'espèce suivante : le débiteur principal s'est engagé à payer à moi ou à *Titius*, et le fidéjusseur s'est engagé à ne payer qu'entre mes mains ; l'obligation accessoire serait-elle nulle, comme plus onéreuse que l'autre ? Oui, assurément, car le répondant n'a pas la faculté de payer à *Titius*. (L. 34, D., *h. tit.*)

Si, comme nous venons de le voir, le fidéjusseur ne peut pas plus valablement s'engager sous des conditions plus onéreuses que le *reus*, il peut du moins s'engager sous des modalités moins onéreuses. (L. 8, § 7, D., *h. tit.*) Ainsi le fidéjusseur peut promettre seulement une *partie* de la chose objet de l'obligation principale (ce que nous avons déjà vu au chap. II qui précède) ; il peut s'engager à terme ou sous condition, quand le *reus* a promis purement et simplement (L. 8, § 7, D., *h. tit.*; Inst. Just., § 5, *de fid.*); enfin, si celui-ci s'est engagé sous une condition, et si le répondant s'est engagé en outre sous une seconde condition, la fidéjussion sera valable, pourvu toutefois que ces deux conditions soient unies par la conjonctive *et* ; dans ce cas, en effet, le répondant courra moins de risque que le *reus* d'être engagé. (L. 70, § 1, D., *h. tit.*)

Le fidéjusseur serait encore obligé sous des modalités moins onéreuses dans l'espèce suivante : j'ai stipulé du débiteur principal un esclave ou dix *aurei*, à mon choix, et le fidéjusseur m'a promis, à son choix, un esclave ou dix *aurei*; car le débiteur principal n'a pas le choix qui est laissé au fidéjusseur. (L. 8, § 10, D., *h. tit.*)—Il en serait de même si j'avais stipulé *pour moi, mihi*, du débiteur principal, *pour moi ou pour Titius, mihi aut Titio*, du répondant, car celui-ci aurait une facilité de plus que le *reus* pour acquitter la dette. (L. 34, D., *h. tit.*)

Que décider si l'on a stipulé du *reus* Stichus ou Pamphile, et que le fidéjusseur ait promis Stichus? Le répondant sera tenu *in meliorem causam*, car la mort de Stichus pourra le libérer alors que le *reus* restera engagé à raison de Pamphile (*ibid.*). — Solution analogue dans l'espèce suivante : j'ai stipulé du débiteur principal Stichus et Pamphile, et du fidéjusseur Stichus ou Pamphile ; car ce répondant ne sera tenu qu'à l'un des deux, à son choix, tandis que le débiteur principal les devra livrer tous les deux. (L. 8, § 11, D., *h. tit.*)

TITRE III.

DES EFFETS DE LA FIDÉJUSSION.

Nous aurons à étudier sous ce titre les effets que produit la fidéjussion entre le créancier et le fidéjusseur, — entre le fidéjusseur et le débiteur principal, — entre plusieurs cofidéjusseurs; puis nous examinerons quels sont les effets produits par la clause de cautionnement réciproque entre *correi promittendi*.

CHAPITRE PREMIER.

DE L'EFFET DE LA FIDÉJUSSION ENTRE LE CRÉANCIER ET LE FIDÉJUSSEUR.

En principe, la plus grande latitude est laissée au créan-

cier pour l'exercice de ses actions : il peut, à son choix, poursuivre soit le fidéjusseur, soit le débiteur principal, et exiger
de l'un comme de l'autre le montant intégral de la créance ;
mais cette rigueur s'adoucit de bonne heure par l'introduction de plusieurs bénéfices en faveur des fidéjusseurs. Ces
bénéfices sont au nombre de trois : 1° le bénéfice de discussion ; — 2° le bénéfice de division ; — 3° le bénéfice de cession d'actions.

SECTION I.

BÉNÉFICE DE DISCUSSION.

Dans l'ancien droit, ceux qui s'étaient obligés pour autrui ne
pouvaient être actionnés que *discussion* faite du *débiteur* principal ; c'est ce que nous apprend Justinien dans sa novelle IV,
præfatio, et, longtemps avant ce prince, cet usage était généralement tombé en désuétude, principalement sur l'autorité
de Papinien ; on avait trouvé que la discussion préalable du
débiteur principal entraînait trop de longueurs dans la procédure ; plusieurs rescrits vinrent même confirmer l'opinion
de Papinien : c'est ainsi qu'Antonin accorda au créancier le
droit, sauf convention contraire, de poursuivre, à son choix,
le fidéjusseur ou le débiteur principal (L. 5, C., *de fid. et
mand.*). Gordien, poussé par l'analogie, alla même plus loin ;
il décida que le fidéjusseur qui se serait engagé purement et
simplement pourrait être actionné par le créancier avant
même que celui-ci eût vendu le gage à lui remis par le débiteur principal, ce qui ne pouvait avoir lieu, comme le fait
remarquer Scœvola, qu'autant que le répondant n'était pas
intervenu seulement *indemnitatis causa*. (L. 17, C., *de fid.
et mand.*, et L. 62, D., *eod. tit.*)

Néanmoins le bénéfice de discussion existait, avant Justinien, dans quelques cas exceptionnels :

1° Au profit du *fidejussor indemnitatis* (*V.* ci-dessus tit. II, ch. II) ;

2° Au profit du débiteur du *fisc* : c'était un moyen de procurer au fisc des garanties satisfaisantes, car ses débiteurs trouvaient bien plus facilement des répondants (cette faveur exceptionnelle avait été étendue aux fidéjusseurs des magistrats des cités) ;

3° Au profit du fidéjusseur qui donnait mandat au créancier de poursuivre les autres coobligés à la même dette, aux risques et périls de lui mandant. (*L.* 10, pr., D., *h. tit.*)

Justinien, par ses novelles IV et CXXXVI, rétablit le bénéfice de discussion, et en faveur d'une telle décision militaient des raisons nombreuses : et d'abord le fidéjusseur n'est le plus souvent qu'un mandataire ; or la loi doit veiller à ce que celui qui rend service à autrui n'en éprouve pas du préjudice ; de plus, n'est-ce pas là un moyen d'améliorer la position des débiteurs, en facilitant leur crédit? Toutefois Justinien admit une exception à la règle qu'il venait de poser : il refusa le bénéfice de discussion aux banquiers qui répondraient pour autrui : « *argentariorum quippe sponsionibus propter utilitatem contrahentium in ordine moderno durantibus*, porte la novelle IV ; » et cependant ce bénéfice leur était opposable de la part des répondants de leur débiteur (nov CXXXVI), à moins que ces répondants n'y eussent formellement renoncé par un pacte spécial.

Le bénéfice de discussion ainsi établi, nous nous poserons l'espèce suivante : deux *correi promittendi*, *Primus* et *Secundus*, s'étant engagés pour une même dette, un fidéjusseur, *Tertius*, est venu cautionner *Primus* ; ce fidéjusseur, en butte aux poursuites du créancier, pourra-t-il lui demander la discussion préalable même de *Secundus?* Dans le silence des textes sur cette question, nous croyons qu'on peut répondre ainsi : le bénéfice de discussion ayant été introduit pour régler les rapports entre le *reus* et celui qui l'a personnellement cautionné, entre le *reus* et son propre fidéjusseur, ne peut être étendu à des cas pour lesquels il n'a pas été établi. C'est en vain que Pothier soutiendrait le contraire en argumentant de ces mots de Quintilien : « *Non aliter salvo pudore ad sponsorem evenit creditor quam si recipere a debitore non possit.* » Ce n'est là évidemment qu'une loi qui, dictée par la convenance, ne peut suppléer au silence des textes législatifs. — Mais si les deux *correi* sont associés, *Tertius* pourra-t-il demander la discussion de *Secundus* pour la moitié de la dette? Non encore ; car admettre l'affirmative ne serait-ce pas introduire un bénéfice d'une nouvelle espèce?

SECTION II.

BÉNÉFICE DE DIVISION.

Nous nous demanderons successivement quels sont les caractères de ce bénéfice, — entre quelles personnes la division de la dette peut être demandée , — à quelles conditions elle peut être obtenue, — enfin quels sont les effets de ce bénéfice.

§ Ier.

Caractères du bénéfice de division.

Dans l'ancien droit, les fidéjusseurs étaient soumis aux règles rigoureuses de la stipulation ; ils s'engageaient en général pour la totalité de la dette à l'égard de laquelle ils étaient tenus *in solidum*, quel que fût leur nombre : « *Quotquot erant numero*, dit Gaïus, *singuli in solidum obligantur* (G. c. III, § 121 ; Inst. Just., § 4, *de fid.*), et le créancier dirigeait son action contre celui qu'il lui plaisait de choisir. Mais une constitution d'Adrien vint adoucir la position des fidéjusseurs, en faisant en quelque sorte pour eux ce qu'avait déjà fait la loi Furia pour les autres adpromettants ; elle établit entre les fidéjusseurs le bénéfice de division. Toutefois cette constitution ne présentait pas les mêmes caractères que la loi Furia :

1° Cette loi s'appliquait en Italie seulement ; le rescrit d'Adrien fut applicable même dans les provinces ;

2° La division de l'obligation entre les corépondants d'une même dette s'opérait *de plein droit*, d'après la loi Furia ; *in partes deducitur obligatio*, dit Gaïus. — D'après le rescrit, au contraire, elle doit être *demandée ; le* fidéjusseur actionné pour le tout peut demander à n'être tenu que pour sa part virile : *desiderare ut pro parte in se detur actio ;*

3° La division, d'après la loi Furia, avait lieu entre tous les corépondants qui existaient au moment de l'exigibilité, et autant il y avait à cette époque de répondants insolvables, autant le créancier perdait de parts viriles de sa créance. — D'après le rescrit, au contraire, la division n'a lieu qu'entre ceux qui, existant au moment de la *litis contestatio*, sont solvables à cette époque, en sorte que les parts de dette à la charge des insolvables sont supportées par leurs corépondants ; *si quis solvendo non sit, hoc cæteros onerat.*

§ II.

Entre quelles personnes la division de la dette peut être demandée.

La division de l'obligation n'a lieu qu'entre les cautions qui sont tenues solidairement : 1° pour la même dette, et 2° en faveur de la même personne ; par conséquent, si deux *correi promittendi*, *Primus* et *Secundus*, se sont donné séparément des fidéjusseurs, le créancier qui actionnerait l'un des fidéjusseurs de *Primus*, par exemple, ne pourra être forcé de diviser son action qu'entre ceux qui sont intervenus pour ce débiteur, *qui pro singulis intervenerunt*, sans avoir égard aux cautions de *Secundus*. (L. 51, § 2, D., *de fid. et mand.*)

— C'est ainsi que lorsqu'un fidéjusseur s'est fait lui-même cautionner, il ne peut demander la division de l'obligation entre lui et sa caution; d'ailleurs il est *loco rei* à son égard , et *reus non potest desiderare ut inter se et fjedussorem dividatur obligatio* (L. 27, § 4, D., *h. tit.*)

Nous ferons remarquer que le bénéfice de division ne pouvait être invoqué par les fidéjusseurs d'un tuteur; on voulait ainsi soustraire l'ex-pupille au préjudice résultant pour lui de l'exercice d'actions multiples et variées, à raison de la seule gestion de son tuteur : *ne*, dit Papinien, *ex una tutelæ causa plures ac variæ quæstiones apud diversos judices constituerentur.* (L. 12, D., *rem pupilli...*) Ceci posé, deux personnes cautionnant un tuteur ont promis *rem pupilli salvam fore*; à la fin de la tutelle, l'ex-pupille se dispose à agir contre ses fidéjusseurs; mais ceux-ci, pour échapper, temporairement du moins, à la poursuite dont il les menace, lui donnent mandat de s'attaquer d'abord au tuteur, promettant d'ailleurs de combler le déficit, s'il y en a; ce cas échéant, les fidéjusseurs pourront-ils invoquer le bénéfice de division? Assurément, car il y a eu, comme dit Cujas, une sorte de novation postérieure à la cessation de la tutelle, *post pubertatem facta;* quant aux répondants, à leur rôle de *tutoris fidejussor* a succédé celui de fidéjusseur ordinaire. (L. 7, D., *de fid. et nom.*)

§ III.

Conditions requises pour l'obtention du bénéfice de division.

Pour qu'un fidéjusseur actionné par le créancier puisse obtenir le bénéfice de division, plusieurs conditions doivent être remplies; c'est ainsi qu'il faut :

1° Que le fidéjusseur ne nie pas son obligation, *inficiantibus non est indulgendum*, dit Ulpien (L. 10, § 1, D., *de fid. et mand.*). Nous trouvons une solution analogue en matière de société ; le bénéfice de compétence est en effet refusé au défendeur qui nie sa qualité d'associé (L. 67, *in fine*, D., *pro socio*);

2° Que la solvabilité des autres fidéjusseurs ne soit pas contestée, ou, si le créancier en doute, que le fidéjusseur ait donné caution de payer les parts viriles de ceux qui se trouveraient insolvables. — Au lieu d'agir ainsi dans ce dernier cas, le fidéjusseur actionné pour le tout pourrait réclamer du préteur l'insertion dans la formule de l'exception *nisi et illi solvendo sint*, et si le juge reconnaissait leur solvabilité, ce fidéjusseur serait libéré en payant sa part virile. (L. 10, pr., D., *de fid. et mand.*) ;

3° Que le corépondant du défendeur ait pu valablement s'engager : c'est donc en vain qu'un fidéjusseur demanderait la division de l'obligation , s'il n'avait pu ignorer l'incapacité de son cofidéjusseur. Toutefois Papinien admet une distinction, suivant que l'incapable est une femme ou un pubère mineur de vingt-cinq ans.

Le fidéjusseur capable est-il intervenu avec une femme, le bénéfice de division lui sera refusé ; car il devait savoir, ou de sa part il y aurait erreur grossière à ignorer que tout acte d'intercession de la part d'une femme est frappé de nullité. (L. 48, pr., D., *de fid. et mand.*)

Le fidéjusseur capable est-il intervenu avec un pubère mineur, il pourra, même au cas de restitution de ce mineur, obtenir le bénéfice de division, parce qu'il a pu se tromper sur l'âge de ce corépondant, ou bien parce que, le connaissant, il a pu espérer que la restitution ne serait pas accordée, ou même qu'elle ne serait pas demandée : *propter incertum ætatis et restitutionis*. (L. 48, § 1, D., *h. tit.*) Telle est du moins l'explication qui nous est fournie par Cujas [1] sur ce passage de Papinien.

Toutefois la question que nous venons d'examiner ne peut

---

[1] Cujas, *Comm. in lib. Quæst*. Papin. t. iv, c. 263 et suiv.

se présenter qu'autant que l'engagement de l'incapable a précédé ou accompagné celui du capable ; car, si celui-ci s'est d'abord porté isolément fidéjusseur, il a dû compter qu'il supporterait seul le fardeau de la dette entière (*ibid.*).

Comment se fera la division de l'obligation, si un même débiteur a plusieurs fidéjusseurs engagés sous des modalités différentes, l'un purement et simplement, l'autre à terme, le troisième sous condition ? Nous répondrons ainsi, d'après Ulpien : le fidéjusseur engagé purement et simplement ne sera tenu que pour sa part virile, sauf pour le créancier le droit de recourir contre lui, si les autres sont insolvables à l'échéance du terme ou de la condition. (L. 27, D., *h. tit.*)

Enfin nous nous demanderons si, pour le calcul des parts viriles, il faut tenir compte du fidéjusseur à qui le créancier a accordé un pacte de remise. Malgré le silence des textes sur ce point, la solution nous semble très-facile ; n'est-il pas en effet, de toute évidence que le créancier ne peut, par un pacte intervenu entre lui et l'un des fidéjusseurs, porter atteinte aux droits des autres ? Il ne peut donc le soustraire à l'obligation de supporter pour sa part virile le fardeau de la dette, pour le cas où le bénéfice de division viendrait à être demandé par l'un de ses cofidéjusseurs; et, en pareille hypothèse, le créancier ne pourra recouvrer une des parts viriles en lesquelles la dette aura été divisée, celle demeurée à la charge du fidéjusseur qui a obtenu le pacte; car celui-ci aura pour le repousser l'*exceptio pacti de non petendo*. Toutefois cette solution n'est admissible qu'autant que les cofidéjusseurs ont eu, dès le principe, connaissance de l'intervention les uns des autres ; car ils ne se sont peut-être déterminés à cautionner le *reus* qu'en considération du bénéfice introduit par Adrien. Par conséquent, s'ils sont intervenus isolément, ils ont dû compter chacun qu'ils supporteraient la dette *in solidum ;* ce n'est donc pas aller au delà de leurs prévisions que de mettre à leur charge la part virile du bénéficiaire du pacte; en pareille hypothèse, les parties seront dans la même position que si ce fidéjusseur se trouvait insolvable, et, en parlant de la remise, il sera encore vrai de dire : *Hoc onerat exteros* [1].

§ IV.

Effets du bénéfice de division.

Le bénéfice de division ne produit pas ses effets *ipso jure ;* il faut, comme nous l'avons dit, qu'on le demande; toutefois la possibilité de l'opposer à l'action du créancier n'empêche pas les fidéjusseurs d'être tenus chacun *in solidum ;* d'où résultent ces conséquences :

1° Le fidéjusseur qui a, même par erreur, payé plus que sa part, ne peut répéter le surplus ;

2° Si l'un des fidéjusseurs commence par payer sa part, il peut être poursuivi pour le surplus, sauf le bénéfice de division quant à ce surplus. Mais Papinien, partant de cette idée que le fidéjusseur qui a payé sa part ne peut être placé dans une position pire que s'il n'avait, en aucune façon, satisfait le créancier, lui accorde, pour repousser ce dernier, l'*exceptio doli,* si, à l'époque de la *litis contestatio,* ses cofidéjusseurs étaient solvables (L. 51, § 1, D., *de fid. et mand.*);

3° Si l'un des fidéjusseurs meurt sans héritier ou devient insolvable (L. 26, D., *h. tit.*), ou même, d'après nous, s'il obtient du créancier un pacte de remise, alors que tous ils étaient intervenus isolément, la part dont il était tenu dans la dette commune reste à la charge des autres.

Quant aux insolvabilités, il faut distinguer celles qui sont contemporaines de la *litis contestatio* et celles qui lui sont

---

[1] M. Machelard (*op. cit.*, 1re partie, § 2e, art. 4e, p. 248), parlant du cas où le *reus* se serait fait cautionner par deux fidéjusseurs, s'exprime ainsi : « Remarquons qu'un fidéjusseur peut être privé par le fait du créancier, à condition qu'il n'y aura pas dol, du bénéfice de division. »

postérieures. Les premières sont à la charge des fidéjusseurs solvables, et si le créancier est un mineur de vingt-cinq ans qui a été lésé parce qu'en fractionnant ses poursuites, il a tenu compte des fidéjusseurs insolvables au moment de la *litis contestatio*, il pourra être restitué *in integrum*. — Les autres insolvabilités sont, au contraire, supportées par le créancier, même mineur de vingt-cinq ans, parce que, ayant usé du droit commun, il ne peut se prétendre trompé. (L. 52, § 1, *in fine*, et § 4, D., *de fid. et mand.*; L. ult., C., *de in int. rest.*; L. 6, D., *de min.*)—Toutefois, si un tuteur, après avoir divisé son action, a différé l'exécution de la sentence, et laissé ainsi à des fidéjusseurs solvables au moment de la *litis contestatio* le temps de devenir insolvables, il devra supporter seul les conséquences de sa négligence (L. 52, § 1, D., *de fid. et mand.*)

SECTION III.

DU BÉNÉFICE DE CESSION D'ACTIONS.

À l'origine, le fidéjusseur qui avait payé au créancier la totalité de la dette ne pouvait qu'agir ensuite contre le débiteur principal par l'action de mandat ou de gestion d'affaires, et n'avait aucun recours à exercer ni contre ses cofidéjusseurs, ni sur les gages dont avait été nanti le créancier; mais cette situation du fidéjusseur fut de courte durée, car de bonne heure la jurisprudence introduisit le bénéfice de *cession d'actions*, qui eut une très-grande étendue d'application.

Le bénéfice de *cession d'actions* consiste en ce que le fidéjusseur qui est disposé à donner au créancier le montant de la dette, en peut opérer le versement non à titre de payement, ce qui, éteignant la dette, libérerait les autres coobligés, et dégagerait les garanties réelles données au créancier, mais à titre de prix d'achat des actions qui appartiennent à ce dernier, avec toutes les sûretés qui y sont attachées. (LL. 17 et 36, D., *de fid. et mand*; L. 11, C., *h. tit.*) En vain objecterait-on qu'on ne peut vendre une action ; car ce n'est pas à dire pour cela qu'on ne peut pas en céder l'exercice ; or c'est précisément ce qui a lieu ici : les actions continuent à résider en droit sur la tête du créancier qui, par une sorte de mandat, constitue le fidéjusseur *procurator in rem suam*, pour qu'il puisse les exercer, sans toutefois qu'il ait des comptes à lui rendre. Par cette cession, le créancier n'a rien perdu, puisqu'il a reçu le montant de sa créance ; le fidéjusseur, de son côté, outre son recours ordinaire contre le *reus*, a l'exercice des actions du créancier tant contre le débiteur et les autres coobligés que sur les gages et hypothèques qui sont les garanties de la créance.

Toutefois le fidéjusseur cessionnaire n'est pas un acquéreur ordinaire à qui le créancier vendrait ses gages *pignoris jure*, et contre lequel le débiteur ne pourrait pas les revendiquer ; il est un acheteur subrogé au créancier gagiste, et à qui le débiteur pourra réclamer son gage en offrant la somme due. (L. 59, D., *de fid. et mand.*, et L. 5, § 1, D., *de distr. pign.*)

La formule « *fidejubesne?—fidejubeo*, » ne donnait naissance à aucun engagement du créancier envers le fidéjusseur ; par conséquent, celui-ci ne pouvait pas en exiger qu'il conservât ses actions pour les lui céder ; aussi le bénéfice qui nous occupe ne s'établit que par suite d'un usage consacré par la jurisprudence, et fondé sur cette considération que le créancier à qui le fidéjusseur vient payer aurait mauvaise grâce à refuser de céder des actions qui ne pourraient plus lui servir à rien, et qui peuvent être utiles à ce fidéjusseur : *Fidejussoribus succurri solet*, dit Julien, *ut stipulator compellatur ei qui solidum solvere paratus est vendere exterorum nomina.* (L. 17, D., *de fid. et mand.*)

Le fidéjusseur faisait valoir ce bénéfice au moyen de l'exception *cedendarum actionum*, qu'il pouvait opposer jusqu'à la *litis contestatio*; car cette partie de l'instance aurait supprimé l'action contre tous. Justinien vint modifier cet état de choses en décidant, dans la L. 28, C., *de fid. et mand.*, que le fidéjusseur pourrait opposer l'exception *cedendarum actionum* même à l'exercice de l'action *judicati*.

Nous remarquerons, en terminant ce chapitre, que les trois bénéfices que nous venons d'étudier s'excluaient l'un l'autre; car, d'un côté, le fidéjusseur qui se prévalait du bénéfice de division payait sa part virile, et non pas la dette tout entière, condition exigée pour l'obtention du bénéfice de cession d'actions; d'un autre côté, ces deux bénéfices ne pouvaient être invoqués par le fidéjusseur que s'il acceptait le débat provoqué par le créancier, tandis que le bénéfice de discussion offrait au fidéjusseur un moyen de se soustraire, éventuellement du moins, à ses poursuites.

CHAPITRE II.

DE L'EFFET DE LA FIDÉJUSSION ENTRE LE DÉBITEUR PRINCIPAL ET SA CAUTION.

L'effet que produit la fidéjussion entre le *reus* et le fidéjusseur se réduit au recours du second contre le premier.

Nous allons examiner successivement les conditions d'exercice, la base et l'objet de ce recours.

SECTION I.

CONDITIONS D'EXERCICE DU RECOURS.

Ces conditions sont au nombre de trois : il faut : 1° que le fidéjusseur ait procuré, soit directement, soit indirectement, quelque avantage au *reus*; à défaut de cela, qu'il se présente une circonstance exceptionnelle légitimant le recours ; — 2° que le fidéjusseur ait éprouvé un déficit dans son patrimoine; — 3° enfin que le *reus* n'ait à lui opposer aucune fin de non-recevoir.

Première condition. — Il faut que le fidéjusseur ait pro-

curé quelque avantage au *reus ;* à défaut de cela, qu'il se présente une circonstance exceptionnelle légitimant le recours.

1° Il faut que le fidéjusseur ait procuré quelque avantage au
reus.

En thèse générale, l'avantage que le fidéjusseur doit
avoir procuré au *reus* consiste dans sa libération. Passons
succinctement en revue les moyens à l'aide desquels le fidéjusseur atteint ce résultat.

Payement.

Le payement, qu'il se réalise par la numération des espèces
entre les mains du créancier, ou, comme l'expriment formellement les textes dans l'hypothèse d'un créancier mineur
de vingt-cinq ans, au moyen d'offres réelles et de consignation (LL. 64, D., *de fid. et mand* ; 56, § 1, D., *mand.*), libère
toujours le débiteur principal, sans qu'il y ait lieu de faire
la moindre distinction entre ces deux espèces de payement.
(L. 10, § 11, D., *mand.*) Toutefois la libération du *reus*, et
par suite l'exercice du recours contre lui, n'ont pas nécessairement lieu dès que le payement a été effectué ; c'est ce qui
se présente dans plusieurs circonstances que nous allons
examiner successivement :

1° *Au cas d'un payement anticipé.* — Il est clair que le fidéjusseur ne peut, par son fait, enlever au débiteur principal
le bénéfice du terme, et des jurisconsultes avaient décidé
qu'en pareille hypothèse le fidéjusseur pouvait bien agir sur-
le-champ, en tenant du moins compte de l'intérêt qu'avait
le *reus* à ne pas payer de suite ; mais, au rapport de Paul,
cette opinion n'avait pas prévalu, et le fidéjusseur devait
différer l'exercice de son recours jusqu'à l'expiration du
terme (LL. 51, D., *de fid. et mand.*, et 22, § 1, D., *mand.*) ;

2° *Au cas d'un payement fait à non domino.* — Il est évi-

dent que la libération du *reus* était subordonnée à des faits
ultérieurs, tels que l'usucapion accomplie par l'*accipiens*
(L. 47, § 1, D., *mand.*), — la *condictio furtiva* contre le *solvens*
par le propriétaire des espèces données en payement (L. 94,
§ 2, D., *de solut.*), — enfin la ratification de ce propriétaire
(L. 66, D., *de fid. et mand.*);

3º *Au cas d'un payement effectué entre les mains d'un tiers
non créancier.* — Il faut, pour sa validité, que le créancier
l'ait ratifié ; peu importe, du reste, que cette ratification
intervienne après que le fidéjusseur a été libéré par le temps,
car elle a un effet rétroactif (L. 71, § 1, D., *de solut.*).

Datio in solutum.

La *datio in solutum* acceptée par le créancier équivaut
au payement ; en sorte que tout ce que nous venons de dire
du payement lui est applicable.

Remise de la dette.

La remise de la dette faite par le créancier au fidéjusseur
peut se produire sous trois formes : par acceptilation, par
pacte *de non petendo*, enfin par legs de libération. Nous
allons l'examiner sous chacune de ces formes.

I. *Acceptilation.* — Le créancier a-t-il fait acceptilation
au fidéjusseur, comme cette sorte de remise constitue un
payement fictif, *imaginaria est solutio*, les deux obligations
principale et accessoire sont éteintes à la fois (L. 16, D., *de
accept.*), et il en est ainsi encore que l'obligation du *reus*
n'ait pas été contractée *verbis*. (L. 13, § 7, D., *h. tit.*) Toutefois, la règle ci-dessus posée comporte quelques distinctions :

1º Les obligations principale et accessoire sont concomi-
tantes ; alors l'acceptilation accordée au fidéjusseur les éteint
toutes les deux immédiatement ;

2° L'obligation du *reus* existe ; celle du fidéjusseur, au contraire, est subordonnée à la réalisation d'une condition ; alors l'effet de l'acceptilation intervenue reste en suspens jusqu'à l'événement de la condition , lequel cas échéant, la fidéjussion prend naissance , l'acceptilation est confirmée, le fidéjusseur et le *reus* se trouvent libérés (L. 72, D., *de fid. et mand.*);

3° L'obligation du fidéjusseur est subordonnée, non plus à l'événement d'une condition, mais à l'existence de l'obligation du *reus* ; telle est l'espèce suivante : le stipulant, s'adressant au fidéjusseur, lui dit : « *Quod Titio credidero, fide tua esse jubes?* » Dans cette hypothèse, il n'y a ni obligation principale, ni obligation accessoire, partant l'acceptilation ne produit pas d'effet (L. 13, §§ 8, 9, D., *de accept.*).

Le *reus*, se trouvant ainsi libéré par l'effet de l'acceptilation accordée au fidéjusseur, sera-t-il exposé à un recours de sa part? Nous examinerons cette question ci-dessous, en traitant de la seconde condition exigée pour l'exercice de ce recours.

Le jurisconsulte Vénuléius pose l'espèce suivante : Le stipulant a fait en fraude de ses propres créanciers acceptilation au fidéjusseur qui est de mauvaise foi ; quel effet produira cette remise? Le fidéjusseur complice de la fraude ne sera pas libéré évidemment, et, au cas où il serait insolvable, on pourrait agir contre le *reus*, encore qu'il fût de bonne foi ; car l'acceptilation a eu pour effet de le constituer donataire, *quia ex donatione capit.* (L. 25, pr., D., *quæ in fraud.....*)

II. *Pacte de non petendo.* — Le pacte de remise, même conçu *in rem*, fait au fidéjusseur, ne profite pas au débiteur principal ; car le fidéjusseur n'a aucun intérêt à ce que le *reus* échappe à la poursuite du créancier. (L. 23, D., *de pact.*) La question du recours ne peut donc se présenter ici ; observons toutefois que le débiteur pourrait repousser le créancier par l'exception *doli*, si le pacte de remise portait réellement : *ne a reo quoque petatur* (LL. 25, § 2, et 26, D., *de pact.*);

enfin, que si une personne s'est portée fidéjusseur dans une affaire où elle est intéressée, par exemple si la femme a cautionné son mari à l'occasion d'un bien dotal, le pacte intervenu en faveur du fidéjusseur est réputé accordé au *reus* lui-même. (L. 21, D., *h. tit.*)

III. *Legs de libération.* — Lorsque le créancier a légué au fidéjusseur sa libération, il a eu en vue, le plus souvent du moins, de ne gratifier que ce fidéjusseur qu'il a nommé dans son testament; à lui seul, et non au *reus*, pourra donc compéter l'*exceptio doli* pour repousser la poursuite de l'héritier, si celui-ci venait à méconnaître la volonté du défunt; par conséquent, l'obligation principale subsiste comme si le legs n'avait pas eu lieu; cela est si vrai, qu'au cas où le fidéjusseur, voulant se procurer des garanties de plus contre une condamnation, prendrait les devants et demanderait à l'héritier sa libération, celui-ci devrait lui accorder, non pas une acceptilation, car elle libérerait aussi le *reus*, ce qui serait aller au delà de la volonté du testateur, mais un pacte *de non petendo*; dans cette hypothèse, il est évident que le fidéjusseur ne peut exercer aucun recours contre le *reus*. (Ll. 2, pr.; 3, § 3, D., *de lib. leg.*)

Serment.

Le serment tient lieu de payement; *Jusjurandum loco solutionis cedit* (l. 27, D., *de jurej.*); si donc le fidéjusseur l'a prêté sur la délation du créancier, le débiteur se trouvera libéré; toutefois, pour qu'il en soit ainsi, il faut supposer que le serment a été déféré sur l'existence de la dette, et non sur l'existence de la fidéjussion, *de ipso contractu et de re, non de persona jurantis* (Ll. 28, § 1; 42, § 1, D., *h. tit.*); dans ce dernier cas, en effet, le fidéjusseur serait seul libéré.

Compensation.

La compensation opposée de son propre chef par le fidéjusseur au créancier donnerait évidemment lieu au recours
du fidéjusseur contre le *reus*.

Novation.

La novation opérée entre le créancier et le fidéjusseur
éteint la dette comme le ferait un payement; le débiteur principal se trouve dès lors exposé au recours du fidéjusseur; c'est ce qui arrive quand le fidéjusseur a délégué au
créancier un de ses débiteurs, encore que celui-ci soit insolvable, parce que le créancier, en acceptant sa délégation, a
reconnu ainsi sa solvabilité : *quia bonum nomen facit creditor
qui admittit debitorem delegatum.* (L. 26, § 2, mand.)

Constitut.

Le constitut, comme nous le verrons dans l'appendice qui
doit clore nos développements, est un pacte prétorien par
lequel un débiteur prend jour pour payer une dette préexistante; ceci posé, lorsque ce pacte intervient entre le créancier et le fidéjusseur, sera-t-il vrai de dire qu'il y a novation, et partant que le débiteur principal est libéré? D'après
le jurisconsulte Paul, l'affirmative ne serait pas douteuse ; le
constitut, dans notre espèce, tiendrait lieu de payement : *loco
ejus cui jam solutum est, haberi debet is cui constituitur*
(L. 10, D., *de pec. const.*).

On admet toutefois dans ce système ce tempérament, c'est
que les effets du constitut sont essentiellement subordonnés
à l'intention des parties (L. 1, pr., D., *h. tit.*); en sorte que
le créancier peut très-bien convenir que l'obligation originaire subsistera malgré le pacte. — Dans un autre système,

on soutient que la L. 10 invoquée à l'appui du précédent
est la trace d'une ancienne opinion généralement abandon-
née, et qu'elle ne se trouve au Digeste que par une simple
inadvertance des compilateurs. « Les anciens jurisconsultes,
ajoute-t-on avec de Savigny [1], avaient discuté la question de
savoir jusqu'à quel point le constitut devait influer sur la
persistance de la créance originaire. On finit cependant par
décider que son but devait être, non pas d'éteindre l'obligation, ni conséquemmet de jouer le rôle du payement, mais
seulement de fortifier l'ancienne créance par l'addition d'une
nouvelle action. Aussi l'exercice de la *constitoria actio* ne
devait-il pas entraîner la consommation de l'ancienne action,
il n'y avait que le payement effectif qui dût être considéré
comme éteignant les deux dettes à la fois : le pacte de constitut fait par le fidéjusseur ne peut donc autoriser son recours
contre le *reus*.

Confusion.

La confusion consiste dans la réunion sur la même tête
de deux qualités incompatibles. Nous aurons, dans le cours
des développements qui vont suivre, à l'étudier sous trois
points de vue, comme réunissant les qualités : 1° de fidéjusseur et de créancier; 2° de débiteur principal et de créancier; 3° de fidéjusseur et de débiteur principal. Quant à présent, nous examinerons le cas où le fidéjusseur devient
héritier du créancier. Dira-t-on alors qu'il s'est opéré un
payement fictif, que tout doit se passer comme si des deux
personnes de *créancier* et de *débiteur* qui se trouvent réunies,
la première avait exigé de l'autre l'acquittement de la dette,
quasi ipse (fidejussor) a se exegerit ? Dira-t-on, par conséquent,
que le fidéjusseur peut agir contre le *reus*, comme lui ayant
procuré sa libération ? Non, assurément; ce sont là des
fictions inadmissibles, puisque le débiteur principal reste

[1] *Droit des oblig.*, ch. 1er, § 18.

obligé ; le fidéjusseur devra donc exercer contre le *reus* l'action résultant du contrat principal, de préférence à celle de mandat (L. 4, § 5, D., *de fid. et mand.*). Mais, si le *reus* était déjà libéré, la confusion opérée ne pourrait enlever au fidéjusseur l'exercice de son recours par l'action *mandati :* tel serait le cas où le fidéjusseur, après avoir été poursuivi comme caution par le créancier, deviendrait son héritier : *Si ei cui damnatus ex causa fidejussoria fueram, heres postea extitero, habebo mandati actionem.* (L. 11, D., *mand.*)

2° *A défaut de quelque avantage procuré au reus, il faut qu'il se présente une circonstance exceptionnelle légitimant le recours.*

En principe, le mandataire n'a d'action contre le mandant qu'après l'accomplissement du mandat. En quoi consiste l'accomplissement du mandat qu'a reçu votre fidéjusseur ? Devra-t-il seulement s'obliger pour vous ? alors, dès que le lien de l'obligation sera formé, sa mission sera remplie, et il ne sera pas étonnant qu'il puisse immédiatement exercer son recours contre vous. Mais il n'en est pas ainsi : le fidéjusseur, en effet, a contracté l'engagement, non-seulement de s'obliger pour vous, mais encore de payer pour vous : *potes videri idipsum mandasse ut tuo nomine solvatur.* (L. 47, D., *de cond. ind.*) Dès qu'il n'a pas effectué le payement, il n'y a pas de mandat accompli, partant point de recours à exercer contre vous.

En matière de fidéjussion, toutefois, on s'écarte des véritables principes du mandat, et l'on permet au fidéjusseur, pour se procurer sa libération, d'exercer, même avant le payement, son action contre le *reus,* mais seulement dans les cas suivants :

1° Si telle a été la condition apposée par le fidéjusseur à son intervention ; car la convention est la loi des parties (L. 1, § 6, D., *dep. vel cont.*) ;

2° Si le fidéjusseur a été condamné et qu'il ait accepté la sentence (LL. 38, § 1; 15, § 4, D., *mandati*; L. 45, D., *de fid. et mand.*; LL. 10, 6, C., *mandati*); car, ne pouvant dès lors, sous aucun prétexte, différer le payement, il est avec raison considéré comme ayant payé;

3° Si le débiteur principal a commencé à dilapider sa fortune; car son insolvabilité est à redouter (L. 38, D., *mand.*; L. 10, C., *h. tit.*);

4° Si le *reus* est depuis longtemps en demeure d'effectuer le payement (*ibid.*); *cur enim tot annos cessat solvere? non est temere*, dit Doneau [1] : ce n'est pas sans dessein que le *reus* a retardé le payement; c'est peut-être pour favoriser des manœuvres frauduleuses, dont le but sera de faire retomber sur le fidéjusseur toute la charge de l'obligation; peut-être même le débiteur est-il déjà insolvable;

5° S'il s'est élevé entre le fidéjusseur et le débiteur des inimitiés capitales; le fidéjusseur, en effet, a lieu de redouter de grandes difficultés pour l'instant où il voudra rentrer dans ses déboursés (L. 23, D., *mand.*);

6° Si le fidéjusseur n'a pas à sa disposition les moyens de payer le créancier pour intenter l'action de mandat contre le *reus* (L. 38, *in fine*, D., *h. tit.*).

Deuxième condition. Il faut que le fidéjusseur ait éprouvé du déficit dans son patrimoine.

Ce déficit peut résulter soit du fait du fidéjusseur, soit du fait du créancier, soit du fait d'un tiers.

1° *Du fait du fidéjusseur.* — Ce qui arrive lorsqu'il a libéré le *reus* soit par un payement, soit par une *datio in solutum*, soit par la délégation au créancier d'un de ses débiteurs; car il a perdu, dans ce cas, le montant de sa propre créance : *pecuniam dare intelligitur quanta ei debetur* (L. 26, § 2, D., *h. tit.*).

2° *Du fait du créancier.* — Ce qui se présente au cas de

[1] Doneau, op. cit., lib. XIII, c. XIII, § 8.

dotis permutatio, c'est-à-dire quand une femme s'est constitué en dot ce dont elle était créancière de son mari tenu *ex fidejussoria causa;* celui-ci se trouve dans la même position que s'il avait fait remise à la femme de ce qu'elle lui devait; — au cas d'*acceptilatio*, pourvu toutefois qu'elle n'ait pas été faite au fidéjusseur *simpliciter donandi animo;* il ne s'agit donc ici que d'une remise faite à titre onéreux, qui, étant le résultat d'un échange de bons offices, intervient *remunerandi causa*, et peut être considérée en quelque sorte comme le prix d'un service rendu par le fidéjusseur ou d'un avantage qu'il doit procurer au créancier : alors seulement il est vrai de dire que le fidéjusseur est en perte, et qu'il doit avoir un recours contre le *reus.* (LL. 05, § 2, D., *de solut.*; 10, § 13, et 12 pr., D., *mand.*)

3° *Du fait d'un tiers.* — Si un tiers paye le créancier au nom du fidéjusseur, celui-ci est libéré, car il importe peu pour sa libération qu'il paye lui-même ou qu'un autre paye en son nom; aussi il peut exercer son recours contre le *reus,* encore que le tiers ait voulu lui faire une donation (L. 12, § 1, D., *mand.*). Mais, dira-t-on, le fidéjusseur n'est pas en perte, puisqu'on ne peut perdre que ce dont on est propriétaire : *non videntur rem amittere quibus propria non fuit.* (L. 83, D., *de reg. jur.*) Notre réponse sera facile : quand le tiers effectue le payement au nom du fidéjusseur, avec intention soit de répéter, soit de faire une libéralité, il semble que cet argent passe des mains de ce tiers en celles du fidéjusseur, qui lui-même le remet au créancier; c'est donc avec raison que le fidéjusseur peut soutenir qu'il a éprouvé un déficit dans son patrimoine. (L. 26, § 3, D., *mand.*)

Troisième condition. Il faut que le recours ne puisse être repoussé par une fin de non-recevoir.

Les fins de non-recevoir opposables par le *reus* au recours du fidéjusseur résultent toutes d'une faute commise envers le premier par le second, qui doit en supporter les conséquences. Cette faute consiste soit dans le défaut d'un avertissement qu'après avoir payé il aurait dû donner au *reus*, soit dans la négligence dont il a fait preuve en n'opposant pas à l'action du créancier un moyen de défense qu'il avait à sa disposition.

Envisageons la position du fidéjusseur au premier point de vue : il a payé la dette sans en avertir le *reus*, qui lui-même la paye une seconde fois; il y a là presque un dol de la part du fidéjusseur, qui ne pourra obtenir du *reus* que la cession de la *condictio indibiti* résultant du payement par lui effectué. (L. 29, § 3, D., *mand*)

Plaçons-nous maintenant sous le second point de vue : le fidéjusseur a négligé d'opposer à l'action du créancier un moyen de défense qui aurait pu la paralyser. Nous distinguerons d'abord si ce moyen était personnel au fidéjusseur, ou s'il lui compétait du chef du *reus*.

Les moyens personnels au fidéjusseur peuvent être contraires à l'honneur, ou bien ne blesser en rien la délicatesse; au premier cas, on ne peut lui reprocher de n'en avoir pas fait usage, et, sans rechercher s'il en a connu ou ignoré l'existence, on lui accorde toujours son recours; au second cas, ce recours lui sera refusé ou accordé, suivant qu'il aura connu ou ignoré qu'il avait ces moyens à sa disposition. (L. 18, § 12, D., *h. tit.*)

Quant aux moyens de défense dont le *reus* lui-même aurait pu faire usage, si le fidéjusseur a négligé sciemment de s'en prévaloir, il perdra tout recours, encore que ces moyens blessassent sa délicatesse; même dans ce cas, sa conduite ne serait pas excusable; s'il lui répugnait, en effet, de faire usage d'un pareil moyen, que n'a-t-il mis le *reus* en demeure de l'opposer lui-même, en défendant au procès *suo vel procuratorio nomine?* Aussi il ne pourra se justifier qu'en prouvant qu'il lui a été impossible d'avertir le *reus*. (LL. 29, *in pr.*, 10, § 12, D., *h. tit.*)

Nonobstant tout ce qui précède, il y a des exceptions dont le fidéjusseur peut impunément négliger de faire usage, sans qu'on ait à rechercher s'il en a connu ou ignoré l'existence : ce sont celles qui tirent leur source des subtilités du droit , *ex apicibus juris* , comme l'*exceptio procuratoria* (L. 24, § 4, D., *h. tit.*) Nous remarquerons que, quand nous parlons de l'ignorance du fidéjusseur qui n'a pas connu l'existence d'un moyen de défense, il s'agit de l'ignorance de fait, et non de celle de droit. (L. 29, § 1, D., *h. tit.*)

Suffit-il au fidéjusseur, pour être à l'abri de tout reproche, de faire usage des moyens qui lui compètent ? Non, assurément, car il peut arriver que, malgré l'opposition de ces moyens, il soit victime de l'injustice du juge, et qu'une sentence de condamnation soit prononcée contre lui ; alors, comme nul ne doit faire retomber sur autrui l'injustice qui lui a été faite, il n'aura pas d'action contre le *reus ;* d'ailleurs, n'y a-t-il pas faute de la part du fidéjusseur à n'avoir pas appelé de la sentence, comme la bonne foi l'y engageait ? (LL. 67, D., *de fid. et mand. ;* 10, C., *mand.*)

SECTION II.

BASES ET OBJET DU RECOURS.

Nous remarquerons tout d'abord que la question ne peut se présenter qu'autant que le fidéjusseur ne s'est pas engagé *animo donandi ;* dans cette hypothèse, en effet, aucun recours ne peut lui être accordé. (L. 6, § 2, D., *mandati.*) Ceci posé, voyons quelles sont les bases du recours du fidéjusseur.

§ I".

Bases du recours.

Lorsqu'on cherche les bases du recours que le fidéjusseur peut exercer contre le *reus*, on les voit se scinder en deux grandes catégories ; dans l'une figurent les actions qu'il peut exercer de son chef, dans l'autre celles qu'il peut exercer du chef du créancier.

1° Actions compétant au fidéjusseur de son chef.

Le fidéjusseur peut, à cet égard, se trouver dans plusieurs positions : il peut être intervenu soit sur un mandat du *reus*, ou même sans en avoir reçu mandat, mais alors à sa connaissance et sans opposition de sa part ; — soit sans mandat et à l'insu du *reus* ; — enfin, malgré son opposition.

I. Au premier cas, le recours s'exerce par l'action *mandati contraria* (LL. 6, § 2 ; 18, D., *mand.* ; L. 60, D., *de reg. jur.*) ; et peu importe qu'il ait payé à titre de fidéjusseur ou à tout autre titre, ce qui résulte de l'espèce suivante, prévue par la L. 69, D., *de fid. et mand.* : Tryphoninus suppose un fidéjusseur qui est devenu tuteur du créancier ; ce fidéjusseur a dû se payer à lui-même, et bien que, plus tard, il ait été libéré par le temps, *tempore liberatus*, il sera comptable de la somme ainsi payée, qui pourra être exigée de lui par l'*actio tutela directa*, sauf son recours par l'action *mandati* contre le *reus*. Dira-t-on que, celui-ci s'étant trouvé libéré par ce payement, le fidéjusseur s'est trouvé *auctor* dans sa propre cause ? Non, car il pourra répondre qu'il a agi *non pro se solvendi animo, sed pro Titio, ut cum liberet*, qu'il a voulu, non pas se payer lui-même, mais procurer au *reus* sa libération.

L'action *mandati* peut prendre naissance tant au profit du fidéjusseur qu'au profit de ses héritiers ; c'est ce que prouve l'espèce suivante : Un fidéjusseur laisse en mourant un héritier qui a vendu son hérédité ; si l'acheteur paye le créancier, il pourra exercer l'action *ex empto* pour se faire céder l'action *mandati* qui compète à son vendeur. (L. 14, D., *mand.*)

Enfin, comme nous venons de le voir dans l'espèce prévue

par la L. 69, D., *de fid. et mand.*, l'action *mandati* peut encore être exercée par le fidéjusseur, bien que, libéré par le
temps, il ait payé le créancier : alors, en effet, il a mieux
aimé payer la dette que profiter d'un moyen de défense qui
blessait sa délicatesse : *fidem implevit*. (L. 20, *in fine*,
D., *mand.*)

Mais que décider, si le fidéjusseur a payé malgré l'existence d'un pacte *in personam* antérieurement accordé au
reus? Aura-t-il contre le créancier la *condictio indebiti*, ou
bien contre le débiteur principal l'action *mandati?* Nous dirons d'abord qu'il n'aura pas contre le créancier la *condictio
indebiti* ; car ce qui caractérise le payement de l'indû, c'est
moins l'absence de toute dette que l'existence d'une exception perpétuelle à la disposition du *reus*. *Indebitum solutum
accipimus*, dit Ulpien, *non solum si omninò non debeatur,
sed et si per aliquam exceptionem perpetuam peti non poterat*. (L. 26, § 3, D., *de cond. ind.*) Or l'exception qu'engendre un pacte *in personam* est essentiellement temporaire,
puisque son effet doit cesser à la mort de celui à qui le créancier a consenti le pacte.

Le fidéjusseur aura-t-il au moins l'action *mandati* contre
le *reus?* L'affirmative n'est pas douteuse, car le pacte intervenu entre deux personnes ne peut avoir pour effet de soustraire l'une d'elles aux obligations qu'elle a contractées
envers les tiers : *non enim pactum creditoris tollit alienam
actionem*. (L. 71, § 1, D., *de fid. et mand.*)

II. Si le fidéjusseur est intervenu à l'insu du *reus*, il a joué
le rôle d'un véritable *gérant d'affaires*, et pourra, en cette
qualité, exercer l'action *negotiorum gestorum contraria*.
(L. 20, § 1, D., *mand.*)

III. Enfin, si le *reus* a été cautionné malgré lui, le point
de savoir si le fidéjusseur doit avoir un recours avait divisé
les jurisconsultes. Les uns, avec Paul et Pomponius, lui re-
fusaient même l'action *negotiorum gestorum utilis* ; les autres
lui accordaient cette dernière action. (LL. 6, § 2; 40, D., *h.*

tit.) C'est dans ce dernier sens que Justinien a tranché la controverse.

2° Actions compétant au fidéjusseur du chef du créancier.

L'action de mandat ou de gestion d'affaires ne fournissait pas au fidéjusseur un moyen de rentrer dans ses déboursés, lorsque le débiteur était insolvable; aussi il lui importait de se faire constituer par le créancier *procurator in rem suam*, car à ce titre il pouvait exercer les actions qu'avait ce créancier contre les autres coobligés, et de plus poursuivre son remboursement sur les garanties réelles affectées à la créance principale.

§ II.

Objet du recours.

De ce qui précède nous pouvons conclure que le recours du fidéjusseur varie quant à son objet; le plus souvent il l'exerce pour recouvrer *quod illi abest*, pour combler le déficit qu'a éprouvé son patrimoine; dans des circonstances exceptionnelles, c'est pour obtenir sa libération avant même d'avoir libéré le *reus*; enfin nous avons vu qu'au cas où le fidéjusseur a payé la dette sans en avertir le *reus*, qui la paye une seconde fois, son recours aboutit à la cession de la *condictio indebiti*.

CHAPITRE III.

DE L'EFFET DE LA FIDÉJUSSION ENTRE LES COFIDÉJUSSEURS.

Entre les fidéjusseurs d'un même débiteur il ne peut y avoir aucune relation de mandat ni de gestion d'affaires, car chacun d'eux ne s'est engagé que pour le débiteur, et non pour ses coobligés ; de plus, il n'existe entre eux, sauf convention contraire, aucune société, car la loi Apuléia ne leur a jamais été applicable ; de là résultent les conséquences qui suivent :

1° Un fidéjusseur n'a aucun intérêt à la libération de son cofidéjusseur; par conséquent, le pacte de remise même conçu *in rem*, accordé par le créancier à l'un de plusieurs fidéjusseurs, ne profite pas aux autres, à moins toutefois qu'il ne porte cette mention formelle : « *Ne a cofidejussoribus quoque petatur.* » Toutefois l'équité exige que ces derniers ne soient tenus que sauf la portion payée par le bénéficiaire du pacte, si celui-ci a accepté la remise à lui faite. (LL. 23, D., *de pactis* ; 15, § 1, D., *de fid. et mand.*)

2° Lorsqu'un fidéjusseur succède à son cofidéjusseur, il n'y a aucune raison de dire de leurs obligations respectives que l'une plutôt que l'autre subsistera ; dès lors on décide qu'il n'y a pas de confusion et qu'elles subsistent toutes les deux. (L. 13, D., *de duob. reis.*) Il sera donc loisible au créancier de poursuivre en son propre nom ou comme héritier de son coobligé le fidéjusseur survivant.

3° Que celui de plusieurs fidéjusseurs qui a payé même la totalité de la dette ne peut avoir par ce seul fait aucun recours contre ses cofidéjusseurs; seulement, comme nous l'avons vu plus haut, il peut corriger la rigueur du droit par l'obtention de la cession des actions appartenant au créancier contre ses coobligés.

CHAPITRE IV.

EFFETS DE LA FIDÉJUSSION RÉCIPROQUE ENTRE *correi promittendi*.

La combinaison de la clause de cautionnement réciproque avec l'obligation corréale a dicté au jurisconsulte Papinien l'espèce suivante : Deux débiteurs corréaux se portent en même temps et réciproquement fidéjusseurs l'un pour l'autre; faut-il considérer cet acte comme absolument inutile et dépourvu d'effet? Non assurément, car il a pour conséquence de permettre au créancier d'actionner, *s'il le trouve bon*, l'un des débiteurs pour la moitié comme débiteur principal, pour l'autre moitié comme fidéjusseur de son codébiteur, de même qu'il peut aussi diviser à son gré l'action résultant de l'obligation principale entre les deux débiteurs corréaux : *Reus stipulandi actionem suam dividere si velit (neque enim dividere cogendus est), potest eumdem ut principalem reum, item qui fidejussor pro altero exstitit, in partes convenire, non secus ac si duos promittendi reos divisis actionibus conveniret* [1]. (L. 11, pr., D., *de duob. reis.*)

Quels sont les effets particuliers que peut produire l'action résultant du cautionnement, et intentée pour la moitié de la dette? Voici les plus importants, d'après Cujas et de Savigny [2]:

1° Le défendeur peut faire valoir la compensation avec une créance qui ne lui appartient pas à lui-même, mais qui appartient à son codébiteur, débiteur principal par rapport à ce cautionnement (LL. 4 et 5, D., *de compens.*; L. 19, D., *de except.*); d'ailleurs, c'est l'application de la règle : *Omnes exceptiones quæ reo competunt fidejussori quoque competunt.*

2° S'il est condamné en vertu de la fidéjussion, et qu'il paye, il peut alors exercer son recours contre son débiteur principal par l'action *mandati.*

3° Au cas où le créancier a fait un compromis avec l'un des *correi* et a succombé devant l'arbitre, s'il dirige la poursuite contre l'autre *correus*, la peine sera encourue.

[1] La partie la plus difficile du texte est dans les mots : *item qui fidejussor...*, qu'on doit ainsi compléter par la pensée : *item tanquam eum qui fidejussor*; on pourrait aussi modifier ce texte ainsi : *item quia fidejussor.* Telle est l'interprétation donnée par de Savigny (*Droit des oblig.*, ch. 1er, § 25, p. 293, note).

[2] Savigny, *eod.*; – Cujas, *Comm. ad leg.* 11, pr., D., *de duob. reis*, et ad *leg.* 17, § 2, D., *ad Senatusc. Vell.*;— M. Demangeat, *Des oblig. solid.*, p. 319 et suiv.

4° Au cas où une confusion s'opère entre le créancier et l'un des deux *correi*, l'autre sera tenu *in partem*.

5° Si un legs de libération a été fait à l'un des *correi*, il ne peut en principe exiger de l'héritier qu'un pacte *de non petendo in personam ;* au cas de fidéjussion réciproque, au contraire, il peut se faire libérer par acceptilation : *Alloquin dum a conreo meo petitur, ego inquietor* (L. 3, § 3, D., *de lib. leg.*); car la poursuite dirigée contre son codébiteur réfléchirait contre lui.

Toutes ces conséquences résultent aussi bien de la clause de société que de la clause de fidéjussion réciproque intervenue entre les débiteurs ; celles que nous allons énumérer, au contraire, supposent nécessairement l'existence de cette dernière clause.

6° Si l'on suppose plus de deux débiteurs, celui qui sera poursuivi par le créancier, et qui aura payé ce qu'il doit comme débiteur principal, pourra, quant au surplus, demander le bénéfice de division.

7° Qu'il y ait deux ou plus de deux débiteurs, l'action exercée contre l'un d'eux *ex fidejussoria causa* pourra être provisoirement arrêtée par le bénéfice de discussion, du moins dans le dernier état du droit.

8° Enfin la mise en demeure de l'un des débiteurs produit effet contre les autres, ce qui n'a pas lieu entre *correi promittendi* ordinaires. (L. 173, § 2, D., *de reg. jur.* ; — L. 32, § 4, D., *de usur.*) Voici la raison de cette différence : le fidéjusseur garantit d'une manière indéfinie le payement de l'obligation principale, et quand cette obligation se trouve perpétuée *ex mora rei*, la garantie doit toujours subsister ; lorsqu'il s'agit, au contraire, de deux *correi* ordinaires, l'un n'accède pas à l'obligation de l'autre en qualité de garant ; la condition de l'un ne se modèle pas sur la condition de l'autre ; leurs engagements respectifs, bien qu'ayant une même prestation pour objet, sont indépendants l'un de l'autre.

Nous devons compléter cette matière par un court aperçu de la novelle xcix, qui, d'après nous, s'y rapporte intimement. Justinien, dans la préface de cette constitution, annonce qu'il se propose de donner une rectification, un développement raisonnable et avantageux pour tous à une loi déjà promulguée sur la poursuite des *mandatores*, des fidéjusseurs et de ceux qui ont fait le pacte de constitut ; or, qui ne voit ici avec Doneau et de Savigny [1] une allusion faite par Justinien à la novelle iv, qu'il avait rendue quatre ans auparavant (cette novelle est, en effet, de l'année 535, l'autre de l'année 539) ?

Ceci posé, le législateur, dans la novelle xcix, prévoit deux cas bien distincts : ou le créancier a exigé, ou le créancier n'a pas exigé la garantie solidaire pour la dette principale. Quand il l'a exigée, on trouve que la même personne joue le rôle de débiteur principal tenu *in solidum* et celui de fidéjusseur de son codébiteur ; c'est l'espèce prévue par Papinien dans la L. II, pr., D., *de duob. reis*, que nous venons d'étudier surtout dans ses conséquences. Papinien permettait au créancier de méconnaître la qualité de fidéjusseur et d'invoquer exclusivement celle de débiteur solidaire ; *neque enim dividere cogendus est.* « Justinien, au contraire, dit M. Demangeat [2], cherche à combiner équitablement, dans cette hypothèse particulière, le principe de la solidarité et le principe de la fidéjussion, de telle sorte que le créancier, en définitive, soit traité aussi bien que s'il avait affaire à des débiteurs solidaires (cas auquel il n'y aurait besoin que d'un seul procès), et que cependant les obligés, de leur côté, puissent invoquer jusqu'à un certain point les bénéfices accordés aux fidéjusseurs, et demander l'application à leur profit de la novelle iv. » Mais comment peut se réaliser cette combinaison ? Rien n'est plus facile : le créancier poursuit pour

---

[1] Savigny. *Dr. des oblig.*, ch. 1er, § 26.
[2] M. Demangeat, *Oblig. sol.*, p. 325 et suiv.

le tout celui des débiteurs qu'il lui plaît de choisir ; mais celui-ci ne peut tout d'abord être contraint à payer la totalité, car il lui est permis de mettre en cause tous ses coobligés, s'ils sont tous présents et solvables, et alors la dette commune sera payée par chacun pour sa part ; si, au contraire, quelques-uns des coobligés sont absents, ou bien s'ils sont présents mais insolvables, on dira encore : *hoc onerat exteros*, leurs parts demeurent à la charge des autres.

TITRE IV.

DE L'EXTINCTION DE LA FIDÉJUSSION.

La fidéjussion s'éteint de deux manières : 1° par voie de conséquence ; — 2° par voie principale.

CHAPITRE PREMIER.

EXTINCTION DE LA FIDÉJUSSION PAR VOIE DE CONSÉQUENCE.

La règle générale est que le fidéjusseur est libéré toutes les fois que le débiteur principal l'est lui-même ; peu importe d'ailleurs le mode d'extinction de l'obligation principale, qu'elle se soit opérée *ipso jure* ou *exceptionis ope*. Nous ne reviendrons pas ici sur les modes d'extinction *exceptionis ope*, que nous avons passés en revue précédemment (V tit. II, ch. 1er, sect. 3) ; quant aux modes d'extinction *ipso jure*, nous les connaissons déjà ; ce sont : le payement et ses équivalents : la *datio in solutum*, la compensation, la novation, le serment, l'acceptilation ; nous devons toutefois, pour compléter nos développements en ce qui concerne ce dernier mode d'extinction des obligations, examiner l'espèce suivante qui trouve sa place ici : Le stipulant a fait, en fraude de ses propres créanciers, acceptilation au débiteur principal qui était de mauvaise foi ; cette remise ayant été annulée, le fidéjusseur, qui a toujours été de bonne foi, sera-t-il forcé de payer, si le *reus* est insolvable ? Non, décide le jurisconsulte Vénuléius, car l'acceptilation, dans l'espèce, a eu pour effet moins de constituer donataire ce fidéjusseur que de le soustraire au danger de perdre : *quoniam magis detrimentum non patitur quàm lucrum faciat* (L. 23, pr., D., *quæ in fraud...*). Pour compléter la matière qui fait le sujet du présent chapitre, nous n'avons quelque chose de spécial à dire que de la *litis contestatio* et de la confusion considérée sous un troisième point de vue, c'est-à-dire comme réunissant sur une même tête les qualités de créancier et de débiteur principal.

I. *Litis contestatio.* — « Une institution très-importante de l'ancien droit, dit de Savigny [1], était la consommation résultant de la procédure. Elle reposait sur ce principe que toute action une fois intentée et conduite jusqu'à la *litis contestatio* (*in litem deducta actio*) ne pouvait être intentée à nouveau. » Dans certains cas, lorsque la procédure réunissait trois caractères que nous avons énumérés en traitant de l'exception *rei in judicium deductæ*, la *litis contestatio* éteignait l'action *ipso jure ;* si l'un au moins de ces trois caractères faisait défaut, le renouvellement de l'action était paralysé par l'exception *rei in judicium deductæ*, ou, quand le procès avait abouti à un jugement, quel qu'il fût, par l'exception *rei judicatæ.*

Qu'arrivait-il, d'après cela, au cas où une action portait tout entière sur plusieurs coobligés, sur un débiteur principal et sur son fidéjusseur, par exemple? L'exercice de l'action contre le débiteur, qu'il ait abouti ou non à une condamnation, que ce débiteur fût ou non solvable, consommait l'action contre le fidéjusseur, ce qui faisait dire à Paul :

[1] *Droit des oblig.*, ch. 1er, § 19.

Electo reo principali, fidejussor liberatur (§ 16, *Sent., de empt. et vend.*). Il y a, en effet, une véritable analogie entre le cas qui nous occupe et celui d'une obligation alternative ; une fois choisi un des objets compris dans l'alternative, c'est comme si celui-là avait toujours été seul *in obligatione.*

Dans tous les cas, l'option du créancier, pour entraîner consommation de l'action contre le fidéjusseur, dans notre espèce, doit se manifester par une *litis contestatio,* et non d'une autre manière ; c'est ce que prouve la décision suivante de Papinien : « Un fidéjusseur est mort laissant pour héritier le débiteur principal ; le créancier qui, après avoir obtenu la séparation des patrimoines, n'a pas été payé intégralement sur les biens du fidéjusseur, pourra se faire payer l'excédant par le débiteur principal. (L. 3, D., *de separ.*) Observons toutefois que la poursuite exercée contre le *reus* ne consomme l'action contre le fidéjusseur, par suite de la *litis contestatio,* qu'autant ce *reus* a été actionné lui-même et pour *son obligation personnelle* ; ce que confirme l'espèce suivante : On a intenté l'action *de peculio* contre le maître d'un esclave débiteur, les fidéjusseurs de cet esclave ne seront pas libérés pour cela ; car l'obligation prétorienne du maître a été seule déduite en justice, et non pas l'obligation naturelle de l'esclave en faveur duquel ils sont intervenus. (L. 81, D., *de solut.*)

Quel effet produisait la *litis contestatio* quand la poursuite exercée contre le débiteur principal n'avait eu pour résultat que de faire apparaître son insolvabilité ? Il ne pouvait plus agir contre le fidéjusseur, à moins que celui-ci, en butte en premier lieu à sa poursuite, lui eût donné mandat d'agir d'abord contre le débiteur principal à ses risques et périls à lui mandant ; le but de la fidéjussion n'était donc pas atteint ; n'est-ce pas, en effet, en prévision de l'insolvabilité du débiteur principal que le créancier a exigé l'intervention d'un fidéjusseur ? *Hoc maximè prospicit, ut, cùm facultatibus lapsus fuerit debitor, possit ab iis quos pro eo obligavit, suum consequi* (§ 4, *in fine,* Just. Inst., *de replic*). Pour obvier à cet inconvénient, les jurisconsultes eurent recours à un moyen artificiel : ils enlevèrent au cautionnement son caractère d'obligation corréale ; à la fidéjussion ordinaire succéda la *fidejussio indemnitatis*, dont nous avons précédemment donné un court aperçu. Mais, dans le dernier état du droit, cette précaution fut rendue superflue. Justinien, en effet, décida par une constitution (L. 28, C., *de fid. et mand.*) que la poursuite exercée contre un débiteur ne pourrait empêcher le créancier d'intenter ensuite la même action contre tout autre obligé à la même dette : c'était porter le dernier coup à la *litis contestatio*, qui n'avait plus sa raison d'être depuis qu'au système formulaire avait succédé la *procédure extraordinaire*.

II. *Confusion.* — Pour compléter notre étude de la confusion, il nous reste à l'envisager sous ce dernier point de vue : comme réunissant sur une même tête les qualités de créancier et de débiteur principal ; c'est ce qui se réalise quand le *reus* devient héritier du créancier, et, réciproquement, quand le créancier devient héritier du *reus*. Nous distinguerons suivant qu'il y a un seul *reus* ou plusieurs *corret*.

Dans la première hypothèse, il ne se présente pas la moindre difficulté ; la confusion a pour effet de libérer le *reus*, et par suite le fidéjusseur.

La seconde hypothèse présente au contraire quelques complications qui sont prévues dans la loi *Granius Antoninus* (L. 71, D., *de fid. et mand.*) ; à la vérité, elle présuppose l'existence d'un mandat *credendæ pecuniæ ;* mais son application à la fidéjussion ne saurait être mise en doute. Voici l'espèce : Le créancier devient l'héritier de l'un des *corret,* où, ce qui revient au même, le *fisc* succède à la fois au créancier et à l'un des débiteurs en faveur desquels est intervenu un *mandator.* La confusion s'étant produite, le créancier poursuit le *mandator* ; qu'arrivera-t-il ? Remarquons d'abord que la confusion a eu pour effet, non pas d'éteindre l'obligation principale, mais d'y soustraire la personne du *reus* prédécédé, en laissant subsister l'engagement du *reus* survivant, et par suite, mais de son chef seulement, l'obligation du *mandator*. Ceci posé, si celui-ci est poursuivi par le créancier, il pourra lui dire : ce que je vous payerais par suite l'action *mandati contraria* que vous intentez contre moi, à raison du mandat que je vous ai donné, vous me le rembourseriez par suite de la même action *mandati contraria* que j'intenterais immédiatement contre vous, à raison du mandat de le cautionner que m'a donné le *reus* dont vous êtes héritier ; je vous oppose donc l'*exceptio doli; dolo facit qui petit quod statim redditurus est* (LL. 8, pr., D., *de dol. mal.*; 170, § 3, D., *de reg. juris*). — Mais le créancier pourra poursuivre l'autre *reus* pour partie ou pour la totalité de la dette, suivant qu'ils seront ou non associés.

Exceptions. — La règle générale que nous avons posée plus haut, à savoir que l'extinction de l'obligation principale entraîne celle de la fidéjussion, comporte plusieurs exceptions. Il importe en effet de distinguer si le créancier a reçu la chose promise, ou si seulement la personne du *reus* a été soustraite à l'obligation : *multùm interest,* dit Pomponius, *utrùm res ipsa solvatur an persona liberetur* (L. 19, D., *de duob. reis*): au premier cas, en effet, la règle générale s'applique ; au second cas, au contraire, l'obligation du fidéjusseur subsiste seule ; c'est ce qui arrive :

1° Lorsque le corps certain et déterminé : par exemple, l'esclave Stichus, qui faisait l'objet de l'obligation, a péri par le fait ou par la faute, ou pendant la demeure du fidéjusseur ; cette circonstance constituant un cas fortuit par rapport au débiteur principal, on lui fait application du principe : *debitor certæ speciei interitu rei liberatur;* quant à la caution, elle est, à la rigueur, libérée par voie de conséquence; « mais on donne, dans ce cas, contre elle, dit M. Maynz [1], une action

---

[1] *Élém. de dr. rom.,* t. 2, § 315, note 9.

de dolo ou même une *utilis actio ex stipulatu.* » Est-ce à dire que le créancier aura le choix d'exercer l'une ou l'autre de ces deux actions, ce qui résulterait des termes précités du savant professeur ? Assurément il n'en peut être ainsi, car, l'*actio de dolo* étant infamante, le préteur ne l'accordait à un créancier qu'à défaut de toute autre action civile ou honoraire (L. 1, §§ 1, 4, 7., *de dolo*; L. 2, C., *h. tit.*); par conséquent, si, dans notre espèce, le créancier peut avoir une action utile, l'action de dol lui sera refusée.

Si l'on consulte à cet égard le Digeste, on se trouve en présence de plusieurs textes qui semblent en opposition les uns avec les autres ; or rien n'est plus facile que de les concilier : tous les jurisconsultes étaient d'accord sur ce point, à savoir que personne ne peut, par son propre fait, se soustraire à l'accomplissement de ses obligations; aussi, l'action *ex stipulatu* étant éteinte, ils ne trouvèrent d'autre remède, à l'origine du moins, que celui qui consistait à donner l'action *de dolo* contre le fidéjusseur ; telle était l'opinion professée par les plus anciens jurisconsultes, notamment, au rapport de Papinien, par Nératius Priscus et Julien. (L. 19, D., *de dolo.*) — Plus tard, quand la rigueur du droit se fut adoucie, on accorda contre le fidéjusseur une action utile, c'est-à-dire l'action *ex stipulatu*, restituée par le préteur; c'est ce qui résulte d'un texte du jurisconsulte Marcien (L. 32, § 5, D., *de usur.*), auquel Ineau [1] faisait certainement allusion quand il s'exprimait ainsi : « *Tenealurque (fidéjussor) si minus directa actione quàm subtilitas juris non admittit, at certe utili.* » Mais si cette voie de procédure présentait l'avantage d'épargner l'honneur du fidéjusseur en écartant l'action infamante de dol, et d'investir le créancier d'une action transmissible contre les héritiers du fidéjusseur, elle avait l'inconvénient de placer celui-ci

---

[1] *De jur. civ.* lib. XVI, c. XXVI, § 5.

dans une position plus avantageuse qu'avant la violation du contrat : au lieu d'être soumis à l'action *ex stipulatu* perpétuelle qui en résultait, il était soumis à une action *ex stipulatu* utile, par conséquent temporaire. Mais cette circonstance n'échappa pas aux jurisconsultes Paul et Papinien : suivant exactement cette règle, à savoir que le fait du débiteur (du fidéjusseur dans notre espèce) *perpétue* l'obligation, ils en vinrent à dire que ce n'était pas une action utile en vertu d'une restitution qui devait être donnée contre le fidéjusseur, mais bien l'action même du contrat, avec son caractère d'action perpétuelle ; c'est ce qu'ils expriment en autorisant contre le fidéjusseur l'exercice de l'action *ex stipulatu*, sans ajouter qu'il ne s'agit que d'une action utile [1]. (L. 32, § 5, D., *de usur.*; LL. 49, 88, 127, D., *de verb. oblig.*; L. 95, § 1, *in fine*, D., *de solut.*) —Qu'on ne vienne pas dire toutefois que Papinien est tombé en contradiction avec lui-même, ce qui résulterait du rapprochement des lois 19 *de dolo* et 95, § 1, *de solut.*, appartenant toutes les deux à ce jurisconsulte; si, dans la première de ces deux lois, il rapporte l'opinion d'anciens jurisconsultes qui étaient d'avis que l'action de dol fût donnée contre le fidéjusseur, ce n'est pas à dire pour cela qu'il la partage, et tout porte à croire qu'il formulait dans ce fragment sa propre opinion, que les compilateurs en auront retranchée pour mettre ce texte sous la rubrique *de dolo malo*.

2° Quand le débiteur principal est mort sans héritier; bien que, dans ce cas, il n'existe plus une personne sur laquelle puisse reposer l'obligation principale, Papinien admet que le fidéjusseur doit être tenu *ex stipulatu;* c'est ce qui résulte de la disposition finale de la L. 95, § 1, D., *de solut.* Toutefois le même jurisconsulte semble donner une décision contraire dans la L. 5, pr., D., *ut legatorum...*, qui prévoit

[1] M. Pellat, *Text. ch. des Pand.*, p. 198. — M. Machelard, *Oblig. nat.*, p. 173-175.

cette espèce : La condition apposée au legs pour lequel l'héritier a fourni caution au légataire ne s'est accomplie qu'a-
près le moment où cet héritier est tombé au pouvoir des
ennemis ; les fidéjusseurs ne sont pas tenus pour le moment,
parce qu'il n'existe ni un droit ni une personne à laquelle les
termes de la stipulation puissent se rapporter : *fidejussores interim teneri negavi, quia neque jus neque persona esset ad quam
stipulationis verba dirigi possent*. Or, cette circonstance ne
se présente-t-elle pas aussi quand le débiteur est mort sans
héritier ? et dans ce cas le même jurisconsulte déclare le fidéjusseur tenu *ex stipulatu*. Cette contradiction, d'après Cujas [1],
n'est qu'apparente. Dans la loi précitée, la condition apposée à la validité du legs se réalise quand l'héritier a subi la
maxima capitis deminutio ; par conséquent, l'obligation de
celui-ci considéré comme débiteur principal n'a pu prendre
naissance ; or, comme le fidéjusseur ne peut être poursuivi
avant que le *reus* soit tenu, *fidejussor antequam reus debeat
conveniri non potest* (L. 57, D., *de fid. et mand.*), il faut
attendre que l'héritier soit de retour dans ses foyers ou soit
mort chez l'ennemi ; d'ailleurs la dette principale sera considérée comme ayant pris naissance le jour de l'événement
de la condition, au premier cas, en la personne de l'héritier
débiteur du legs, considéré, en vertu du *jus postliminii*,
comme n'ayant jamais subi la *maxima capitis deminutio ;* au
second cas, en la personne de l'héritier de celui-ci, par application de la loi Cornélia, qui fait considérer le prisonnier
mort chez l'ennemi comme décédé dans l'intégrité de ses
droits, et, par suite, sa succession comme ouverte du jour
de sa captivité ; par conséquent, le fidéjusseur est réputé avoir
été tenu du jour de l'événement de la condition, pourvu que
l'un des deux cas précités se réalise ; mais en attendant,
interim, il ne peut être tenu. Dans l'hypothèse de la loi 95 ,
§ 1, au contraire, il n'y a pas la moindre incertitude sur la

---

[1] Cujas, *Comm. in lib.* xxviii, *Quæst.* Papin.

naissance de la dette principale, et, quoique le *reus* soit mort sans laisser un héritier qui le représente, l'obligation du fidéjusseur subsiste, comme elle subsisterait, dans l'espèce de la loi 5, si la captivité de l'héritier débiteur conditionnel du legs avait eu lieu depuis l'événement de la condition.

3° Lorsque les biens du *reus* ont été frappés de confiscation ; il y a en effet alors, non pas extinction de l'obligation principale, mais substitution du fisc au lieu et place du débiteur principal. (LL. 15, 20, C., *de fid. et mand.*) Mais que déciderait-on, si celui-ci était déjà débiteur du fisc ? Il faut distinguer la portée que le fidéjusseur a entendu donner à son engagement : ou il a voulu garantir le payement de ce que pourrait devoir la personne du *reus*, ou il a entendu répondre même de ce que ses biens ne pourraient pas payer : au premier cas, il est libéré, puisque la personne du *reus* a été soustraite à l'obligation ; au second cas, sa libération sera subordonnée à la suffisance des biens pour l'acquittement de la dette. (L. 45, § 11, D., *de jure fisci.*)

4° Lorsque le créancier a été envoyé en possession des biens du débiteur : *Argumentum rei, quod si possessio rerum debitoris data sit creditori, æquè dicendum est fidejussorem manere obligatum.* (L. 21, § 3, *in fine*, D., *de fid. et mand.*) Africain cite ce cas comme argument à l'appui de deux hypothèses dans lesquelles la confusion a opéré la libération du fidéjusseur, ce qui implique une contradiction évidente. Nous croyons avec Cujas que ce texte ne nous est pas parvenu en entier, et que ces mots: « *argumentum rei...*, » devaient faire suite à des cas dans lesquels le *reus* était libéré sans que le fidéjusseur le fût.

CHAPITRE II.

EXTINCTION DE LA FIDÉJUSSION PAR VOIE PRINCIPALE.

Plusieurs cas se sont déjà présentés à nous dans lesquels le fidéjusseur était libéré *exceptionis ope*, sans que le *reus* le fût, ce qui se réalise dans les hypothèses suivantes :

1° Quand le fidéjusseur a obtenu du créancier un pacte *de non petendo*, même conçu *in rem ;*

2° Quand, le créancier étant devenu l'héritier de l'un des deux *correi promittendi*, le fidéjusseur qui les a cautionnés repousse son action par l'exception de dol;

3° Lorsque de la part du fidéjusseur est intervenu le serment de *persona jurantis*, non sur l'existence de la dette principale, mais sur l'existence du cautionnement. — Observons toutefois qu'il n'y a libération *exceptionis ope*, et non *ipso jure*, que quand le fait de la prestation du serment est contesté entre les parties devant le préteur.

Nous pouvons encore ajouter :

4° Lorsque le *fidejussor indemnitatis* oppose l'exception *doli mali* au créancier qui a laissé le *reus* devenir insolvable ; à quoi, en effet, s'est obligé le fidéjusseur, si ce n'est à indemniser le créancier du dommage que pourrait lui faire éprouver l'impossibilité de retirer du débiteur le montant de ce que doit celui-ci? or *damnum quod quis culpa sua sentit*, *sentire non videtur ;* et Modestin, s'inspirant de cette idée, s'exprime ainsi dans la L. 41, D., *de fid. et mand.*, qui prévoit une pareille hypothèse : *Non temerè utilem in fidejussores actionem competere ;* on n'accordera pas facilement une action efficace contre les fidéjusseurs. La même décision devrait-elle être admise en matière de fidéjussion ordinaire? Le fidéjusseur ordinaire pourra-t-il triompher en excipant de la négligence du créancier qui a laissé au *reus* le temps de devenir insolvable? La négative ne peut être douteuse, car le créancier pourra répondre en ces termes au fidéjusseur : J'avais la liberté de choisir entre le débiteur et vous ; c'est vous que, dès le principe, j'ai eu l'intention de poursuivre ; par conséquent, je n'avais pas à m'inquiéter de ce que devenait le *reus:* telle est la décision que donne Scœvola dans la L. 62, D., *de fid. et mand.* Nous pouvons ajouter que la position du fidéjusseur n'est pas aussi malheureuse qu'elle le paraît dès l'abord ; n'avons-nous pas vu, en effet, que, même avant d'avoir payé, il peut exercer l'action *mandati* contre le *reus*, quand celui-ci devient insolvable ?

5° Quand le temps pour lequel le fidéjusseur était intervenu se trouve expiré. A l'appui de notre doctrine nous citerons les LL. 71, § 1, D., *de solut.*, et 69, D., *de fid. et mand.* Certains auteurs invoquent ces textes à l'effet de prouver que l'obligation du *reus* étant éteinte par le laps de temps celle du fidéjusseur l'est aussi, par voie de conséquence ; nous, au contraire, nous croyons qu'ils statuent dans l'hypothèse d'un fidéjusseur qui a été seul libéré par le laps de temps. (L. 29, § 6, D., *mand.*) ; que primitivement cette expression était afférente à un *sponsor* ou à un *fidepromissor biennio liberatus*, d'après la loi *Furia*, et que le mot *fidejussor* a été substitué, dans les textes précités, au mot *sponsor* ou *fidepromissor* par les compilateurs ; il nous suffira, pour nous en convaincre, de nous reporter à ce que nous avons dit sur la loi 69 qui précède, en traitant des actions qui compètent au fidéjusseur de son chef : le fidéjusseur devenu tuteur du créancier est censé s'être payé à lui-même ; aussi il est comptable envers son pupille du montant de la créance, et peut exercer l'action *mandati* contre le *reus*, et en voici le motif : *Nam ejus solutione liberavit reum promittendi obligatione in quam pro eo fidejusserat* ; le *reus* a donc été libéré, non pas *tempore*, mais *solutione*, par le payement que le fidéjusseur s'est fait à lui-même ; bien plus, le jurisconsulte Tryphoninus ajoute : *Item heres ejus (fidejussoris), quia cum eo ob tutelam non ex fidejussione agitur.* Or quel serait l'intérêt de la distinction faite entre l'action *tutelæ* et l'action *ex stipulatu* résultant de la fidéjussion, si le jurisconsulte n'avait pas prévu l'hypothèse d'un *sponsor* ou d'un *fidepromissor*, puisque l'une aussi bien que l'autre de ces actions est transmissible contre les héritiers d'un fidéjusseur ? Dans le dernier état du droit, on peut admettre que les lois 69 et 71 précitées se rapportent à l'hypothèse d'un fidéjusseur qui, obligé seulement pour un temps, pouvait, le terme expiré, repousser le créancier par l'exception *pacti conventi*.

L'extinction de la fidéjussion par voie principale s'opère enfin au moyen de la confusion : tel est le cas où le fidéjusseur devient héritier du créancier (nous avons traité cette espèce en étudiant les conditions d'exercice du recours accordé au fidéjusseur contre le *reus*) ; nous sommes ainsi conduit à examiner la confusion sous le troisième point de vue que nous nous sommes proposé, à savoir quand le fidéjusseur devient héritier du *reus* et, réciproquement, quand le fidéjusseur laisse le *reus* pour héritier. Au premier cas, tous les jurisconsultes s'accordaient pour admettre l'extinction de la fidéjussion, l'obligation principale subsistant seule ; au second cas, les Sabiniens, malgré l'avis contraire des Proculéiens, soutenaient la même doctrine (L. 93, §§ 2 et 3, D., *de solut.*) ; et c'est elle qui prévalut dans la pratique. Qu'importe, en effet, que ce soit le débiteur qui succède au fidéjusseur, ou le fidéjusseur au débiteur ? N'y a-t-il pas toujours absorption de l'obligation accessoire par la principale ?

Cet effet, toutefois, exige, pour se produire, que l'obligation du *reus* soit plus étendue, plus avantageuse pour le créancier que celle du fidéjusseur. (L. 95, § 3, D., *de solut.*) Nous trouvons une application de cette règle au cas où le débiteur n'est obligé que naturellement : *Si reus duntaxat natura fuit obligatus*, dit Papinien, *fidejussor non liberabitur* [1] (ibid.) ; et Africain nous en donne un exemple dans la loi 21, § 2, D., *de fid. et mand.*, où il pose l'espèce suivante : Un esclave contracte une dette ; plus tard, ayant été affranchi, il devient héritier du fidéjusseur qui l'avait cautionné ; alors il n'y aura pas confusion ; l'obligation principale, qui est simple-

---

[1] La leçon florentine porte ces mots : *Nam si reus duntaxat fuit obligatus, fidejussor liberabitur,* » à laquelle nous avons substitué celle que donne Cujas d'après les Basiliques. (*Com. in lib. Quæst. Pap.*)

ment naturelle, et l'obligation accessoire, qui est civile, subsistent l'une à côté de l'autre dans la même personne ; en
sorte que, si cette dernière vient à périr, ce qui aura été
payé ne sera pas sujet à répétition : « *Ut si obligatio civilis
pereat, solutum repetere non possit.* » En vain dirait-on que
l'obligation du fidéjusseur est éteinte, parce que l'affranchi
se trouve fidéjusseur de sa propre dette : *Placet exstingui
stipulationem*, dit Paul, *si in eum casum inciderit a quo inci-
pere non potest* (L. 140, § 2, D., *de verb. obl.*) ; car on ne
saurait imputer au créancier l'événement qui opère la confusion ; la fidéjussion n'aurait pu valablement prendre naissance dans cette situation, et elle subsiste néanmoins pour
que le créancier ne se trouve pas dépourvu d'action ; d'ailleurs il n'y a là que l'application de cette règle : « *Non est
novum ut quæ semel utiliter constituta sunt, durent licet ille
casus exstiterit, a quo initium capere non potuerunt.* » (L. 85,
§ 1, D., *de reg. jur.*)

La fidéjussion est-elle éteinte par confusion, lorsque, l'obligation principale étant civile, le *reus* a un moyen de défense
propre et personnel comme celui de la *restitutio in integrum*
pour cause de minorité ? Nous trouvons la réponse à cette
question dans la L. 95, § 3, D., *de solut.*, dont voici l'espèce :
Quelqu'un a de bonne foi prêté de l'argent à un mineur de
vingt-cinq ans qui l'a perdu en folles dépenses, puis est
décédé dans le délai accordé pour la *restitutio in integrum* [1],
à savoir pendant la minorité ou dans l'année qui a suivi la
majorité, laissant pour héritier son fidéjusseur. Alors, d'après
Papinien, il est difficile de dire que le secours éventuel et
incertain de la restitution empêche l'obligation du mineur

---

[1] Le délai de la restitution, qui, du temps de Justinien, était fixé
à une année *utile* à partir de la majorité, fut plus tard réglé par
Constantin à cinq, quatre ou deux ans continus, suivant que la
restitution était sollicitée à Rome, en Italie ou dans les provinces.
Enfin Justinien, par la loi 7, C. *de temp. in int. restit.*, admit pour
tout l'empire un délai uniforme de quatre années continues.

d'être considérée comme pleine et efficace, et, par conséquent, d'absorber et de faire disparaître par confusion
l'obligation du fidéjusseur, qui, dans l'espèce, s'est engagé
sine contemplatione juris prætorii : — difficile est dicere cau-
sam juris honorii quæ potuit auxilio minori esse, retinere fide-
jussoris obligationem (ac non potius solam manere minoris
obligationem) quæ principalis fuit et cui fidejussor is accessit
sine contemplatione juris prætorii [1]. Le fidéjusseur sera donc,
par l'effet de la confusion, libéré de l'obligation accessoire
dont il était tenu de son chef; mais il restera tenu de l'obligation principale contractée par le mineur auquel il a succédé, et pourra, *intra constitutum tempus*, solliciter le
bénéfice de la restitution ; car la faveur de la restitution ne
meurt pas avec le mineur, mais passe à ses héritiers, lors
même qu'ils sont majeurs. (L. 18, § 5, D., *de min.*)

APPENDICE.

Notre étude du cautionnement serait incomplète, si nous
ne consacrions quelques lignes à deux conventions fort usitées
chez les Romains, et qui trouvent leur place à côté de la
fidéjussion : nous voulons parler du constitut *alieni debiti*
et du mandat *credendæ pecuniæ*.

Constitut *alieni debiti*.

Le constitut, en général, est un pacte prétorien par lequel
une personne s'engage à payer, dans un certain délai, soit sa

---

[1] Telle est la leçon adoptée par le président **Favre**; nous croyons
avec lui que, le mot *obligationem* terminant chacun des deux premiers membres de phrase, le copiste, se trouvant à la fin du premier, s'est cru à la fin du second, et a continué en sautant celui-
ci. (*Conj.* lib., XVIII, c. XIV.)

propre dette, soit la dette d'autrui ; considéré sous ce dernier point de vue, il prend le nom de constitut *alieni debiti*, et devient un véritable cautionnement.

Le constitut tire son nom du mot *constituere*, qui signifie, d'après Cujas, fixer un jour pour une prestation à faire ; quant au point de savoir si cette prestation devait nécessairement être faite à terme, les jurisconsultes étaient divisés ; suivant Paul, le terme était tellement de l'essence du constitut, que, si les parties avaient négligé de le fixer, il devait être de dix jours au moins. (L. 21, § 1, D., *de pec. const.*)

Le pacte de constitut pouvait intervenir même entre personnes absentes (L. 14, § 3, D., *h. tit.*), et était sanctionné par une action appelée généralement *actio de pecunia constituta*. Disons toutefois que ce pacte était moins une création du préteur que la reproduction, d'après les règles du droit honoraire, d'une autre institution du droit civil appelée *receptitium*.

Le *receptitium* est un pacte légitime, du moins d'après l'opinion généralement admise, bien que Justinien semble dire que des paroles solennelles étaient nécessaires à sa formation : *Receptitia actione cessante, quæ solemnibus verbis composita inusitato recessit vestigio...* (L. 14, § 3, C., *h. tit.*). Par ce pacte, un *argentarius* (banquier) s'engageait à faire un payement à jour fixe ; un débiteur qui avait des fonds ou du crédit chez son banquier adressait à ce dernier les personnes auxquelles il avait des payements à faire, et alors entre ces personnes et le banquier intervenait le *receptitium*.

Ce pacte tire son nom du mot *recipere*, qui signifie recevoir jour pour un payement à faire : « Par exception aux règles ordinaires du droit civil, dit M. Ortolan [1], cette con-

---

[1] *Explic. hist. des Inst.*, liv. IV, t. VI, des actions.—Cf. M. de Fresquet, *Traité élém. de dr. rom.*, liv. tr., 1re part., t. II, ch. II, sect. 3, app.

vention n'avait pas besoin d'être faite avec les formalités de la stipulation ni du contrat *litteris*; de quelque manière qu'elle eût lieu de la part d'un *argentarius*, elle obligeait celui-ci et donnait contre lui une action civile : » c'était l'action *receptitia*.

L'action prétorienne *de pecunia constituta* et l'action civile *receptitia* différaient entre elles sous plusieurs rapports : en effet, l'action *de pecunia constituta* était annale, comme la plupart des actions prétoriennes, et se donnait contre toute personne, mais à raison seulement d'une dette préexistante portant sur des choses *quæ pondere, numero mensurave consistunt* (L. 2, pr., C., *h. tit.*), ainsi que l'indiquait le mot *pecunia*; — l'action *receptitia* était perpétuelle, se donnait contre les *argentarii* exclusivement, s'appliquait à tous les objets, et était accordée par cela seul qu'il y avait convention, sans examiner s'il y avait une cause préexistante.

Ces deux actions subsistèrent ensemble avec leurs destinations respectives jusqu'à Justinien, qui les fondit en une seule à laquelle il conserva le nom prétorien. Dès lors le constitut présente ces caractères : il n'exige aucune formalité spéciale; la simple convention verbale ou écrite suffit pour établir l'obligation; — il peut intervenir pour toute espèce de choses, soit fongibles, soit corps certains; mais il faut qu'il y ait toujours une obligation préexistante pour servir de base à l'acte; peu importe d'ailleurs que cette obligation résulte de contrats ou de délits, qu'elle soit civile, prétorienne ou même naturelle, à terme ou sous condition (dans ce dernier cas, le constitut est évidemment conditionnel); enfin l'action *de constituta pecunia* se donne contre toute personne et se prescrit par trente ans, comme les autres actions du droit civil. (*Ibid.*)

De nombreuses différences existent entre le constitut et la *fidejussio :*

1° On pouvait constituer *absente creditore*, même par mandataire ; il en était autrement pour la fidéjussion, puisqu'elle se formait par stipulation ;

2° Les poursuites dirigées contre le débiteur principal ne libéraient pas le constituant ; *secùs* en matière de fidéjussion, du moins avant Justinien;

3° Le fidéjusseur devait toujours promettre la même chose que le débiteur principal ; le constituant pouvait s'obliger *in aliam rem* (L. 1, § 5, D., *h. tit.*);

4° La fidéjussion à un terme plus court que la dette principale était nulle ; on constituait valablement *citeriore die* (L. 4, D., *h. tit.*) ;

5° Si on avait constitué plus que le débiteur n'avait promis, il y avait seulement lieu à réduction, tandis que la fidéjussion, en pareil cas, n'était pas valable, même pour partie (L. 11, § 1, D., *h. tit.*);

6° Le constituant ne pouvait invoquer les exceptions acquises par le débiteur principal postérieurement à la convention, à moins que ces exceptions ne fussent fondées sur des faits qui avaient eu pour résultat de satisfaire le créancier : c'est ainsi qu'à la différence du fidéjusseur, il ne pouvait se prévaloir de la prescription accomplie à l'égard de l'obligation qu'il avait cautionnée (L. 18, §§ 1 et 3, D., *h. tit.*).

Nous pouvons ajouter que Justinien assimila les constituants aux fidéjusseurs, quant à l'obtention du bénéfice de division. (L. 3, C., *h. tit.*)

Mandat *credendæ pecuniæ.*

Le mandat *credendæ pecuniæ* (appelé aussi mandat *qualifié* par les commentateurs, surtout en Allemagne) est un contrat consensuel et de bonne foi par lequel on charge gratuitement une personne de prêter de l'argent à un tiers déterminé, ce que cette personne accepte par complaisance. La jurisprudence voyait dans cet acte une promesse de payer, si le tiers emprunteur n'opérait pas le remboursement à l'échéance; à ses yeux, il y avait un véritable cautionnement de la part du *mandator*.

Toutefois il importe beaucoup de ne pas confondre ! mandat *qualifié* avec la fidéjussion : dans la fidéjussion, en effet, nous avons vu un contrat principal et un contrat accessoire; dans le mandat qualifié, au contraire, nous trouvons deux conventions distinctes et parfaitement indépendantes l'une de l'autre, d'où naissent entre ces deux modes de cautionnement plusieurs différences dont voici les principales :

1° Le mandat qualifié précède toujours nécessairement le contrat; — la fidéjussion peut intervenir après ;

2° Le mandat se forme *consensu*, et par suite même *inter absentes*; — la fidéjussion, au contraire, se forme toujours *inter præsentes;*

3° Le fidéjusseur peut invoquer soit l'exception *cedendarum actionum*, soit le bénéfice de discussion ; — le *mandator* n'a droit qu'à la cession des actions en effectuant le payement;

4° Le créancier pouvait, avant Justinien du moins, consentir au débiteur un pacte de remise *in personam*, en conservant son action contre le fidéjusseur; en pareil cas, il perdait le droit de poursuivre le *mandator*. Voici la raison de cette différence : en matière de fidéjussion, le créancier n'a contracté aucun engagement envers la caution ; au cas du mandat qualifié, au contraire, il s'est obligé à céder au *mandator* l'action résultant du prêt que celui-ci l'a chargé de faire ; si donc il s'est mis dans l'impossibilité de satisfaire à cette obligation, il ne peut exiger que le *mandator* remplisse la sienne (L. 95, § 11, *de solut.*);

5° Avant Justinien, l'action intentée par le créancier contre le débiteur principal libérait le fidéjusseur, et réciproquement ; dans le mandat qualifié, au contraire, le créancier poursuit celui des obligés qu'il veut, sans encourir une déchéance à l'encontre de l'autre. (LL. 27, § 5, et 60, pr., D., *mand.*) Nous savons que Justinien a assimilé sur ce point les fidéjusseurs aux *mandatores*. (LL. 13 et 71, D., *de fid. et mand.* ; L. 28, C., *h. tit.*)

6° Le *mandator*, en payant, ne fait qu'exécuter son mandat et ne paye pas *debitoris nomine : propter suum mandatum solvit et suo nomine* (L. 28, D., *mand.*); aussi il ne libère pas le *reus*, qui reste tenu *ex stipulatu* ou en vertu d'un *mutuum*, tandis que le payement effectué par le fidéjusseur éteint toujours la dette principale.

7° Le *mandator*, par conséquent, peut, même après avoir payé, se faire céder les actions qu'a le créancier contre le débiteur : *secùs* du fidéjusseur (L. 76, D., *de solut.*).

8° La loi Cornélia, qui limite la somme pour laquelle les fidéjusseurs peuvent intervenir *pro eodem, apud eumdem, eodem anno*, n'était pas applicable aux *mandatores*.

Nous remarquerons que le prêt ayant eu lieu à l'instigation, d'après le conseil ou l'ordre du *mandator*, le préteur lui accordait moins facilement qu'au fidéjusseur le bénéfice des moyens qui pouvaient être ouverts dans les *cognitiones extraordinariæ* au *reus* contre le créancier ; c'est ce que nous dit Ulpien en prenant pour exemple le cas d'une *restitutio in integrum* pour cause de minorité du débiteur : « *Facilius in mandatore dicendum erit non debere ei subvenire : hic enim velut affirmator fuit et suasor ut cum minore contraheretur* » (L. 13, pr., D., *de min.*).

DROIT FRANÇAIS.

AVANT-PROPOS.

Le mot *cautionnement*, dans son acception la plus large,
est synonyme de sûreté, *cautio*; c'est ainsi qu'on l'emploie
pour désigner le mode de garantie exigé de certains fonc-
tionnaires publics, qui consiste à déposer dans les caisses de
l'État une somme déterminée, ou même à assurer une certaine valeur immobilière qui répond de leur fidélité dans
l'exercice des fonctions par eux acceptées.

Pris dans un sens plus restreint, le mot *cautionnement*
désigne le contrat par lequel une personne s'engage envers
le créancier à satisfaire à l'obligation de son débiteur pour
le cas où celui-ci ne la remplirait pas lui-même ; c'est sous
ce dernier point de vue que nous nous proposons d'étudier
le cautionnement.

D'après ce qui précède, nous voyons que le cautionnement
n'est pas autre chose que le mode de garantie connu des
Romains sous le nom générique d'*adpromissio*, et dé-
signé au moyen âge sous celui de *pleigerie* ou *cauxion*.

Nous avons vu, dans notre première partie, que le cautionnement était fort en usage chez les Romains ; sous le nom

de *pleigerie* on ne le rencontre pas moins fréquemment
dans le droit de l'époque barbare et féodale : « La défiance,
naturelle à ces temps d'ignorance et d'immoralité , dit
M. Troplong , le prodigue dans la plupart des actes de la vie
civile. On ne se croit jamais sûr de la parole de l'obligé , on
veut des accumulations de garanties. Le seigneur en exige
de son vassal pour les devoirs si fragiles et si souvent brisés
de la féodalité ; le bourgeois cherche aussi dans la pleigerie
des certitudes que ne lui donne point la foi de celui avec qui
il traite. Le plaideur veut être rassuré sur les suites du procès
par la garantie d'une personne solvable. Presque tous les
contrats d'aliénation portent la désignation de pleiges qui
s'engagent à en soutenir la validité devant les tribunaux et
à combattre en champ clos contre quiconque en acceptera
le défi. »

Aujourd'hui, sous l'empire du Code Napoléon, le cautionnement n'a pas d'autre but que celui de procurer du crédit
au débiteur qui s'oblige , en assurant au créancier l'accomplissement de l'obligation, et le proverbe : « *Qui répond
paye,* » n'est que l'expression de cette garantie. Moins onéreux pour le débiteur que le gage, qui lui enlève la jouissance
de sa chose ; offrant au créancier des sûretés plus faciles à
acquérir et à conserver que l'hypothèque, qu'il n'est pas toujours possible au négociant d'invoquer à l'appui de son
crédit (car sa fortune est souvent mobilière) , le cautionnement présente la plus grande utilité dans la pratique :
« Il facilite les transactions civiles et commerciales , dit
encore M. Troplong ; il ouvre la carrière des affaires à des
noms inconnus , et favorise des établissements nouveaux et
des entreprises utiles, dont le succès sans lui pourrait être
compromis. Sous forme d'aval, il procure à la lettre de
change une circulation plus prompte et plus sûre ; il se
mêle à l'assurance et aux contrats à la grosse ; il entretient
des communications amicales et la solidarité d'intérêts.
Tantôt il est conventionnel, tantôt il est légal ou judiciaire,

En un mot, il se prête à toutes les situations où l'on a besoin de captiver la confiance des tiers. »

Après avoir montré rapidement, dans les lignes qui précèdent, le but et l'utilité du cautionnement, nous allons
essayer, dans un premier titre, d'en approfondir la nature,
d'en déterminer la base, d'en mesurer l'étendue, puis de
tracer les qualités que doit avoir la caution ; — dans un second titre, nous examinerons les différents effets du cautionnement ; — enfin un troisième titre traitera de l'extinction
de ce contrat.

TITRE PREMIER.

NATURE ET BASE DU CAUTIONNEMENT. — ÉTENDUE DE L'OBLIGATION QU'IL PRODUIT. — QUALITÉS QUE DOIT OFFRIR LA CAUTION.

Nous diviserons ce titre en trois chapitres : le premier
comprendra l'étude du cautionnement dans ses principaux
caractères ; — dans le second nous nous demanderons
quelle en peut être l'étendue ; — le troisième enfin traitera
des conditions de capacité, de solvabilité et de domicile
exigées de la caution.

CHAPITRE PREMIER.

NATURE DU CAUTIONNEMENT.

Il faut diviser ce chapitre lui-même en trois sections :
dans la première nous nous occuperons des différences servant à distinguer le cautionnement des contrats dont il se
rapproche le plus ; — dans la seconde section nous étudierons
le cautionnement dans ses différents caractères ; — dans la

troisième enfin nous traiterons de la base du cautionnement.

SECTION I.

DU CAUTIONNEMENT CONSIDÉRÉ DANS SES RAPPORTS AVEC LES CONTRATS DONT IL SE RAPPROCHE LE PLUS.

On désigne indifféremment, dans notre droit, sous le nom de *caution* ou de *fidéjusseur* celui qui garantit personnellement l'exécution de l'obligtion contractée par un tiers. Nous observerons que le législateur du Code Napoléon semble avoir voulu, contrairement aux différents auteurs qui ont écrit sur cette matière, proscrire la dénomination romaine, que nous ne trouvons employée qu'une seule fois au Code, et par euphonie sans doute, pour désigner plusieurs cautions intervenues en faveur du même débiteur et à raison de la même dette : c'est dans la rubrique de la section III du titre du cautionnement, ainsi conçue : « De l'effet du cautionnement entre les *cofidéjusseurs*. »

Ceci posé, nous allons étudier le cautionnement dans ses rapports : 1° avec le mandat *credendæ pecuniæ* ; — 2° avec le contrat par lequel on *se porte fort* ; — 3° avec la *constitution d'hypothèque* ; — 4° avec le pacte de *constitut*.

1° Mandat *credendæ pecuniæ*.

Nous avons passé en revue, à la fin de notre première partie, les différences qui séparent en droit romain le cautionnement du mandat *credendæ pecuniæ* ; mais ces différences, bien affaiblies sous Justinien, plus affaiblies encore dans notre ancien droit français, ont presque entièrement disparu depuis le Code. — Notre ancien droit français n'exige plus aucune forme pour le cautionnement ; il suffit, pour lui donner naissance, de même que pour engendrer le mandat qualifié, du concours de plusieurs volontés manifestées

d'une manière quelconque ; les bénéfices de discussion et
de division sont également applicables à l'un et à l'autre de
ces contrats , et Dumoulin va même jusqu'à les assimiler en
ce qui concerne le bénéfice de cession d'actions. Bien que
Pothier ait soutenu sur ce point l'opinion contraire , la
doctrine de Dumoulin a définitivement prévalu , par suite de
l'introduction en faveur de la caution du bénéfice de subrogation légale. (Art. 2020 C. N.)

Nous ne trouvons dès lors qu'une différence entre le cautionnement et le mandat qualifié , à savoir que celui-ci doit
nécessairement précéder l'obligation principale.

Observons toutefois que nous avons raisonné dans l'hypothèse du contrat de mandat compris comme il était à Rome ,
c'est-à-dire que nous avons supposé le mandataire ayant
prêté de l'argent en son propre nom , bien qu'en exécution
du mandat. Mais notre décision ne serait plus la même , s'il
s'agissait du mandat tel que le définit le Code Napoléon ; car,
dans ce contrat, le mandataire prête au nom du mandant ;
la personne du mandataire disparaît, et il n'existe de rapports
de droit qu'entre le mandant et le tiers emprunteur ; il ne
peut alors se présenter la moindre analogie entre le cautionnement et le mandat.

2º Contrat par lequel on *se porte fort*.

On confond souvent, dans le langage ordinaire, l'obligation
de la caution avec celle du *porte-fort* ; il n'en peut être ainsi
dans le langage du droit. Que promet, en effet, la caution ?
c'est l'exécution d'une obligation déjà contractée par le débiteur; de plus, elle s'engage à l'exécuter elle-même, si le
débiteur ne le fait pas.— Que promet, au contraire, le *porte-
fort ?* c'est l'engagement futur d'un tiers, sans en garantir
l'exécution ; de plus, il s'oblige à payer des dommages-intérêts, s'il ne procure pas l'engagement de ce tiers ; de là ré-

sultent entre les obligations de la caution et du *porte-fort* les différences qui suivent :

1° L'engagement du *porte-fort* est un engagement principal ; il n'emprunte sa force à aucune obligation primitive , il ne la tient que de lui-même ; — l'engagement de la *caution*, au contraire, est, comme nous le verrons, essentiellement *accessoire;*

2° Le *porte-fort* est libéré dès que le tiers dont il a promis la ratification s'est engagé ; — la *caution*, au contraire, n'est libérée que par l'exécution de l'obligation qu'elle a garantie ;

3° L'engagement du *porte-fort* et l'engagement du tiers dont il a promis la ratification ne peuvent exister à la fois ; ce dernier ne peut que succéder à l'autre ; — l'obligation de la *caution* et celle du débiteur ne peuvent, au contraire, subsister, la première sans la seconde, en principe du moins, comme nous le verrons ;

4° Le *porte-fort* ne peut préjudiciellement repousser l'action du créancier en exigeant de lui la discussion préalable du tiers dont la ratification a été promise ; — il en est autrement pour la *caution;*

5° Le *porte-fort* ne peut agir en indemnité contre le tiers qui a refusé la ratification promise ; — la *caution*, au contraire, a un recours en indemnité contre le débiteur qui n'a pas exécuté son obligation ;

6° L'obligation du *porte-fort* peut être plus onéreuse que celle dont il a promis la ratification ; — l'obligation de la *caution*, au contraire, ne peut être plus onéreuse que celle dont elle a promis l'exécution.

Ces différences établies entre le cautionnement de la *solvabilité* d'un débiteur et le contrat par lequel on *se porte-fort* pour un tiers, nous nous demanderons si c'est contracter l'engagement du *porte-fort* que de cautionner la *validité* d'un acte rescindable pour cause de minorité, par exemple. D'après ce qui précède, la question posée revient à celle-ci : la rescision ayant été obtenue par le mineur, le tiers précédemment intervenu demeurera-t-il débiteur unique comme *porte-fort*, le mineur étant regardé comme n'ayant jamais été engagé, ou bien le tiers et le mineur seront-ils tous les deux obligés, le premier comme caution du second demeuré engagé naturellement ? Cette dernière solution est seule admissible ; car, en présence des termes formels qu'emploie le législateur dans l'article 2012 C. N., on ne peut douter que la rescision pour cause de minorité ne laisse subsister une obligation naturelle, qui peut servir de base à un cautionnement valable.

3° *Constitution d'hypothèque.*

Nous pouvons garantir l'exécution de l'obligation contractée par autrui, soit en nous engageant personnellement nous-mêmes, soit en affectant par hypothèque, mais sans prendre d'engagement personnel, tel de nos immeubles à la sûreté de la dette qui nous est étrangère. Ces deux espèces de garantie ont chacune leurs avantages et leurs inconvénients ; nous pouvons les résumer comme il suit :

1° Le tiers intervenant ne peut se soustraire aux effets de son engagement personnel, qui est transmissible à ses héritiers ;— s'est-il borné à hypothéquer un de ses immeubles, il peut se soustraire aux conséquences de cet acte en délaissant le bien affecté ; mais ce bien ne peut passer qu'ainsi grevé aux mains des tiers ;

2° La prescription ne peut libérer de son engagement personnel le tiers n'intervenant que par le temps nécessaire pour opérer la libération du débiteur ;—a-t-il seulement consenti une hypothèque, il pourra, comme tout autre tiers détenteur, prescrire la libération de son immeuble par le temps nécessaire pour prescrire la propriété (art. 2180 C. N.) ;

3° Le tiers intervenant, dans la première hypothèse, donne en gage tous ses biens au créancier, qui accepte son cautionnement (art. 2092 C. N.), sauf pour celui-ci l'obligation de

souffrir les droits de concours et de préférence des autres
créanciers, s'il y a lieu ; mais le tiers peut rendre illusoire
sa garantie en consentant des aliénations et des concessions
de droit réels, qui absorbent, en quelque sorte, tout son patrimoine ; - dans la seconde hypothèse, au contraire, la sûreté
donnée au créancier est limitée au bien affecté, que le tiers
ne peut, sans son concours, soustraire à l'hypothèque qui le
grève ;

4° Le créancier qui accepte une caution peut être assez
heureux pour trouver en elle bonne foi et solvabilité, ce qui
rend le payement facile et apporte de la promptitude dans les
affaires ; — accepte-t-il, au contraire, une hypothèque, il ne
peut être payé, le plus souvent, qu'après la conversion du
bien affecté en une somme liquide, ce qui entraîne des frais
et des lenteurs considérables ;

5° L'engagement personnel du tiers survit à la perte de
tous ses biens ; — l'anéantissement du bien affecté, au contraire, fait évanouir l'hypothèque ;

6° Celui qui s'est donné comme caution peut opposer au
créancier les bénéfices de discussion et de division ; — il en
est autrement du tiers qui s'est borné à hypothéquer un de
ses immeubles ; car, d'un côté, l'hypothèque est indivisible de
sa nature, et de l'autre les articles 2170 et 2171 du Code Napoléon n'accordent au tiers détenteur qu'un bénéfice de discussion très-limité, qui ne peut être invoqué au cas où une
hypothèque seulement spéciale frapperait l'immeuble dont
l'expropriation serait poursuivie. — Mais on peut se demander
si le tiers qui a hypothéqué ses fonds pour la dette d'autrui
et qui paye cette dette pourrait, comme la caution, invoquer
le bénéfice de subrogation légale. Nous admettons volontiers
sur ce point l'affirmative ; car, dans l'un et l'autre cas, le tiers
est en définitive obligé à payer une dette dont il n'a retiré
aucun profit.

4° *Pacte de constitut.*

Le cautionnement ne doit pas être confondu avec le pacte de *constitut*, par lequel on s'engage à payer la dette d'autrui ; car, en contractant ce pacte, on ne se borne pas à adhérer à une obligation principale préexistante ou concomitante, comme le fait la caution, mais on prend un engagement qui est principal et parfaitement distinct de celui du débiteur primitif auquel il se rattache. De là ces différences :

1° On peut par *constitut* promettre une somme d'argent en considération de la dette d'autrui ayant un corps certain pour objet ; — le cautionnement, au contraire, ne peut avoir lieu *in aliam rem ;*

2° La libération du débiteur primitif par la perte de la chose due libère la caution ; mais le *constituant* demeure engagé, dans notre espèce ;

3° L'obligation du *constituant*, à la différence de celle de la *caution*, peut être plus onéreuse que celle du débiteur primitif ;

4° Enfin le *constituant*, à la différence de la *caution*, ne peut se prévaloir ni des exceptions qui compètent au débiteur, ni du bénéfice de discussion.

Quant à l'expression de pacte, conservée par la doctrine, elle a perdu la signification qu'elle avait sous la loi romaine, et doit être prise aujourd'hui dans le sens énergique de *convention.*

SECTION II.

CARACTÈRES DU CAUTIONNEMENT.

Le contrat de cautionnement présente cinq caractères principaux ; c'est un contrat : 1° *consensuel* ; — 2° *gratuit* ou *de bienfaisance* ; — 3° *unilatéral* ; — 4° *personnel* dans son objet ; — 5° *accessoire* par sa nature.

1° *Consensuel.* — Comme tout autre contrat, le cautionnement ne peut exister que par le concours des volontés des parties ; c'est pourquoi une simple promesse verbale ou écrite de payer la dette d'autrui n'est qu'une pollicitation non obligatoire aux yeux de la loi : ainsi l'a décidé la Cour de Bourges, par arrêt rendu le 6 mai 1820. Toutefois la Cour de Grenoble n'a pas considéré l'acceptation *expresse* de l'engagement de la caution par le créancier comme une condition toujours essentielle de la validité de cet engagement ; elle a décidé, par un arrêt du 10 juin 1825, que l'envoi fait au créancier d'une lettre par laquelle une personne déclare cautionner le débiteur constitue un cautionnement valable, et que, au surplus, l'acceptation du créancier, fût-elle nécessaire, résulterait suffisamment de l'assignation en payement donnée à la caution.

De ce qui précède nous pouvons conclure que le cautionnement est un contrat *consensuel* ; qu'il n'est assujetti à aucune forme ; que peu importe, pour sa validité, qu'il soit constaté par acte authentique ou sous seing privé, par lettre ou verbalement, et que la preuve par témoins peut en être faite dans tous les cas où cette preuve est admissible d'après les règles du droit commun, et par conséquent lorsqu'il s'agit d'une valeur inférieure à 150 fr., ou quand il y a un commencement de preuve par écrit pour une valeur même supérieure en matière civile, quel que soit le chiffre de l'obligation de la caution en matière commerciale.

Nous verrons plus loin que le cautionnement est un contrat *unilatéral* ; d'où résulte cette conséquence qu'il n'a pas besoin d'être fait double lorsqu'il est souscrit par acte sous seing privé, et qu'il doit être revêtu d'un *bon* ou *approuvé* en toutes lettres de la somme pour laquelle la caution s'oblige.

Par exception, il est un cas où le cautionnement ne présente pas le caractère de contrat purement consensuel : c'est quand il est donné sur un effet de commerce, et qu'il s'exprime par ces mots, qui ne sont pas, du reste, sacramentels :

à *valoir*, d'où est venu, par abréviation, le mot *aval*. Dans notre ancienne jurisprudence, comme sous la législation actuelle, ce mode de cautionnement a toujours été donné par écrit, et autrefois il devait l'être sur la lettre de change elle-même (Pothier, *Cont. de ch.*, n° 50) ; et cette règle était rigoureusement conforme aux principes. Pour qu'un débiteur puisse être soumis aux conséquences exorbitantes du droit commun qui résultent des engagements par voie de lettre de change, il faut que la signature figure sur le titre même ; mais, comme l'aval inspire ordinairement de la défiance sur la solvabilité des signataires ou de celui des signataires à l'égard desquels on en exige la garantie, notre législation actuelle (art. 142 C. Com.) permet de le donner par acte séparé. Nous remarquerons, d'après M. Rivière (*Répét. écr.*, t. VIII, § 8), que, quand il n'est pas écrit de la main du non-commerçant qui en fournit la garantie, la signature n'a pas besoin d'être précédée du *bon* ou *approuvé*, si l'aval est donné sur la lettre de change.

Toutefois, d'après un usage anciennement reçu dans le commerce, la caution d'une lettre de change exprimait son engagement plus simplement encore en apposant sa signature au bas de celle qu'elle voulait garantir ; ne deviendra-t-il pas alors difficile de distinguer l'aval ainsi contracté d'un endossement irrégulier, qui s'opère souvent de la même manière, et vaut comme procuration, soit pour toucher le payement de la lettre de change, soit pour la négocier ? Cette difficulté n'est qu'apparente, et, comme le fait très-bien observer M. Pardessus, « le doute est facile à lever ; lorsque la signature qu'on veut faire considérer comme un aval a été apposée sur la lettre de change avant qu'elle fût endossée, ou si elle se trouve au bas de la lettre à la suite de la signature de l'un des endosseurs, il faut voir si cette signature est celle de la personne à qui l'endossement transmet la lettre, ou celle d'une autre personne. Au premier cas, c'est un endossement imparfait ; on ne peut le réputer aval, puisque cette

personne ne peut cautionner envers elle-même la cession
qui lui a été faite ; au second cas, ce sera un aval, puisque la
signature ou l'écrit ne pourrait pas avoir été donné dans
une autre intention. » Nous ajouterons qu'il n'est pas nécessaire qu'outre sa signature, le donneur d'aval ait écrit de sa
main un *bon* ou *approuvé*, conformément à l'art. 1326 C. N.,
à moins que la lettre de change ne vaille que comme simple
promesse, parce qu'elle est irrégulière ou que le donneur
d'aval est une femme ou fille *non négociante* (art. 113 C. Co.).

La règle établie plus haut , à savoir que le cautionnement
est un contrat purement consensuel, n'est pas unanimement
admise : certains jurisconsultes, en effet, lui opposent ces
mots de l'art. 2015 du Code Napoléon : « *Le cautionnement
ne se présume point , il doit être exprès...* » D'où ils tirent
cette conséquence qu'il constitue un contrat *litteris*, qu'il
doit être constaté par écrit ; de telle sorte que , dans le cas
même où il existerait un commencement de preuve par écrit,
on ne pourrait pas compléter cette preuve par une audition
de témoins. Mais telle n'a pas été la pensée du législateur ;
dans son expérience de la nature humaine, il a considéré
qu'il est rare que la caution ne finisse pas par payer, et cela
pour une personne qui non-seulement a trompé son attente,
mais encore la laisse exposée à des démêlés désagréables ;
s'inspirant en outre de ces termes de Pothier (*Oblig.*, n° 402) :
« Il faut avoir grande attention de ne pas prendre pour cautionnement ce que dit ou écrit une personne, à moins qu'il
n'y ait une *intention marquée de cautionner,* » il a entendu
recommander au juge de n'admettre qu'avec la plus grande
réserve l'existence d'un contrat qui entraîne de si graves
conséquences. On peut encore invoquer contre cette doctrine le
texte si formel de l'art. 142 C. Co.; mais qui n'y reconnaît
une disposition exceptionnelle rendue nécessaire par le crédit
commercial ? Enfin la Cour de cassation, par arrêt du 1er février 1836, est venue trancher cette controverse en faveur de
la doctrine par nous adoptée.

2° *Gratuit ou de bienfaisance.* — Considéré entre la caution et le créancier envers qui elle s'oblige, le cautionnement n'est pas de la classe des contrats de bienfaisance, car le créancier ne reçoit rien de plus que ce qui lui est dû; il ne se procure qu'une garantie pour sa créance; — considéré, au contraire, entre la caution et le débiteur, le cautionnement, suivant les expressions de Pothier (*Oblig.*, n° 366), « *renferme un bienfait à l'égard du débiteur;* » c'est un office d'ami, un acte de dévoûment, *bonitatis et humanitatis*, comme dit Quintilien; car la caution offre sa fortune et son crédit pour rendre service au débiteur, et la loi ne lui accorde, à titre de compensation, aucun avantage.

Ce caractère de gratuité ne fait pas cependant du contrat qui nous occupe une donation; car la caution a un recours, après payement, contre le débiteur principal; aussi c'est avec raison qu'il a été jugé, par arrêt rendu en cassation le 5 avril 1809, qu'un père peut cautionner son fils, sans être censé pour cela lui avoir fait un avantage indirect; d'ailleurs cette opinion est professée, au rapport de M. Troplong, par plusieurs auteurs recommandables, entre autres Merlin et Basnage.

Toutefois, si la caution renonce à l'exercice de son recours, le payement par elle effectué constitue une donation à l'égard du débiteur, duquel on peut dire : *locupletior factus est quatenùs propriæ pecuniæ pepercit*, et cet avantage sera sujet à réduction, dans le cas où il excédera la quotité disponible, sans que le créancier ait à en subir la conséquence; car il est resté étranger à la renonciation faite par la caution à l'exercice de son recours, cet acte constituant à son égard une *res inter alios acta* (Ponsot, n°ˢ 23 à 25).

Si le cautionnement est un contrat gratuit de sa nature, rien n'empêche qu'il ne devienne à titre onéreux. Toutefois il importe de distinguer si la caution reçoit l'indemnité du débiteur ou du créancier. Au premier cas, on reste dans les termes d'un véritable cautionnement; au second cas, au

contraire, le cautionnement dégénère en un contrat d'assurance, parce qu'il n'a pas d'autre but que de garantir le
créancier contre l'insolvabilité du débiteur; l'obligation du
répondant naît alors, non d'un contrat destiné à venir en
aide au débiteur principal, mais d'un contrat entre le créancier et un tiers, contrat également intéressé de part et
d'autre, et par lequel le tiers, véritable assureur, prend sur
lui, moyennant une prime, les chances que ne voudrait pas
courir le créancier. C'est dans ce sens qu'il faut prendre ces
termes de MM. Delamarre et Lepoitevin : « Introduisez dans le
cautionnement un élément de plus, le prix du risque couru
par la caution, et vous en voyez sortir un contrat ou une
clause d'assurance. »

Nous trouvons un cas d'application de cette règle dans la
convention *del credere*, par laquelle un commissionnaire,
moyennant une prime qui est ordinairement d'une valeur
égale au montant du droit de commission, répond envers le
commettant de l'insolvabilité des débiteurs avec lesquels il
traite.

3° *Unilatéral.* — Le cautionnement est un contrat *unilatéral*, car il intervient principalement entre deux parties
(la caution et le créancier), dont une seule (la caution) contracte une obligation ; quant au créancier, il n'est obligé à
rien par le contrat; aussi n'est-il fait mention que de l'engagement de la caution dans l'art. 2011 du Code Napoléon. Dira-
t-on que le créancier doit conserver ses actions à la caution ?
mais cette obligation dérive plutôt de la loi que du contrat
lui-même. — Observons toutefois que si, à l'occasion du cautionnement, il peut y avoir du débiteur à la caution des obligations considérables à remplir, ces obligations ont une
source bien distincte du cautionnement ; elles résultent de
rapports particuliers auxquels le créancier est demeuré tout
à fait étranger, qui dérivent tantôt d'un contrat de mandat
exprès ou tacite, tantôt d'un quasi-contrat de gestion d'affaires
intervenu entre la caution et le débiteur.

Cependant, de ce que de sa nature le cautionnement est un contrat unilatéral, il n'en résulte pas qu'il ne puisse devenir synallagmatique, lorsqu'il est consenti sous des conditions particulières acceptées par le créancier, par exemple lorsqu'il est fourni sous la condition d'un délai accordé au débiteur, ce qu'ont décidé la Cour de cassation par arrêt du 14 mai 1817, et la Cour de Paris par arrêt du 17 février 1829. Il a été jugé néanmoins par la Cour suprême, le 3 avril 1850, que le contrat reste unilatéral, quand le créancier n'a pris aucun engagement à cet égard et s'est borné à suspendre les poursuites pendant le délai demandé par la caution.

4° *Personnel dans son objet.* — « Celui qui répond de la solvabilité d'autrui ne le fait que parce qu'il y est porté soit par une bienveillance toute spéciale pour le débiteur cautionné, soit parce qu'il connaît ses ressources industrielles ou financières, qu'il croit pouvoir compter sur sa fidélité à tenir les engagements qu'il a pris. Toutes ces considérations sont évidemment *personnelles* ; si vous substituez un débiteur à un autre, l'objet de l'obligation est changé ; car ce n'est pas la solvabilité ni l'exactitude de ce nouveau débiteur que la caution vous avait promises. » Ainsi s'exprime très-bien M. Ponsot pour prouver le caractère de personnalité qui appartient au cautionnement considéré dans son objet.

A ce propos, Proudhon, dans son *Traité de l'usufruit*, pose la question suivante : Que deviennent les obligations de la caution fournie par un usufruitier conformément à l'art. 601 C. N., lorsque le droit d'usufruit est aliéné par cet usufruitier ou exproprié sur lui ?

Première hypothèse : aliénation volontaire. — Au cas où l'usufruitier a cédé son droit à un tiers, la doctrine de Proudhon peut se résumer ainsi : les engagements de la caution ne peuvent avoir pour objet que deux choses, qui sont les dommages-intérêts résultant des abus de jouissance du possesseur et l'exécution des réparations d'entretien du fonds. Nous devons écarter tout d'abord ce qui regarde les abus de

8

jouissance, car ils constituent des faits personnels au possesseur, et il est évident que la caution n'a entendu garantir
que les faits personnels au possesseur primitif. Quant aux
réparations d'entretien, elles sont les charges de la jouissance, qu'elles suivent en quelques mains que le fonds passe ;
par conséquent, la cession de l'usufruit à un tiers entraîne
la cession de l'obligation aux réparations dont la cause sera
postérieure ; il y a donc sur ce point subrogation du second possesseur aux obligations du premier, changement
quant à la personne du débiteur direct des réparations ; il y
a *novation ;* par conséquent, la caution se trouve libérée pour
tous les faits postérieurs à la cession.

Ainsi, d'après Proudhon, la caution se trouvera pleinement déchargée quant à l'avenir, par cela seul qu'il aura
plu à l'usufruitier de vendre son droit à un tiers ; à notre
avis, cette cession ne saurait avoir une telle conséquence, car
elle pourrait avoir pour résultat de priver, même à son insu,
le nu-propriétaire des garanties sur lesquelles il comptait,
alors qu'en même temps le fonds passe en des mains peut-
être moins fidèles et moins capables ; aussi, adoptant à cet
égard la doctrine de M. Ponsot, nous croyons que la caution ne sera libérée vis-à-vis du nu-propriétaire qu'en remplissant ces deux conditions : en l'avertissant de la vente consentie par l'usufruitier, et en le sommant d'intervenir pour
s'opposer à la prise de possession du nouvel acquéreur,
sinon de consentir à ce qu'elle soit déchargée pour l'avenir.

Deuxième hypothèse : aliénation forcée. — Au cas d'expropriation, une des clauses insérées au cahier des charges devra être celle-ci : l'adjudicataire sera tenu de donner caution
au nu-propriétaire du fonds, ou de se faire accepter au lieu
et place de la caution, s'il a par lui-même des propriétés
suffisantes ; faute de quoi le nu-propriétaire pourrait former
opposition à l'exécution du jugement d'adjudication, pour y
faire procéder de nouveau, en lui assurant la garantie vou-
lue par la loi : telle est la doctrine de Proudhon sur le point

qui nous occupe. Ici encore nous croyons, avec M. Pousot, qu'on devrait imposer à la caution l'obligation que Proudhon impose au nu-propriétaire de faire insérer au cahier des charges la clause sus-indiquée.

Que devrait-on décider au cas où une femme usufruitière aurait donné une caution d'après l'art. 601 précité, et serait venue à se marier? Ce changement de condition de la femme ne devrait exercer aucune influence sur l'obligation de la caution. En vain soutiendrait-on le contraire en disant avec Proudhon que le mari joue le rôle d'un tiers acquéreur de l'usufruit; car la femme a conservé ce droit et la qualité qu'il confère. Dira-t-on que la caution n'a pas entendu répondre de l'administration, des faits personnels du mari, chargé seul désormais d'exercer le droit dont il s'agit? La réponse sera facile : la caution a dû prévoir que l'usufruitière contracterait mariage; de plus, elle a dû compter, ce cas échéant, pour garantir l'efficacité de son recours, sur l'hypothèque légale de la femme.

5° *Accessoire.* — Le cautionnement suppose nécessairement l'existence d'une obligation principale, dont il a pour but de garantir l'exécution (art. 2012 C. N.); la caution s'oblige à remplir l'obligation principale, *si le débiteur n'y satisfait pas lui-même.* (Art. 2011 C. N.) De ces expressions faut-il conclure que le cautionnement est un contrat *conditionnel?* Doit-on présumer que la caution n'a entendu s'obliger qu'en cas d'inexécution de l'obligation de la part du débiteur? Nullement, car l'obligation de la caution, comme le dit positivement Pothier (*Obl.*, n° 413), est *pure* et *simple* ; par conséquent, à moins de clauses particulières, elle est engagée sur-le-champ d'une manière directe et actuelle. Qu'a donc voulu dire le législateur par les expressions précitées? Il a voulu exclure l'idée de ce que les Romains appelaient une *expromissio,* de la substitution d'un nouveau débiteur au débiteur primitif, qui se trouverait ainsi libéré; il a voulu encore faire allusion au bénéfice de discussion dont il sera parlé ultérieurement.

Nous sommes ainsi conduits à nous demander quelles obligations peuvent être cautionnées.

Aux termes de l'art. 2012 C. N., une obligation valable peut seule servir de base à un cautionnement ; notre législateur a reproduit ici la règle générale écrite dans la L. 1, D., *de fid. et mand.*, au commentaire de laquelle il suffira de se référer. (*Voir* prem. part., titre premier, ch. Ier.)

Nous ajouterons seulement que l'obligation contractée par une personne de livrer un corps certain ou de faire tel acte convenu peut être l'objet d'un cautionnement valable. On objecterait en vain l'adage : *Factum alienum inutiliter promittitur*, car le cautionnement porte, dans l'espèce, non pas sur l'exécution directe de l'obligation, mais sur le payement des dommages-intérêts dont son inexécution rend le débiteur passible.

Ceci posé, nous nous demanderons quel est le sort du cautionnement : 1° quand l'obligation principale est valable, mais plus ou moins énergiquement sanctionnée ; — 2° quand elle est frappée d'une nullité absolue ; — 3° quand, valable *ab initio*, elle est susceptible d'être annulée.

§ I.

Obligation valable, mais plus ou moins énergiquement sanctionnée.

L'obligation principale peut être reconnue par le droit

civil, et, comme telle, sanctionnée par une action, ou bien elle peut être dépourvue de toute action et ne constituer qu'un lien purement naturel ; dans l'un comme dans l'autre cas, par cela seul qu'elle est valable, le cautionnement auquel elle sert de base l'est aussi.

Parmi les obligations, celles qui sont le plus généralement reconnues pour naturelles sont : les obligations rescindées du mineur, de l'interdit et de la femme mariée ; — la dette civilement éteinte en vertu d'un concordat.

1° *Obligation rescindée du mineur.* — L'obligation contractée par un mineur capable de discernement, soit sans l'autorisation du tuteur, soit avec son autorisation, mais sans l'accomplissement des formalités que la loi exige, paraît suspecte et imprudemment formée au législateur qui, par un privilège tout personnel, permet au mineur d'en demander la nullité ; mais, ce cas échéant, il ne laisse pas néanmoins de demeurer engagé dans le for intérieur, et cet engagement suffit pour servir d'assiette à un cautionnement valable. (Art. 2012 C. N.) Nous pouvons citer à l'appui de notre doctrine un arrêt du 30 novembre 1812, par lequel la Cour suprême a prononcé la validité du cautionnement garantissant la vente d'un immeuble faite par un mineur sans formalités de justice.

Que faut-il décider, si le mineur a été cautionné à l'égard d'engagements par lui contractés en une *qualité* contre laquelle il s'est fait restituer, par exemple en la *qualité d'héritier ?* Le cautionnement ayant eu lieu, non pas simplement dans l'intérêt du mineur, mais dans l'intérêt du mineur héritier, dès que le mineur perd cette qualité, le cautionnement devient nul, comme sans cause.

Si les obligations du mineur ordinaire peuvent en général être cautionnées, à plus forte raison en est-il de même des emprunts faits par le mineur émancipé sans l'autorisation du conseil de famille (art. 483 C. N.), — des aliénations immobilières par lui consenties sans les précautions exigées par l'art. 481 C. N., — enfin des engagements qui, sans dépasser les bornes de la capacité, sont seulement réductibles en cas d'excès, d'après l'art. 481 précité.

2° *Obligation de l'interdit.* — Si l'on devait s'en tenir à la disposition de l'art. 502 C. N., où le législateur déclare *nuls de plein droit* les engagements contractés par une personne postérieurement à son interdiction, on serait tenté de leur donner place dans la catégorie des obligations frappées d'une *nullité absolue*, qui feront l'objet de notre prochain paragraphe ; mais, si l'on se rappelle la disposition de l'article 1125 C. N., d'après laquelle l'incapacité résultant de l'interdiction ne peut être opposée par la personne capable qui a contracté avec l'interdit, on voit que les engagements dont il s'agit ne sont nuls de droit qu'en ce sens que l'interdit, pour en obtenir l'annulation, n'a pas besoin de prouver qu'ils lui portent préjudice, et qu'ils ne sont frappés que d'une nullité relative, qui peut se couvrir par le silence de la partie intéressée, prolongé pendant un certain temps. (Art. 1304 C. N.) Nous nous trouvons donc, comme au cas de minorité qui précède, en présence d'une obligation valable en principe, mais susceptible d'être annulée par une exception personnelle à l'obligé (art. 2012, C. N.) ; d'où nous pouvons conclure que la rescision de l'engagement contracté par un interdit laisse subsister une obligation naturelle qui peut servir de base à un cautionnement valable. — Toutefois nous croyons avec M. Troplong qu'une distinction est ici nécessaire : l'engagement de l'interdit a-t-il été contracté dans un de ces moments d'aliénation mentale où le consentement ne saurait exister, il est évident que le contrat sera absolument nul (art. 1118 C. N.), et qu'un cautionnement n'y pourra valablement accéder ; car, d'après Gaïus (L. 70, § 4, D., *de fid. et mand.*), *nullum negotium gestum intelligitur ;* mais une décision contraire devrait être admise, si l'interdit avait contracté dans un intervalle lucide. — Quant au système qui consiste à voir dans l'engagement de la caution un engagement contracté *principaliter* et *donandi animo*, nous croyons qu'il doit être rejeté, car il revient à tourner la difficulté sans la résoudre.

3° *Femme mariée non autorisée.* — L'engagement contracté par une femme mariée non autorisée engendre-t-il une obligation naturelle susceptible de servir de base à un cautionnement valable? Cette question était vivement controversée dans notre ancienne jurisprudence. Pothier (*Oblig.*, n° 396) tenait pour la négative; Domat (*Des cout.*, sect. 1, n° 4), au contraire, soutenait la validité du cautionnement, et Basnage partageait ce dernier avis, qu'il appuyait d'un arrêt rendu par le parlement de Bourgogne. Le doute venait de la nature de la nullité qui frappait l'engagement de la femme: Pothier, entre autres, y voyait une *nullité absolue* rendant l'engagement radicalement nul, et opposable par tous, par la femme et par ceux qui avaient contracté avec elle. Aujourd'hui, en présence des termes formels de l'art. 1125 du Code Napoléon, qui ne permet pas à celui qui a traité avec la femme de se prévaloir contre elle du défaut d'autorisation, on ne saurait douter que notre législateur n'ait voulu adopter la doctrine de Domat et de Basnage. Nous nous trouvons donc encore en présence d'une obligation qui survit, à l'état d'obligation naturelle, il est vrai, à la rescision, mais qui peut être valablement cautionnée.

Outre les obligations naturelles que laisse subsister la rescision des engagements contractés par les incapables, nous citerons celle qui survit au concordat, dont le bénéfice a été accordé au débiteur malheureux ; comme l'incapable, il se trouve armé d'une exception à lui personnelle qui lui permet de repousser les créanciers quant à la partie de la dette dont remise lui a été faite, sans que pour cela il ne laisse de demeurer obligé naturellement pour ce qu'il n'a pas payé.

§ 11.

Obligation principale nulle ab initio.

Toutes les fois que l'obligation principale est nulle *ab initio*, le cautionnement qui en est l'accessoire l'est aussi ; c'est ce qui arrive quand l'obligation principale ne réunit pas tous les éléments exigés par l'art. 1108 C. N., qui sont : le consentement des parties contractantes, la capacité de celles qui s'obligent, une cause licite, et un objet certain qui forme la matière de l'engagement.

D'après cela, nous sommes conduits à dire que le cautionnement de la dette de jeu n'est pas valable. Cette question divise les jurisconsultes : tous sont, à la vérité, d'accord sur ce point, à savoir que la loi refuse l'action à celui qui a gagné, et la répétition à celui qui a perdu. Ceci posé, dans un système on argumente de l'art. 1967 C. N , ainsi conçu : Dans aucun cas, le perdant ne peut répéter ce qu'il a volontairement payé, *à moins qu'il n'y ait eu, de la part du gagnant dol, supercherie* ou *escroquerie*. N'est-il pas évident , dit-on, que la loi ne distingue entre ces deux hypothèses que parce qu'il y aurait dans la première, et non dans la seconde, une dette naturelle susceptible d'être cautionnée ? — Dans un autre système, on dit que la loi refuse l'action et la répétition parce que, dans l'un et l'autre cas, il faut que le demandeur allègue un fait qu'elle réprouve, et le gagnant, dans le dernier cas, ne conserve les espèces que d'après le principe *in pari causa melior est causa possidentis.* Toutefois le gagnant ne doit pas tirer profit de sa mauvaise foi ; de là la restriction que la loi formule en ces termes : « *à moins qu'il n'y ait,* » etc. Telle est la doctrine que nous adoptons avec la généralité des auteurs.

Il peut arriver qu'en annulant une obligation, le législateur fasse peser une responsabilité quelconque sur celui qui s'est engagé, en ce que, par exemple, il le soumet à des dommages-intérêts; alors le cautionnement est valable jusqu'à concurrence de ces dommages-intérêts. C'est ce qui a lieu : 1° au cas de la vente de la chose d'autrui ; — 2° au cas de la vente d'un fonds grevé de substitution; — 3° au cas de la vente du fonds dotal avec promesse de garantie.

1° *Vente de la chose d'autrui.* — En présence des termes formels de l'art. 1599 C. N., on ne peut douter de la nullité d'une pareille vente ; cependant le tiers acquéreur, s'il est de bonne foi, doit être indemnisé du préjudice que lui cause la nullité d'une vente qu'il croyait valable. C'est ainsi qu'on ne pourrait valablement cautionner que quant aux dommamages-intérêts en résultant la vente d'un rempart ou d'une place publique.

2° *Vente d'un fonds grevé de substitution.* — Cette vente peut être consentie soit par le grevé, soit par l'appelé.

Première hypothèse : vente par le grevé. — Le fonds légué est inaliénable quant au grevé, en ce sens qu'il ne peut céder au tiers acquéreur qu'un droit résoluble comme celui qu'il a lui-même, pour le cas où la condition du prédécès de l'appelé ne se réaliserait pas; ce cas échéant, la vente est réputée nulle, et le tiers qui n'a pas été averti de la possibilité d'une éviction aura droit à une indemnité, base suffisante du cautionnement.

Deuxième hypothèse : vente par l'appelé. — Le fonds légué est inaliénable quant à l'appelé, en ce sens que la vente sera réputée nulle au cas de survie du grevé, et que les héritiers de l'appelé devront indemnité au tiers évincé. Observons toutefois qu'il ne serait pas vrai de dire qu'il y a dans la vente intervenue une convention radicalement nulle comme prohibée par la loi, un pacte sur une succession future (article 1130 C. N.); car il s'agit ici d'une succession actuellement ouverte, d'un droit certain, bien que susceptible de s'évanouir

par l'effet de la survie du grevé à l'appelé, et ce droit certain fait partie du patrimoine de ce dernier, qui peut *y
renoncer en faveur d'un acquéreur*, comme dit Delvincourt ,
en un mot qui peut l'aliéner.

3° *Vente d'un immeuble dotal.* -- Plusieurs hypothèses
peuvent se présenter :

*Première hypothèse : le mari ou la femme, en vendant le
fonds dotal, n'a pas averti l'acheteur du danger d'être évincé.*
— Dans ce cas , le mari sur tous ses biens, la femme sur ses
paraphernaux seulement, sera tenu d'indemniser le tiers
acquéreur, et le montant des dommages-intérêts pourra servir de base au cautionnement.

*Deuxième hypothèse : le mari ou la femme , en vendant le
fonds dotal , avertit l'acheteur de la qualité de l'immeuble,
sans lui promettre garantie en cas d'éviction.* — Alors le
mari ou la femme pourra revendiquer le bien sans être tenu
à des dommages-intérêts envers le tiers acquéreur, et la caution ne pourra évidemment, dans l'espèce, répondre d'une
éviction de laquelle le vendeur lui-même ne sera pas tenu.

*Troisième hypothèse : le mari ou la femme vend l'immeuble
dotal en avertissant le tiers acquéreur de la dotalité et en lui
promettant garantie en cas d'éviction.* — L'époux vendeur
sera tenu , ce cas échéant, à la garantie promise, et le cautionnement sera valable jusqu'à concurrence du montant de
cette garantie.

On fait contre ce système plusieurs objections que nous
allons essayer de réfuter successivement. Et d'abord on dit
que la vente du fonds dotal est frappée d'une nullité radicale
dans un intérêt d'ordre public et que l'obligation subsi-
diaire en garantie ne doit pas valoir davantage ; car, si l'on
pouvait promettre à l'acheteur de l'indemniser en cas de
revendication , ce serait valider indirectement un acte que
la loi prohibe. Notre réponse sera facile : si l'inaliénabilité du
fonds dotal était dans notre droit, comme chez les Romains,
d'ordre public, le régime dotal serait devenu de droit com-

mun en France, tandis qu'il n'est que toléré par notre législateur pour respecter surtout les traditions du Midi.

On puise une nouvelle objection dans le droit accordé par
l'art. 1560 du Code Napoléon au mari de revendiquer l'immeuble dotal, *en demeurant néanmoins sujet aux dommages-
intérêts de l'acheteur, s'il n'a pas déclaré dans le contrat
que le bien vendu était dotal*; ce droit d'action, dit-on, ne
devient-il pas illusoire par la promesse de garantie qu'a faite
le vendeur, auquel on opposera la maxime : « *Qui doit garantie ne peut évincer?* » Nous répondrons qu'il n'y a lieu
d'appliquer cette maxime qu'autant qu'il dépend du demandeur de renoncer au droit en vertu duquel il évince ; or
telle n'est pas la situation du mari, puisqu'il exerce les actions de la femme ; rien ne s'oppose donc à ce que, du chef
de celle-ci, il revendique le fonds, ni à ce que de son propre
chef il doive garantie.

Nos adversaires vont plus loin : certains de donner le coup
fatal au système que nous défendons, ils supposent le cas
où la femme venderesse viendrait, après la dissolution du
mariage, revendiquer le fonds dotal, et qu'on lui opposerait
la maxime : « *Qui doit garantie ne peut évincer;* » elle n'est
pas, disent-ils, dans la situation où nous venons de voir le
mari ; elle est propriétaire, et au moment où elle agit le
fonds dotal est devenu aliénable ; aucun devoir, aucune nécessité de droit ne l'oblige à revendiquer cet immeuble ; dès
lors elle ne le peut faire utilement, si elle doit garantir
l'acheteur de l'éviction. — Un tel raisonnement est tout à
fait spécieux ; l'obligation de garantir, en effet, a été contractée par la femme durant le mariage ; elle ne peut donc
s'exercer sur ses biens dotaux ; par conséquent, rien n'empêche qu'elle n'agisse en revendication, bien qu'elle demeure
obligée à des dommages-intérêts.

§ III.

Obligation valable ab initio, *mais susceptible d'annulation.*

Nous avons étudié, sous le paragraphe qui précède, le cautionnement des obligations absolument nulles, lesquelles sont atteintes d'une tache originelle qui ne peut s'effacer ni par une ratification, *quia quod nullum est confirmari non potest*, ni par la prescription, et dont peut se prévaloir chacune des parties contractantes; ici, au contraire, il s'agit du cautionnement d'obligations simplement *annulables*, frappées, à raison d'un vice du consentement, d'une *nullité relative* qui peut être couverte par la ratification ou par la prescription, et opposée par la partie seule dont le consentement a été vicié.

Toutefois une distinction doit être faite entre les différentes obligations annulables, suivant que le vice du consentement résulte du dol, de la violence, de l'erreur, ou qu'il provient de l'incapacité de la partie; — au premier cas, il donne naissance à une exception *inhérente* à l'obligation qu'elle a pour effet de détruire dans son essence; — au second cas, il engendre une exception purement *personnelle* à l'incapable, qui détruit moins l'obligation qu'elle n'en paralyse les effets, en sorte qu'elle laisse subsister une obligation naturelle. Dans la première hypothèse, la caution peut se prévaloir de l'exception qui lui est refusée dans la seconde (art. 2036 C. N.); en un mot, le cautionnement peut être non avenu dans la première hypothèse, tandis que, comme nous l'avons vu sous le paragraphe premier qui précède, il survit à l'annulation de l'obligation pour cause d'incapacité.

Ceci posé, nous nous demanderons si la caution peut profiter de la réduction apportée par le tribunal à l'engagement d'un mineur émancipé, à raison de la mauvaise foi de la personne qui a traité avec lui; la mauvaise foi, dans cette circonstance, engendre-t-elle une exception *inhérente* à la dette que puisse invoquer la caution? Ce point ne présente pas la moindre difficulté : si la mauvaise foi engendrait une exception *rei cohærens*, il ne serait pas question de réduction, puisque, comme nous l'avons vu plus haut, l'engagement serait déclaré nul par la justice; la mauvaise foi dont il s'agit ici existe donc par cela seul qu'on a profité de la facilité du mineur à exagérer ses dépenses, sans qu'on ait voulu abuser de son inexpérience pour le tromper; elle ne constitue donc qu'une exception *personnelle* au mineur, dont ne peut se prévaloir la caution.

La ratification par le principal obligé enlève-t-elle à la caution le droit qu'elle avait auparavant d'opposer au créancier un vice inhérent à la dette? Nullement, car, eu égard à l'identité d'obligation qui existe entre le débiteur et la caution, les exceptions *rei cohærentes* leur appartiennent au même titre, et le débiteur ne saurait, par la voie détournée de la ratification, priver la caution d'un droit qu'il est impuissant à lui enlever par son opposition formelle : *exceptiones quæ reo competunt, fidejussori, etiam invito reo, competunt.*—L'opinion contraire a été soutenue, à la vérité, par le tribun Lahary, qui s'est exclusivement préoccupé de l'effet rétroactif de la ratification sans faire la part des droits acquis à des tiers dans l'intervalle; aussi a-t-elle été rejetée par tous les auteurs.

Que faut-il décider au cas où la caution est intervenue, alors que l'action en rescision pour cause de dol, par exemple, qui appartient au débiteur principal, se trouve à moitié prescrite? La caution aura-t-elle, pour opposer la nullité, dix années ou seulement cinq années à partir de son engagement? Nous croyons qu'elle ne pourra s'en prévaloir que pendant cinq ans; car elle n'est ainsi privée d'aucun droit par le fait du débiteur primitif; comme à ce dernier, le droit d'interrompre la prescription lui appartient; d'ailleurs, comment se plaindrait-elle d'une position qu'elle s'est faite?

CHAPITRE II.

ÉTENDUE DU CAUTIONNEMENT.

Ce chapitre comprendra trois sections ; après avoir considéré dans une première section l'obligation de la caution comme renfermée, par la nature même du contrat dont elle dérive, en certaines limites qu'elle ne peut excéder, nous examinerons dans une seconde section la restriction plus ou moins grande que peut recevoir le cautionnement d'après les termes du contrat ; enfin nous aurons à voir si l'obligation qui lie les héritiers de la caution est aussi étroite que celle qui lie la caution elle-même ; ce sera l'objet de notre troisième et dernière section.

SECTION I. •

ÉTENDUE DE L'OBLIGATION DE LA CAUTION D'APRÈS LA NATURE DU CONTRAT.

Nous dirons d'abord que la caution ne peut s'obliger à une autre chose que celle promise par le débiteur principal ; car l'identité d'objet entre l'obligation principale et l'obligation accessoire est une condition essentielle·de l'existence du cautionnement. De là la question de savoir si une caution peut valablement promettre du blé, quand le débiteur principal a promis de l'argent, et réciproquement ; nous avons résolu cette question dans notre première partie, tit. II, ch. II, § 1er,—Nous passerons maintenant à l'étude de la matière qui fait le sujet de la présente section.

L'accessoire ne peut excéder le principal ; de là la disposition de l'art. 2013 Code Nap., ainsi conçue : « Le cautionnement ne peut excéder ce qui est dû par le débiteur, ni être contracté sous des conditions plus onéreuses. » S'il en était autrement, l'obligation de la caution serait autre que celle du débiteur, ce à quoi résiste l'essence même du cautionnement. — Le même article ajoute : « Il peut être contracté pour une partie de la dette seulement, et sous des conditions moins onéreuses ; » *in leviorem causam*, disaient les jurisconsultes de Rome ; toutefois, comme le caractère formaliste dont leur droit était empreint n'a point passé dans notre législation, qui est essentiellement fondée sur l'équité, il a été décidé qu'en cas d'excès, le cautionnement serait non plus nul, comme à Rome, mais seulement réductible à la mesure de l'obligation principale (art. 2013 C. N.); au reste, rien n'est plus raisonnable qu'une telle disposition ; car celui qui a promis le plus a nécessairement promis le moins, et la réduction qui s'opère en ce cas, loin de nuire à la caution, est tout à fait dans son intérêt.

Quant à l'excès dans l'engagement de la caution, il s'estime eu égard à la quantité, au temps, au lieu, enfin au mode et à la condition : *quantitate, tempore, loco, modo, conditione.*

1° *Quantitate.*

Si la caution a promis de payer 15, quand le débiteur n'a promis que 12, le cautionnement ne sera valable que pour cette dernière somme ; c'est dans ce sens que la Cour de Douai a jugé, par arrêt du 9 janvier 1841, que la caution d'un crédit ouvert à un individu tombé ultérieurement en faillite n'est tenue envers le bailleur de fonds que jusqu'à concurrence des sommes pour lesquelles il a été admis au passif de la faillite ; que, par suite, si elle a payé à ce dernier la totalité des sommes dont il se prétendait créancier, elle a le droit de répéter contre lui et la somme excédant celle pour laquelle il a été admis au passif de la faillite, et les dividendes par lui reçus.

Une caution s'est engagée à payer au créancier une somme de 2,000 fr. à raison d'une dette principale qui n'est pas encore liquidée ; la liquidation ayant eu lieu, il est reconnu que le principal obligé ne doit que 1,500 fr.; que devra payer la caution? Ce sera 1,500 fr. seulement ; car l'évaluation à 2,000 francs de la dette principale non encore liquidée n'a été faite que dans l'intérêt de la caution et comme limite extrême de son engagement, quel que soit le chiffre auquel puisse atteindre la dette après sa liquidation.

Que faudrait-il décider dans le cas où, le débiteur d'une somme de 1,000 fr. ne pouvant pas la payer, un tiers viendrait, à l'échéance, le cautionner et s'engager à payer au créancier 1,050 fr. dans un an? Nous proposerions d'interpréter la convention de la manière suivante : 1° le tiers promet que le débiteur payera dans un an les 1,000 fr. par lui dus, ou que, à défaut de satisfaction de la part de ce débiteur, il les payera lui-même à cette époque ; — 2° de plus, à cause du délai d'un an qui est accordé au débiteur, le tiers promet que ce débiteur payera l'intérêt légal de la somme due, s'engageant à le payer lui-même, si le débiteur ne le faisait pas. Il y a donc là une opération complexe : contrat de cautionnement quant à la dette primitive, — contrat de porte-fort quant aux intérêts de cette dette pendant le terme accordé.

2° *Tempore.*

La caution ne peut être tenue de payer dans un temps plus court que celui assigné au débiteur principal ; l'engagement qu'elle prendrait contrairement à cette règle ne l'empêcherait pas de profiter du délai accordé à ce dernier. (Art. 2013, 3°, C. N.) Toutefois l'intention des parties devrait être considérée pour savoir si elles n'ont pas entendu faire un pacte de constitut.

Que faudrait-il décider du sursis accordé par le créancier au débiteur sans que l'acte lui en limite le bénéfice ? Il n'y a pas de doute qu'il profite à la caution. En serait-il autrement, si le créancier avait déclaré qu'il entendait restreindre au débiteur la prolongation de délai ? L'affirmative semble dès l'abord incontestable ; car on peut dire que le droit d'invoquer le sursis constitue au profit du débiteur une exception personnelle dont l'art. 2036 C. N. refuse le bénéfice à la caution. Mais qu'arrivera-t-il alors? C'est que la caution sera en butte à des poursuites immédiates, et pourra sur-le-champ exercer son recours contre le débiteur, qui se trouvera ainsi privé du bénéfice du terme. Par conséquent, on ne saurait admettre que le créancier puisse, avant l'expiration du terme par lui accordé au débiteur principal, actionner valablement la caution.

Au reste, ce qui vient d'être dit du simple délai ou répit accordé au débiteur n'est pas applicable au cas du concordat accordé à un débiteur failli ; car, ainsi que le fait observer Pothier (*Oblig.*, n° 381), la prorogation de délai est une nécessité de la position du débiteur, qui n'en demeure pas moins tenu *naturellement* de payer aussitôt que ses facultés le lui permettent. Dira-t-on ici encore que le recours exercé immédiatement par la caution fera perdre au failli le bénéfice du terme ? Nullement, car la caution, à raison de ce recours, a été obligée elle-même d'accéder au concordat. (Art. 2032, 2°, C. N.)

3° *Loco.*

Le lieu du payement peut aussi rendre plus dure l'obligation de la caution ; elle ne sera donc tenue de payer qu'au lieu déterminé par l'obligation principale, quand même elle

9

aurait promis de payer dans un lieu plus éloigné ; toutefois une telle promesse serait valable, d'après M. Troplong, si elle émanait non d'une caution, mais d'une personne liée par le pacte de constitut, ou si le lieu différent avait été choisi pour la convenance de la caution.

4° *Conditione et modo.*

La caution est soumise à une obligation plus onéreuse que le principal obligé dans les cas qui suivent :

1° Quand le débiteur principal est engagé sous condition, et le fidéjusseur purement et simplement ;

2° Quand le débiteur et la caution sont engagés chacun sous une condition unique mais différente ;

3° Quand le débiteur s'est engagé sous une certaine condition, et la caution sous une seconde condition en outre, pourvu que ces deux conditions soient placées, quant à elle, sous une alternative ;

4° Quand le débiteur s'est engagé purement et simplement, et la caution sous une alternative.

Enfin, en combinant le terme avec la condition, on peut se poser la question de savoir ce qui arrive quand le débiteur principal s'est obligé à terme, et la caution sous condition.

Nous avons examiné ces différentes espèces dans notre première partie ; nous croyons suffisant de renvoyer aux développements que nous y avons donnés sous le titre II, ch. III, v° *conditione vel tempore et modo* ; toutefois, pour les mettre en harmonie avec notre législation, il faudra substituer, quand il y aura lieu, aux mots *esclave Stichus*, ceux-ci : corps certain, et ne pas oublier que la nullité dont la loi romaine frappait l'engagement excessif du répondant a été remplacée chez nous par la réductibilité.

Quant aux cas dans lesquels le cautionnement est contracté sous des conditions moins onéreuses que l'obligation principale, nous pouvons citer ceux qui suivent :

1° Quand la caution s'est obligée *in partem pecuniæ ;*

2° Quand elle s'est engagée sous condition, et que le principal obligé s'est engagé purement et simplement ;

3° Quand le débiteur s'est engagé sous une certaine condition, et la caution sous une seconde condition en outre, pourvu que, dans ce cas, les deux conditions soient unies par la conjonction *et ;*

4° Quand le créancier a stipulé, à son choix, un corps certain ou dix pièces d'or du débiteur principal, et que la caution a promis le corps certain ou dix pièces d'or, à son choix (à elle caution).

Il suffira, pour ces différentes espèces, de se référer aux développements qui terminent le titre précité de notre première partie.

S'il n'est pas permis à la caution de se soumettre à une obligation plus étendue, rien ne s'oppose à ce qu'elle soit engagée d'une manière plus étroite que le débiteur principal. Cette règle trouve son application dans plusieurs cas : tout d'abord dans le cautionnement d'une obligation naturelle, puis lorsque la caution accorde au créancier une hypothèque, garantie que le débiteur ne peut ou ne veut pas lui fournir ; enfin lorsque la caution est contraignable par corps (condition exigée de la caution judiciaire par l'art. 2010 C. N.), et que le débiteur ne l'est pas, comme il arrive s'il est mineur, femme ou septuagénaire. Dans tous ces cas, en effet, l'exécution de l'obligation est non pas plus onéreuse pour la caution, mais garantie par des voies de contrainte plus énergiques.

Par exception à la règle ci-dessus posée, la caution autre que la caution *judiciaire*, par exemple la caution conventionnelle, ne peut se soumettre à la contrainte par corps quand le débiteur n'y est pas soumis lui-même ; c'est ce qui résulte de l'art. 2060 C. N., portant que « la contrainte par corps a lieu... contre les *cautions des contraignables par corps*, lorsqu'elles se sont soumises à cette contrainte. » M. Treilhard exprimait ainsi la même idée dans l'exposé des motifs de la loi relative au cautionnement : « Comment la caution serait-elle contraignable par corps, quand le débiteur principal lui-même n'est pas soumis à cette exécution rigoureuse ? » Et en cela il n'était que l'écho de ce qui avait été arrêté dans la discussion au Conseil d'Etat, dont voici le résumé tel que Locré le fait connaître : « M. Jollivet pense qu'il serait cependant possible de stipuler la contrainte par corps contre la caution, quoiqu'elle n'eût pas été stipulée contre le débiteur. — MM. Malleville, Bigot-Préameneu, Treilhard et Muraire répondent que le cautionnement n'est qu'un accessoire de l'obligation principale; que la condition de la caution ne peut donc être plus dure que celle du débiteur. — L'article est adopté. » Bien que nous admettions cette décision, nous ne saurions en admettre les motifs, tels qu'ils nous ont été donnés par les rédacteurs du Code Napoléon ; en agir autrement ce serait nous mettre en contradiction avec nous-mêmes : l'application de la contrainte par corps doit être restreinte autant que possible, par faveur due à la liberté, et non parce qu'elle constitue une condition plus dure pour la caution, puisque, ainsi que nous l'avons dit, elle est une voie de coercition. Quant à la caution judiciaire, si elle rentre dans les cas d'application de la règle ci-dessus posée, que le lien de la caution peut être plus étroit que celui du débiteur, c'est qu'avant tout il faut assurer l'exécution des décisions de l'autorité judiciaire.

SECTION II.

ÉTENDUE DU CAUTIONNEMENT CONSIDÉRÉ D'APRÈS LES TERMES DE L'ACTE.

Le cautionnement participe jusqu'à un certain point de la nature des actes de libéralité, et comme il est de principe que de pareils actes ne se présument pas, il faut, pour que la caution soit engagée, qu'elle consente expressément au cautionnement; et lorsqu'il n'y a pas de doute sur la validité de son engagement, il faut encore être fort circonspect pour en mesurer la portée; c'est cette idée que le législateur exprime en ces termes : « *On ne peut l'étendre (le cautionnement) au delà des limites dans lesquelles il a été contracté.* »

Pour mettre en lumière ce précepte de la loi, nous nous attacherons à une règle remarquable par sa précision, qui nous a été donnée par Casaregis : « *Fidejussio est strictissimi juris, et non durat vel extenditur de re ad rem, de persona ad personam, de tempore ad tempus.* »

§ Iᵉʳ.

De re ad rem.

Le cautionnement ne doit pas s'étendre d'une chose à une autre; il résulte de là :

1° Que le cautionnement donné dans l'intérêt d'un fermier, à raison de ses fermages, ne s'étend pas aux indemnités qu'il pourra devoir au bailleur pour dégradations ou autres causes;

2° Que le cautionnement donné à raison du prix de cession d'un office ne comprend pas le supplément du prix convenu par contre-lettre; c'est ce qu'a jugé la Cour de Rouen par arrêt du 23 décembre 1840;

3° Que le cautionnement donné pour l'exécution d'un bail ne s'étend ni aux obligations résultant de la tacite reconduction (art. 1740 C. N.), car elle constitue entre le preneur et le bailleur une nouvelle convention à laquelle la caution demeure étrangère ; — ni à l'obligation de payer à l'Etat les droits d'enregistrement, car, contractée entre le fermier et l'Etat, elle est tout à fait indépendante de celle qui a été cautionnée ;

4° Que celui qui a cautionné le payement des dividendes promis par un failli dans son concordat ne doit garantie que du montant des créances vérifiées et admises au passif de la faillite, et non de l'excédant qu'un règlement de compte ultérieur établirait ; c'est ce qu'a jugé la Cour de Bordeaux, par arrêt du 9 juillet 1827 ;

5° Que la caution donnée pour le principal ne répond pas des accessoires, intérêts ou frais.

§ II.

De persona ad personam.

Le cautionnement ne s'étend pas d'une personne à une autre, car si l'on a répondu d'un tel, il ne s'ensuit pas qu'on ait entendu répondre de tel autre.

Toutefois il ne faut pas donner à cette idée une portée trop exagérée; il est en effet des circonstances qui n'ont pu échapper aux prévisions de la caution, lors de son engagement: tel est, par exemple, le passage de l'obligation, autant du moins que le comporte sa nature, de la tête du débiteur sur celle de son héritier; au reste, il n'y a pas, à vrai dire, ici extension du cautionnement *de persona ad personam*, car la personne du débiteur défunt se continue en celle de son héritier. — C'est ainsi que la caution donnée pour l'exécution d'un bail de neuf ans demeurerait engagée jusqu'à la complète révolution de cette période, bien que le fermier fût mort dans l'intervalle, et que ses héritiers eussent continué sa jouissance jusqu'à l'expiration des neuf ans, le contrat né portant pas que le bail finirait de plein droit par le décès du fermier. Dans ce cas, la caution a garanti l'exécution d'un bail de neuf ans, sachant bien qu'elle était transmissible aux héritiers du preneur.

§ III.

De tempore ad tempus.

Le cautionnement ne peut s'étendre d'une époque à une autre ; c'est ainsi que la caution qui garantit la gestion d'une tutelle ne répond pas des actes faits sans nécessité par le tuteur, alors que le pupille est parvenu à sa majorité.

Jusqu'ici nous avons raisonné dans l'hypothèse d'un *cautionnement limité* soit d'une manière expresse par le contrat, soit d'une manière tacite par la nature des choses ; abordant maintenant un nouvel ordre d'idées, nous allons étudier l'obligation de la caution quand elle est *indéfinie*, quand elle a été contractée *in omnem causam*, comme disait la loi romaine, sans aucune restriction, ni expresse, ni tacite. En pareil cas, le créancier est censé avoir stipulé qu'il serait pleinement indemnisé par la caution : « *Indemnem me præstabis?* » dit le jurisconsulte Paul dans la L. 54, D., *loc. cond.*; en sorte que le cautionnement s'étend non-seulement à la chose promise d'une manière expresse et directe par le débiteur principal, mais encore aux dommages-intérêts, à toutes les indemnités que pourra devoir le principal obligé, quelle qu'en soit la cause ; en un mot, à toutes les conséquences qui peuvent résulter du contrat principal.

Ainsi le cautionnement des avances qui seront faites à l'individu chargé, dans une société en participation de bénéfices , de faire les achats et les reventes , s'applique non-seulement aux sommes d'argent directement remises par le bailleur de fonds à la personne cautionnée , mais encore à celles provenant de la vente des marchandises, et qui depuis le cautionnement ont été touchées par cette même personne, du consentement du bailleur de fonds. Car celui-ci , étant propriétaire des marchandises achetées par son préposé , l'est par suite du prix des reventes , et dès lors il y a lieu d'assimiler à des sommes prêtées à ce dernier les prix de ventes dont on le laisse faire le recouvrement et l'emploi : telle est la décision donnée par la Cour de Bruxelles le 15 mars 1808.

Ainsi encore celui-qui a cautionné d'une manière générale l'exécution d'un bail est tenu non-seulement de l'acquittement des fermages, mais encore des intérêts moratoires, à raison des termes échus et non payés , et de toutes les obligations que le bail impose au fermier, comme la réparation des dégradations, le payement des indemnités dues à raison des anticipations que le fermier a laissé commettre , la restitution des avances ou des instruments aratoires qui ont été laissés au preneur par le bailleur pour l'exploitation de la ferme , etc.

D'après ce qui précède , il faudrait dire que la caution est responsable de tous les frais que le créancier a été obligé de faire pour obtenir satisfaction du débiteur principal ; la loi cependant n'a pas voulu qu'elle puisse être ruinée par des frais faits à son insu, et qu'elle eût sans doute évités en payant, si elle eût été avertie ; aussi elle n'a mis à sa charge que les frais de la première demande, et non pas les frais subséquents, à moins toutefois qu'ils n'aient été faits depuis que la demande a été dénoncée à la caution, ce qui l'a mise ainsi en demeure de payer. C'est pourquoi, lorsque cette dénonciation n'a pas eu lieu, la caution ne peut être condamnée qu'au payement des frais de la première demande (art. 2016 C. N.).

Que faudrait-il décider relativement aux intérêts , lorsque

le cautionnement a eu lieu pour le capital ? M. de Malleville, à cet égard, s'exprime comme il suit dans son commentaire sur l'art. 2016 C. N. : « Les lois 68, ff. *hic*, et 10, Cod. *eod.*, disaient que la caution qui s'est obligée pour la somme principale, sans parler des intérêts, n'était pas obligée au payement de ces intérêts ; Serres ajoute qu'elle le serait tout au plus pour les intérêts courus depuis la demande formée contre elle ou contre le débiteur principal. Cette décision ne peut plus être suivie, d'après notre article, excepté que la caution ne dît formellement qu'elle ne s'engageait que pour le capital. » — Le tribun Lahary, au contraire, s'exprimait ainsi devant le Corps législatif : « L'engagement du fidéjusseur ne peut avoir plus d'étendue que celle qu'il a voulu lui donner...; s'il est borné au capital de l'action principale, il n'embrasse ni les intérêts ni les frais. » Il résulte de là que, d'après Malleville, la caution qui s'engage à raison du capital serait présumée s'engager par là à raison des intérêts, tandis que Lahary exige à cet égard une déclaration expresse. — A notre avis, la conséquence que tire Malleville de la combinaison des art. 2015 et 2016 C. N. ne saurait être admissible ; car elle a pour effet d'étendre contre la caution les règles générales de l'interprétation des conventions, que le législateur a entendu, tout au contraire, restreindre dans ces articles ; il faut donc se pénétrer de cette idée que « l'engagement du fidéjusseur, comme l'a dit Lahary, ne peut avoir plus d'étendue que celle qu'il a voulu lui donner, » et s'attacher, pour déterminer cette étendue, aux expressions que ce fidéjusseur a employées. Par conséquent, s'il a cautionné en termes généraux, on devra étendre son engagement, d'après l'art. 2016, aux intérêts du capital : telle est la doctrine professée par Pothier et par MM. Ponsot et Troplong. On peut d'ailleurs citer à l'appui un arrêt rendu le 24 mars 1810, par lequel la Cour de Bruxelles a jugé que celui qui a cautionné nominativement la somme formant le capital d'une rente perpétuelle n'est tenu, en cas de non-accomplissement des obligations du débiteur principal, qu'au remboursement de ce capital, et non au payement des arrérages.

Mais, si la somme due par le principal obligé ne produisait pas d'intérêts conventionnels, la caution qui se serait engagée d'une manière indéterminée serait-elle tenue des intérêts moratoires? Assurément, car ils constituent les dommages-intérêts résultant de l'inexécution de l'obligation. On nous objectera peut-être que la caution aurait sans doute payé, si elle avait connu les poursuites dirigées contre le débiteur principal; d'où l'on tirerait, par analogie de ce qui arrive en matière de frais, cette conséquence qu'elle ne doit être tenue que des intérêts moratoires courus depuis la dénonciation à elle faite de la demande originairement formée. Nous répondrons que Pothier, copié par les rédacteurs du Code Napoléon, distinguait avec soin entre les frais de poursuite et les intérêts moratoires, et que, s'il exigeait la dénonciation à la caution de la demande originaire pour lui faire supporter les frais de poursuite, il ne l'exigeait pas pour mettre à sa charge les intérêts moratoires.

Celui qui a souscrit un cautionnement en termes généraux est-il responsable du dol et de la fraude du débiteur principal? D'après M. Dalloz, une distinction est ici nécessaire : s'agit-il de manœuvres frauduleuses qu'a employées le débiteur pour obtenir, par exemple, une somme à titre de prêt, un emploi, une gestion quelconque, le préjudice résultant de ces manœuvres ne tomberait à la charge de la caution qu'autant qu'elle eût participé à la fraude, et cela par application seulement de l'art. 1382 C. N., non pas en vertu de son engagement, qui, postérieur aux actes frauduleux, ne saurait les couvrir. — S'agit-il, au contraire, des abus qu'aurait pu commettre dans sa gestion un administrateur cautionné, par exemple des coupes de bois qu'il ferait en délit, la caution en devrait être tenue. — Mais que déciderait-on quant aux amendes encourues par le débiteur principal? Il faudrait rechercher si elles ont un caractère pénal, ou bien

si elles constituent une indemnité destinée à réparer un préjudice ; dans ce dernier cas seulement, elles demeureraient à
la charge de la caution.

Quelque indéfini que soit le cautionnement, il ne s'étend
jamais aux obligations nées d'une cause étrangère au contrat
principal. Par exemple, un individu donne en gage, en faisant un emprunt, un animal affecté à sa connaissance d'une
maladie contagieuse, et n'instruit pas de cette circonstance
le prêteur chez qui la maladie atteint plusieurs animaux ;
les conséquences de cette faute de l'emprunteur ne sauraient
retomber sur ses cautions, car elles dérivent non point
de l'obligation cautionnée, mais bien d'une cause étrangère, à savoir du silence du débiteur sur la maladie dont
était atteint l'animal donné en gage.

Observons toutefois qu'à l'égard des accessoires, la limite
doit être posée avec une certaine sévérité ; ainsi, par arrêt
du 30 octobre 1830, la Cour de Bruxelles a décidé que, tout
en cautionnant une dette commerciale, le fidéjusseur ne
doit pas être censé s'astreindre à toutes les exigences de la
solidarité, s'il ne s'y est pas formellement obligé, règle qui
s'applique *a fortiori* à la contrainte par corps.

Nous terminerons cette section en signalant, d'après la
jurisprudence, un cas remarquable où le cautionnement dépasse les limites naturelles de l'obligation principale, et où
le fidéjusseur a été déclaré tenu personnellement, quoique
le débiteur ne fût obligé qu'en raison du lien hypothécaire.
Ainsi il a été jugé par arrêt de la Cour de cassation (chambre des requêtes), le 27 janvier 1835, que, quoique le tiers
détenteur ne soit obligé envers les créanciers qu'en raison de
la détention de l'immeuble et non personnellement, cependant les individus qui l'ont cautionné envers un créancier
ont pu, soit en raison de ce cautionnement, soit en raison de
l'exécution qu'ils lui ont donnée, être considérés comme
tenus personnellement au payement de la créance.—A notre

avis, on devrait voir dans l'espèce des tiers intervenant comme *porte-fort*, et non comme caution.

SECTION III.

ÉTENDUE DU CAUTIONNEMENT RELATIVEMENT AUX HÉRITIERS DE LA CAUTION.

En règle générale, celui qui s'oblige est réputé obliger pareillement ses héritiers ; il semble donc tout à fait superflu que le législateur se soit ainsi exprimé dans l'art. 2017 du Code Napoléon : « Les engagements des cautions passent à leurs héritiers... » M. Duranton pense que la disposition de l'article précité a été empruntée à nos anciens auteurs, qui eux-mêmes l'avaient puisée dans les ouvrages des jurisconsultes romains, notamment dans ce passage des Instituts de Justinien (§ 2, *de fid.*) : « *Fidejussor non tantùm ipse obligatur, sed etiam heredem relinquit obligatum,* » qui n'est que la reproduction d'un texte où Gaïus, comparant l'obligation du *sponsor* à celle du *fidejussor,* dit que celle-ci, à la différence de la première, est transmissible aux héritiers. Bien que cette explication soit fort acceptable, nous préférerions celle qui suit : les rédacteurs du Code Napoléon ont eu pour but, en écrivant l'art. 2017, de trancher la controverse qui s'était élevée dans notre ancienne jurisprudence sur le point de savoir si les obligations des cautions étaient transmissibles à leurs héritiers. Plusieurs arrêts rapportés par Brillon, vo *caution*, nos 58 et 59, viennent même corroborer notre assertion.

Toutefois il faut ajouter que les héritiers de la caution ne sont tenus des engagements de leur auteur que chacun pour sa part héréditaire, sans préjudice toutefois de l'action hypothécaire pour la totalité ; et comme cela résulte d'un arrêt rendu le 9 mars 1809 par la Cour de Bordeaux, ils ne sont pas tenus solidairement, le législateur n'ayant pas voulu s'écarter ici des règles du droit commun.

Au reste, il a été fait exception pour la contrainte par corps, dont les héritiers ne sont point passibles tant en raison du caractère pénal ou afflictif qui lui est inhérent que de la rigueur excessive qu'il y aurait eu de placer plusieurs héritiers à la fois sous le coup de cette rigide mesure de coercition.

CHAPITRE III.

QUALITÉS QUE DOIT REMPLIR LA CAUTION.

L'art. 2018 C. N. porte que « le débiteur obligé à fournir une caution doit en présenter une qui ait la capacité de contracter, qui ait un bien suffisant pour répondre de l'objet de l'obligation, et dont le domicile soit dans le ressort de la Cour impériale où elle doit être donnée. » Trois conditions doivent donc se trouver réunies dans la caution ; elles concernent sa *capacité*, sa *solvabilité*, enfin son *domicile*.

SECTION I.

CAPACITÉ DE LA CAUTION.

Toute personne capable de s'obliger peut contracter un cautionnement valable, et cette règle ne comporte pas, sous l'empire du Code Napoléon, les exceptions introduites chez les Romains, à raison de l'état militaire ou ecclésiastique par des constitutions impériales, à raison de la qualité de femme par le sénatus-consulte Velléien ; toutefois ce n'est que progressivement que cette dernière prohibition a disparu de notre législation : la rigueur primitive du sénatus-consulte avait été adoucie par Justinien, qui, dans sa novelle CXXIV, c. 8, avait permis aux femmes de renoncer en s'obligeant au bénéfice du Velléien, et c'est en cet état que la prohibition portée par ce sénatus-consulte passa dans notre ancienne jurisprudence; mais comme la clause de renonciation était devenue de style dans les contrats, Henri IV rendit, en 1606, pour abroger le sénatus-consulte, un édit qu'enregistra le parlement de Paris : hors le ressort de ce parlement, l'édit ne fut pas appliqué, notamment en Normandie, où l'on observa le Velléien dans toute sa rigueur. De cette diversité de jurisprudence naquirent des difficultés : on se demanda si la prohibition prononcée par le Velléien appartenait au statut réel, ou si elle se régissait par le statut personnel des contractants; de là la question que se posait Pothier, à savoir si le cautionnement contracté à Paris par une femme normande était frappé de nullité. Dira-t-on qu'une pareille question ne présente plus d'intérêt depuis que les rédacteurs du Code Napoléon ont ramené la France à l'unité de législation ? Rien n'est plus erroné qu'une telle assertion. Ne peut-il pas arriver, en effet, qu'une femme espagnole ou italienne se rende caution en France d'obligations contractées par un tiers, et que pour rendre inefficace son engagement elle invoque le bénéfice du sénatus-consulte encore en vigueur dans son pays ; en pareille hypothèse que faudrait-il décider ? Pothier pensait que la femme normande qui cautionnait à Paris ne s'obligeait pas; nous pensons qu'il en doit être ainsi de la femme italienne ou espagnole qui cautionnerait en France ; car les prohibitions du Velléien appartiennent au statut personnel, comme ayant été introduites pour p ôger la femme contre l'imprévoyance et la légèreté qui sont inhérentes à son sexe : *ne sexus muliebris fragilitas in perniciem substantiæ earum convertatur.* Ne serait-il pas absurde de dire qu'une femme aurait gagné de la prudence en contractant hors de son pays ! — Réciproquement, le cautionnement donné en Espagne ou en Italie par une Française serait valable, bien que le Velléien soit encore en vigueur dans ces pays. — Nous remarquerons toutefois

que le cautionnement qu'une femme soumise au sénatus-
consulte aurait consenti après la promulgation de l'art. 217
C. N., mais avant la publication du titre *des obligations*, devrait être réputé nul ; car la disposition de l'art. 217 n'a
rien de contraire au Velléien, et n'en a pas, par conséquent,
opéré l'abrogation ; c'est ce qu'a jugé la Cour de Paris par
arrêt du 11 frimaire an XIV.

Toute personne capable de s'obliger, avons-nous dit, peut
contracter un cautionnement valable ; les personnes incapables, femme mariée, mineur, interdit, ne peuvent donc pas
se porter caution.

1° *Femme mariée.* — La femme mariée ne peut valablement contracter sans être autorisée. Aussi le cautionnement
que seule elle aurait consenti pourrait être annulé. Mais serait-elle relevée de son incapacité par l'autorisation maritale,
dans le cas où le débiteur cautionné serait le mari lui-même?
Pour soutenir la négative, on argumente ainsi : l'autorisation maritale ne présente plus une garantie protectrice
à la femme, lorsque le mari a un intérêt personnel à
l'acte qu'il autorise; or *nemo potest auctor esse in rem suam ;*
de plus, admettre la validité du cautionnement dans cette
circonstance, c'est faciliter les avantages indirects entre
époux. L'affirmative nous semble préférable : car, d'un côté,
l'incapacité de la femme mariée tient, dans notre législation,
à l'état de dépendance où elle se trouve pendant le mariage,
et non pas à l'inaptitude aux affaires, à l'inexpérience de son
sexe, témoin les filles majeures et les femmes veuves ; d'un
autre côté, la maxime *nemo potest...* ne trouve son application que dans l'hypothèse d'une incapacité résultant du défaut d'intelligence, comme il arrive pour les mineurs et les
interdits ; — quant à la possibilité d'avantages indirects entre
conjoints, on ne s'en peut armer contre notre système, car
la femme a son recours contre son mari, et, dans le cas même
où il serait devenu insolvable, on ne saurait y voir une donation de la part de la femme, pas plus que du tiers qui, à sa

place, n'aurait pas été payé ; — enfin, notre législateur est venu lui-même consacrer la doctrine que nous soutenons, en disant, dans l'art. 1431 C. N., que la femme qui s'est engagée solidairement avec son mari, pour les affaires qui le concernent, est réputée caution à son égard.

L'autorisation de cautionner pourrait-elle s'induire du mandat général donné à la femme par le mari de gérer ses affaires commerciales ou autres? Nullement, car le cautionnement n'est pas un acte d'administration; c'est ce qu'a jugé la Cour de Bruxelles par arrêt du 13 février 1809.

2° *Interdit*. — Dans notre ancien droit, l'interdit pouvait contracter valablement, et dès lors valablement cautionner, s'il le faisait dans un intervalle lucide. Aujourd'hui, d'après les principes du Code Napoléon, le cautionnement intervenu avant l'interdiction ne devrait être annulé qu'autant qu'il porterait en lui-même quelque trace de folie ; quant au cautionnement qui suit l'interdiction, il doit être annulé par cela seul que l'annulation en est demandée par l'interdit après la levée de l'interdiction, ou par ses ayants cause.

3° *Mineur*. — Le cautionnement fait en minorité, emportant toujours lésion par sa nature, ne saurait être à l'abri de la rescision; et il n'y a pas lieu de distinguer si le mineur est émancipé ou non, car, ainsi que nous l'avons dit, le cautionnement n'est pas un acte d'administration. La même décision serait applicable au cautionnement fait par un mineur commerçant en faveur d'un autre commerçant, pour une affaire de commerce à laquelle il n'aurait aucun intérêt, car les actes du mineur commerçant sont sujet à restitution par cela seul qu'ils ne concernent pas son commerce.

Cependant notre ancienne jurisprudence ne rescindait pas toujours le cautionnement consenti par le mineur : « Il y a des cas extrêmement favorables, dit Pothier, dans lesquels le cautionnement d'un mineur peut être valable: par exemple, on a jugé un mineur non restituable contre son cautionnement pour tirer son père de prison. » On le jugeait ainsi, surtout lorsque le père n'avait pas la voie de la cession de biens, lorsque le cautionnement consenti par le fils ne causait pas un dérangement notable dans sa fortune, lorsqu'enfin le mineur approchait de la majorité, s'il avait dix-huit ans au moins, d'après Basnage. — Malgré ce qu'il y a de favorable dans une pareille jurisprudence, nous croyons que ces décisions ne pourraient pas être admises sous l'empire du Code Napoléon, qui est muet en cette matière.

Une personne capable de s'obliger pourrait-elle être récusée par le créancier auquel une caution doit être fournie, sous le prétexte qu'elle est d'un caractère tracassier et processif? L'affirmative est soutenue par M. Troplong; mais nous ne saurions l'admettre, car elle crée une incapacité tout à fait arbitraire; elle ajoute aux difficultés déjà si grandes de trouver une caution remplissant toutes les conditions voulues; on ne devrait donc voir dans l'opinion du savant magistrat qu'un conseil auquel les juges ne manqueront pas d'avoir égard, lorsqu'ils auront à choisir entre plusieurs cautions réunissant toutes les qualités exigées par la loi.

Un avocat et un avoué peuvent-ils être caution de leurs clients? La négative résulte, sous l'ancienne jurisprudence, d'arrêts rendus, l'un le 15 décembre 1639, par le parlement d'Aix; l'autre, le 15 octobre 1698, par le parlement de Tournay; mais aujourd'hui, en présence des dispositions des art. 1123 et 1124 C. N., une telle incapacité ne saurait exister.

SECTION II.

SOLVABILITÉ DE LA CAUTION.

« La solvabilité d'une caution ne s'estime qu'eu égard à ses propriétés foncières, excepté en matière de commerce ou lorsque la dette est modique. » Telle est la disposition de l'art. 2019 C. N., qui nous semble avoir été inspirée au législateur de 1804 par le vieil adage aujourd'hui tombé en désuétudc : « *Mobilium vilis possessio.* » Quoi qu'il en soit, il suit de ces expressions, *propriétés foncières*, qu'on n'aurait point égard aux rentes sur l'Etat, aux actions du chemin de fer, ni aux actions de la Banque de France, même immobilisées, que posséderait la caution.

Dans tous les cas où la caution doit nécessairement posséder des immeubles pour être admise, il faut qu'elle justifie son droit de propriété ; il faut, par conséquent, que ce droit soit fixé d'une manière certaine sur sa tête. On n'aurait donc pas égard à ses biens, s'ils étaient possédés sans titre et de mauvaise foi, — s'ils étaient hypothéqués pour des valeurs considérables, — s'ils étaient litigieux, — si quelque cause d'éviction planait sur eux,—enfin s'ils étaient d'une discussion difficile par suite de l'éloignement de leur situation.

Que faut-il entendre par ces mots : *immeubles litigieux*, qu'emploie le législateur dans l'art. 2019 C. N. ? Faut-il, pour que des biens présentent ce caractère, qu'il y ait litige commencé ou seulement litige possible? Nous croyons qu'il suffit que le litige soit à craindre, et que ces craintes aient quelque apparence de fondement. C'est en vain qu'on exigerait un commencement de litige en argumentant de l'article 1700 C. N.; car sa disposition se réfère à une matière toute spéciale, à la cession d'un droit litigieux.

Nous avons dit que le droit de propriété de la caution ne doit pas être sujet à éviction ; elle pourrait donc être récusée par le créancier, si elle lui offrait, comme garantie de sa solvabilité, un immeuble dont le prix serait encore dû, un immeuble dont le prix serait payé, mais qui aurait été acquis à réméré ou sous toute autre condition résolutoire, un droit d'usufruit immobilier, dirons-nous encore, car, bien qu'il constitue une *propriété foncière*, en prenant ces mots dans un sens large, il est essentiellement résoluble par la mort de la caution, et ne peut présenter au créancier qu'une garantie incertaine quant à sa valeur et à sa durée.

Enfin l'immeuble qui appartient à la caution ne doit pas

être d'une discussion difficile en raison de sa situation; c'est là un point remis à l'appréciation des tribunaux; au reste, il n'est pas nécessaire que l'immeuble soit situé dans le ressort de la cour où la caution doit être reçue. M. Treilhard, il est vrai, dans son exposé des motifs, s'est exprimé en ces termes : « Nous avons donc établi pour règle que la caution devrait présenter des biens dans le ressort du tribunal d'appel où elle doit être donnée. » Mais il a fait dire à l'art. 2019 ce que cet article ne dit point du tout, et en présence de ce silence de la loi, on ne peut enlever à la caution le bénéfice du droit commun.

La caution devant, dans tous les cas, posséder des immeubles libres d'une valeur suffisante pour garantir le payement de la dette, est-elle forcée, s'il n'y a clause contraire dans l'acte d'où résulte le cautionnement, de laisser prendre au créancier une inscription hypothécaire sur ses biens? Nullement, car d'un côté ce serait imposer à la caution une condition arbitraire, et de l'autre le législateur, prévoyant l'insolvabilité ultérieure de la caution, n'aurait pas permis au créancier, ce cas échéant, d'en demander une autre, puisque les biens de la caution primitive demeureraient affectés à la sûreté de sa créance; telle est l'opinion adoptée par MM. Duranton et Dalloz, et consacrée par un arrêt de la Cour de Paris, rendu le 12 septembre 1830.

Que faudrait-il décider dans l'espèce suivante : une personne a été autorisée par un jugement à se faire payer une certaine somme, à la charge de donner caution : les biens de la caution se trouvant insuffisants pour répondre de la totalité de la somme, cette personne pourra-t-elle exiger un payement partiel jusqu'à concurrence seulement des valeurs dont la caution peut répondre? Non, car, de même que le créancier ne peut être contraint à diviser sa créance , il ne peut contraindre le débiteur à se libérer partiellement; la caution présentée pourra donc être refusée : telle est la décision rendue le 19 décembre 1806 par la Cour de Turin, en

argumentant *à contrario* de ces termes de l'art. 2018 C. N. :
« Le débiteur, obligé à fournir caution, doit en présenter
une qui... ait un bien *suffisant* pour répondre... »

En matière de commerce, il est permis d'une manière exceptionnelle par l'art. 2019 C. N. d'apprécier la solvabilité
de la caution d'après sa fortune mobilière; est-ce à dire pour
cela qu'un commerçant riche en capitaux doive être admis à
cautionner la dette civile d'un non-commerçant? Non, car ce
serait annuler la règle sous prétexte d'interpréter l'exception.
La solution contraire donnée par M. Troplong est assurément plus sage que la loi; la garantie n'est-elle pas la même,
qu'elle intervienne pour une dette civile ou pour une dette
commerciale? Mais la loi s'exprime avec trop de précision
pour que cette opinion puisse être admise.—Nous ajouterons
que la chambre des requêtes a décidé, par un arrêt du 13 novembre 1839, qu'en matière de commerce il suffit que la
caution soit notoirement solvable.

Un propriétaire qui vend les productions de ses terres ne
faisant pas un acte de commerce, comment s'estimera la solvabilité de la caution par lui présentée pour garantir l'exécution de son marché? La Cour de Bourges, par arrêt du
22 janvier 1814, a décidé qu'elle devrait s'estimer d'après
les propriétés foncières de la caution, bien que de la part de
l'acquéreur il puisse y avoir un véritable acte de commerce.

Dans tous les cas, c'est au débiteur à prouver la solvabilité de la caution qu'il présente, et la Cour de Paris, par arrêt
du 15 avril 1820, a jugé que la caution dont la solvabilité est
contestée n'est pas recevable à intervenir dans l'instance
pour établir elle-même sa solvabilité, le débiteur ayant seul
qualité à cet effet.

Lors de la rédaction du Code Napoléon, l'on a considéré
« qu'un créancier n'exigeant une caution que pour s'assurer
invinciblement de l'exécution d'un acte, il était dans son intention d'avoir une caution qui fût toujours solvable et qui offrît
une garantie réelle jusqu'à l'exécution effective de l'obliga-

tion. » (Fenet, t. xv, p. 40.) De là est venue la disposition suivante : « Lorsque la caution *reçue* par le créancier volontairement ou en justice est ensuite *devenue insolvable*, il doit en être
donné une autre. » (Art. 2020 C. N.) Cette règle toutefois souffre
deux exceptions : la première, écrite dans la loi, au cas où la
caution n'a été donnée qu'en exécution d'une convention par
laquelle le créancier a exigé la garantie d'une personne déterminée ; — la seconde, quand la caution vient d'elle-même
accéder à l'obligation principale sans que le débiteur ait
promis au créancier la garantie d'un cautionnement ; c'est
ce qui résulte du texte de l'art. 2020 précité et de l'esprit de
la loi : et d'abord du texte de l'art. 2020, car il ne parle que de
la caution *reçue* par le créancier, ce mot *reçue* impliquant
l'idée de l'accomplissement d'une obligation préexistante ; le
créancier *a reçu* ce que le débiteur lui avait promis, l'intervention de la caution ; — ensuite de l'esprit de la loi ; par cela
seul, en effet, que le débiteur ne s'est pas engagé à fournir
une caution au créancier, il ne peut être tenu à la garantie
de la solvabilité future de celle qui est venue spontanément
accéder à l'obligation principale. En vain argumenterait-on,
pour soutenir le contraire, de l'article 2131 C. N., qui, lors
même que l'hypothèque n'appartient pas au créancier en
exécution d'une convention antérieure, veut cependant que
son insuffisance l'investisse du droit d'exiger un supplément
d'hypothèque ; car il n'y a qu'une apparence d'analogie entre
les cas prévus par les articles 2020 et 2131 : l'hypothèque est
le fait du débiteur ; il doit donc répondre des diminutions
qu'éprouve le créancier dans la sûreté à lui procurée ; lors,
au contraire, qu'une personne, remplie de bon vouloir pour
le débiteur, vient cautionner sa dette, cette intervention n'est
que le fait de la caution ; aussi le débiteur, qui est demeuré
étranger à ce fait, ne saurait répondre de l'insolvabilité future
de la caution.

Le législateur prévoyant dans l'article 2020 seulement le
cas où la caution *reçue* par le créancier est ensuite *devenue*

insolvable, il en résulte que celui-ci ne pourrait exiger du débiteur une caution nouvelle, par cela seul que la première *commencerait à devenir insolvable;* toutefois il se trouverait dans une hypothèse analogue à celle prévue par l'article 2131 précité, et pourrait exiger du débiteur une caution supplémentaire. Observons toutefois que la fortune de la caution doit avoir subi quelque atteinte sérieuse, et l'on ne devrait pas avoir égard aux craintes exagérées, aux réclamations tracassières d'un créancier : tel serait le cas où il viendrait alléguer devant les tribunaux la survenance d'une hypothèque légale frappant les biens de la caution en raison d'une tutelle par elle acceptée ou en raison d'un riche mariage par elle contracté.

Faut-il assimiler au cas d'insolvabilité de la caution le cas où le cautionnement s'anéantit par confusion, par exemple lorsque le débiteur principal devient héritier pur et simple de la caution ? Nullement ; il doit suffire au créancier pour garantir ses droits de demander la séparation des patrimoines; mais, s'il arrive que cette séparation ne puisse plus être obtenue sans qu'on puisse reprocher au créancier de la négligence, on devra seulement alors considérer l'extinction du cautionnement par la confusion comme équivalant à l'insolvabilité de la caution.

Que faudrait-il décider au cas où le créancier lui-même deviendrait héritier de la caution? Aucune loi n'assimilant cette circonstance à celle de l'insolvabilité de la caution, il n'y a pas lieu à l'application de l'art. 2020 ; d'ailleurs le créancier qui représente la caution ne serait pas fondé à se plaindre d'une confusion dont il profite. — Même décision au cas d'un simple changement de domicile de la part de la caution, sauf au créancier à l'obliger à en élire un autre dans le ressort de la Cour qu'elle a quitté.

SECTION III.

DOMICILE DE LA CAUTION.

La loi veut que la caution ait son domicile dans le ressort de la Cour impériale où elle doit être donnée (art. 2018 C. N.); car une caution éloignée, qu'on ne pourrait poursuivre qu'à grands frais, serait plus souvent ruineuse qu'utile. Mais où la caution doit-elle être donnée? La loi ne le dit pas; essayons de suppléer à son silence.

Trois cas peuvent se présenter : la caution, en effet, est judiciaire, conventionnelle ou légale.

Premier cas : caution judiciaire. — La question ne présente pas la moindre difficulté dans ce cas; la caution devant être donnée au greffe du tribunal qui l'a ordonnée (art. 157 et suiv. C. pr. civ.), elle doit être domiciliée dans le ressort de la Cour dont dépend ce tribunal.

Deuxième cas : caution conventionnelle. — Deux hypothèses peuvent se présenter : ou un lieu a été fixé par le contrat pour la réception de la caution, ou le contrat est muet à cet égard; la caution est donnée au lieu fixé dans la première hypothèse, au domicile du débiteur dans la seconde; car c'est, en principe, à son propre domicile que le débiteur est tenu de remplir ses obligations (art. 1247 C. N.). En vain dirait-on avec M. Troplong que le principe établi par l'article 1247 dans l'intérêt du débiteur est sans application dans un cas où il s'agit de mesurer la portée d'une disposition créée au contraire dans l'intérêt du créancier; car le silence de la convention s'interprète en faveur du débiteur (article 1162 C. N.). Objectera-t-on encore avec le savant magistrat que le domicile du débiteur pourra se trouver fort éloigné de celui du créancier, ce qui sera contraire à l'esprit de l'art. 2018; notre réponse sera facile: n'a-t-il pas été loisible au créancier de fixer pour la prestation de la caution un lieu plus rapproché que le domicile du débiteur ?

Troisième cas : caution légale. — Où doit être donnée la caution légale ? Le lieu varie d'après les circonstances ; il nous suffira d'examiner ici trois hypothèses qui se présentent assez fréquemment ; ce sont celles où la caution est exigée du légataire d'un usufruit, d'un héritier bénéficiaire, enfin d'un étranger plaidant devant un tribunal français.

Première hypothèse : légataire d'usufruit. – L'obligation de donner caution imposée par l'art. 601 C. N. au légataire d'un usufruit constitue pour celui-ci un engagement moins envers les héritiers personnellement qu'envers la succession, et c'est au lieu de son ouverture qu'il doit remplir son obligation. En effet, on ne peut se référer ni aux domiciles des héritiers, car ceux-ci peuvent être en grand nombre, et avoir des domiciles distincts et fort éloignés les uns des autres ; — ni au lieu de la situation des biens grevés de l'usufruit, car ces biens peuvent être compris dans plusieurs lots, appartenir à des cantons, à des arrondissements différents, même à des ressorts de Cours impériales différentes ; — ni au domicile du légataire, car il peut se trouver fort éloigné de ceux des héritiers, et l'on ne peut leur imputer, comme au créancier en matière de caution conventionnelle, de n'avoir pas fixé un lieu plus rapproché pour la prestation de la caution ; il ne reste donc plus que le lieu d'ouverture de la succession ; or c'est là que doivent se vider les contestations relatives à l'exécution des dispositions à cause de mort (art. 59 C. pr. civ.); par conséquent, la caution doit être domiciliée dans le ressort de la Cour de l'ouverture de la succession. — Remarquons que si l'usufruitier ne peut trouver une caution domiciliée dans ce ressort, on pourrait l'admettre à en présenter une plus rapprochée de son propre domicile.

Deuxième hypothèse : héritier bénéficiaire. — C'est encore dans le ressort de la Cour où la succession s'est ouverte que doit être domiciliée la caution présentée par l'héritier bénéficiaire (argument de l'art. 993 C. pr. civ.).—En cas de contestation de la solvabilité de la caution qu'il présente, il est recevable à fournir un cautionnement supplémentaire. Ainsi jugé par arrêt de la Cour de Paris, le 15 avril 1820. Remarquons avec M. Troplong qu'il n'y a pas ici de convention qu'il faille observer à la rigueur, et que Pothier accordait aux tribunaux la même latitude à cet égard.

Troisième hypothèse : étranger. — L'étranger qui plaide devant un tribunal français ne peut offrir de donner la caution de lui exigée par l'art. 166 C. pr. civ. devant le tribunal de son domicile; aussi il doit en présenter une au greffe du tribunal saisi; c'est donc dans le ressort de la Cour auquel appartient ce tribunal que la caution doit être domiciliée.

Du reste, il n'est pas nécessaire que la caution ait son domicile réel dans le ressort de la Cour où elle doit être donnée; il suffit qu'elle y ait un domicile élu, car elle se trouve placée par là sous la main du créancier, et le vœu de l'art. 2018 se trouve dès lors rempli.

Le créancier qui a accepté une caution ne réunissant pas toutes les conditions voulues par la loi ne peut revenir plus tard sur son acceptation, si d'ailleurs elle n'a pas été le résultat d'une fraude (argument de l'art. 2020 C. N.); ce cas excepté, s'il a ignoré la non-idonéité de la personne présentée comme caution, c'est par l'effet d'une négligence qu'il ne peut imputer qu'à lui-même.

Nous ferons remarquer que toutes les conditions ci-dessus analysées ne sont exigées de la caution qu'autant que le débiteur ne peut pas fournir le cautionnement d'une personne déterminée.

Nous terminerons ce titre en observant que celui qui s'est obligé à fournir caution n'est pas recevable à offrir à la place un gage suffisant; car *aliud pro alio invito creditori solvi non potest.* L'art. 2011 C. N. s'écarte, il est vrai, de cette règle; mais l'exception qu'il établit doit être restreinte au cas où il s'agit d'un cautionnement légal ou judiciaire.

TITRE II.

EFFETS DU CAUTIONNEMENT.

Les effets du cautionnement se divisent en quatre catégories bien distinctes, suivant qu'on les considère entre le créancier et la caution, — entre la caution et le débiteur, — entre la caution et ses cofidéjusseurs, — enfin entre la caution et son certificateur. Ce titre comprend donc quatre chapitres.

CHAPITRE PREMIER.

DE L'EFFET DU CAUTIONNEMENT ENTRE LE CRÉANCIER ET LA CAUTION.

En principe, l'exigibilité de sa créance échéant, le créancier pourrait contraindre la caution à exécuter pour le tout l'obligation cautionnée; mais, comme une telle rigueur serait de nature à détourner les tiers d'un acte de bienfaisance comme le cautionnement, notre législateur a cru devoir transporter du droit romain dans le Code Napoléon les divers bénéfices accordés autrefois aux *fidejussores*, ceux de *discussion*, de *division* et de *cession d'actions*, ce dernier connu dans notre droit sous le nom de bénéfice de *subrogation légale*. L'étude de ces bénéfices fera l'objet des trois sections qui vont suivre.

SECTION I.

BÉNÉFICE DE DISCUSSION.

Notre ancienne jurisprudence emprunta tout à la fois aux novelles de Justinien le bénéfice de discussion et le droit d'y

renoncer; mais ces renonciations étaient devenues tellement
de style en Bourgogne, que, lors de la réformation de la
coutume, on crut devoir supprimer le bénéfice dont il s'agit,
comme étant complétement tombé en désuétude. Cependant
on le maintint en principe, et le législateur de 1804 l'a conservé. « Pourquoi le créancier, disait le tribun Chabot, de
l'Allier, serait-il dispensé de toute poursuite contre un débiteur qui présenterait des moyens de solvabilité, et qu'il lui
serait facile de contraindre à l'exécution? » De là cette règle
générale écrite dans l'art. 2021 : « La caution n'est obligée
envers le créancier à le payer qu'à défaut du débiteur, qui
doit être préalablement discuté dans ses biens. »

Ceci posé, nous nous demanderons successivement :
1° quels sont les débiteurs dont la caution peut réclamer la
discussion ; — 2° quelles sont les conditions de fond du bénéfice d'ordre ; — 3° quelles en sont les conditions de forme ;
— 4° quels sont les cas dans lesquels il n'existe pas.

§ Ier.

*Quels sont les débiteurs à la discussion desquels la caution
peut renvoyer le créancier ?*

La caution peut renvoyer le créancier discuter les biens du
débiteur qu'elle a cautionné ; par conséquent, le certificateur
peut forcer le créancier à discuter les biens de la caution
qui, vis-à-vis de lui, joue le rôle de débiteur principal, et de
plus ceux du principal obligé ; dans ce dernier cas, le certificateur ne peut réclamer la discussion que du chef du fidéjusseur qu'il a cautionné.

Lorsque plusieurs débiteurs sont obligés solidairement, et
que l'un d'eux a donné un tiers pour caution, ce fidéjusseur
peut-il contraindre le créancier à discuter non-seulement le
débiteur cautionné, mais encore les autres débiteurs prin-

cipaux ? L'affirmative enseignée par Pothier est admise par M. Troplong ; elle dérive du motif même qui a fait établir le bénéfice qui nous occupe, à savoir qu'il est plus équitable que la dette soit acquittée par ceux qui en sont les véritables débiteurs et qui ont profité du contrat, que par ceux qui se sont engagés pour autrui ; dans l'espèce, d'ailleurs, le tiers qui s'est engagé pour l'un des débiteurs s'est, en quelque sorte, rendu caution des autres ; « car, dit Pothier, l'obligation de tous ces débiteurs n'étant qu'une même obligation, en accédant à l'obligation de celui pour qui il s'est rendu caution, il a accédé à celle de tous. »

§ II.

Quelles sont les conditions de forme du bénéfice de discussion ?

La caution doit pour l'obtenir :

1° Requérir la discussion du débiteur principal, ce qui résulte de ces termes de l'article 2018 Code Napoléon : « Le créancier n'est obligé de discuter le débiteur principal que lorsque la caution le *requiert*... ; » ainsi le juge ne pourrait l'ordonner d'office. — La discussion du débiteur principal est-elle un préliminaire dont l'omission rende non recevable l'action du créancier contre la caution ? est-elle une condition suspensive de l'exercice de cette action ? La négative résulte évidemment des termes précités de l'art. 2012 ; elle constitue une faveur que la loi accorde par humanité à la caution, qui en peut user ou non user, à son choix.

2° Avancer les frais de la discussion. A qui, en effet, profite la discussion ? A la caution, à qui elle procure un répit, quelquefois même une libération entière. Bien plus, si le fidéjusseur n'était pas soumis à l'obligation d'avancer les frais, on verrait l'exception de discussion hasardée avec témérité. — L'avance des frais doit être faite par le fidéjusseur, soit qu'il s'agisse de meubles, soit qu'il s'agisse d'immeubles ; car notre législateur n'a pas admis la distinction que faisait Pothier à cet égard, en n'exigeant cette avance que pour la discussion des immeubles. — Observons toutefois que la caution n'est tenue d'avancer les frais que si le créancier le requiert ; Pothier, à cet égard, s'exprime en ces termes : « Le créancier *peut demander* que le fidéjusseur lui fournisse des deniers pour la faire (faire la discussion) ; » et c'est en ce sens qu'a été rendu un arrêt par la Cour de cassation le 21 mars 1827.

3° Indiquer au créancier les biens à discuter. Cette indication peut porter sur des meubles comme sur des immeubles, sur la fortune du débiteur pour le tout ou pour partie, dans tous les cas en proportion du montant de l'obligation. Observons toutefois que, d'après un arrêt du 20 janvier 1701, que rapporte Pothier, elle doit se faire en une fois ; des indications successives prolongeraient indéfiniment la discussion. Cette règle cependant devrait souffrir une exception pour le cas où les biens, objet d'une nouvelle indication, ne faisaient pas encore partie du patrimoine du débiteur lors de la première. — Les biens indiqués ne doivent pas être d'une discussion trop difficile ; c'est pour cela que la caution n'est tenue d'indiquer, suivant l'art. 2023 C. N., « ni les biens du débiteur principal situés hors du ressort de la Cour où le payement doit être fait, ni des biens litigieux, ni ceux hypothéqués à la dette qui ne sont plus en la possession du débiteur, » ni, ajoutons-nous, ceux qui, étant encore en la possession du débiteur, sont grevés au profit des tiers d'hypothèques nombreuses, ni ceux dont la propriété est résoluble entre les mains du débiteur, et qui pour ce motif ne peuvent être vendus avec avantage, ni les créances douteuses qui appartiennent au débiteur. En un mot, le créancier ne doit être exposé ni à des retards trop longs, ni à des poursuites frustratoires, ni à des procès.

Quant à la prohibition faite au fidéjusseur d'indiquer les biens hypothéqués à la dette, s'ils ne sont pas possédés par le débiteur, observons qu'elle fut la matière d'une longue discussion entre les rédacteurs du Code Napoléon ; en définitive, ce fut l'opinion du tribun Chabot, de l'Allier, qui prévalut : tout en reconnaissant le droit de suite qui appartient au créancier sur les biens dont il s'agit, droit en vertu duquel il pourrait exercer l'action hypothécaire contre les tiers détenteurs et obtenir ou le payement de la dette ou l'expropriation, il maintint la prohibition par cette considération que, pour recourir sur ce gage, il faudrait plaider non-seulement contre le débiteur, mais encore contre l'acquéreur du bien hypothéqué; qu'un tel procès entraînerait des retards et des longueurs, et finirait peut-être par rendre le cautionnement plus onéreux qu'utile : or telle n'a pas été assurément l'intention du créancier et du fidéjusseur, quand le premier a exigé du second la garantie d'un payement prompt et facile. Bien plus, pourquoi le tiers acquéreur serait-il traité plus rigoureusement que la caution ? Au reste, cette décision est en parfaite harmonie avec la disposition de l'art. 2170 C. N., d'après lequel le tiers acquéreur non personnellement obligé peut , quand il est poursuivi, requérir la discussion préalable des autres immeubles hypothéqués à la dette qui sont restés en la possession du débiteur principal.

A l'égard des biens litigieux, il a été jugé, par un arrêt de la Cour de Toulouse du 0 mars 1810, qu'on doit réputer tels, dans le sens de l'art. 2023 précité, les biens échus au débiteur principal dans les successions indivises de ses père et mère.

Lorsque la poursuite du créancier se trouve arrêtée par l'exception de discussion, et qu'il laisse écouler un certain temps sans y procéder , sur qui retombe l'insolvabilité du débiteur survenue *medio tempore* ? — Sur le fidéjusseur, d'après Pothier ; — sur le créancier, au contraire, d'après la coutume de Bretagne. L'art. 2024 C. N. concilie ces deux décisions par la distinction suivante : la caution a-t-elle rempli les formalités prescrites par l'art. 2023 que nous venons d'examiner, le créancier doit mettre toute la diligence possible à poursuivre le débiteur, et, s'il lui laisse le temps de devenir insolvable, il en est responsable vis-à-vis de la caution, *sibi imputet* ; — le fidéjusseur n'a-t-il pas satisfait aux prescriptions de l'art. 2023, l'insolvabilité du débiteur demeure à sa charge. Observons toutefois, d'après M. Tronchet, que la disposition de l'art. 2024 a été édictée en haine du créancier, qui par sa négligence a perdu tout moyen d'obtenir satisfaction du débiteur ; si donc on ne peut lui adresser aucun reproche à cet égard, soit parce que l'insolvabilité était antérieure, de sorte que, malgré sa diligence, des poursuites eussent été inutiles, soit parce qu'elle est arrivée avec une rapidité dépassant toute prévision, on ne devrait pas l'en rendre responsable.

Comme le fidéjusseur ne peut invoquer le bénéfice de discussion, et par suite faire l'indication des biens à discuter qu'autant qu'il est poursuivi (argument de l'art. 2022 C. N.), il s'ensuit que le dépérissement des biens qu'il aurait indiqués au créancier avant toute poursuite ne serait point à la charge de ce dernier. — Dira-t-on que le créancier est en faute de n'avoir pas agi avant ce dépérissement? Non, car les déchéances prononcées par la loi sont de droit étroit ; celle portée par l'art. 2024 ne peut donc être étendue à des cas pour lesquels on ne l'a pas édictée, — En vain objecterait-on encore que la caution n'est pas récompensée d'avoir averti le créancier à une époque où aucun devoir ne lui en faisait une obligation ; car raisonner ainsi, ce serait investir la caution du droit de forcer le créancier à agir ; or la loi n'a-t-elle pas pourvu aux intérêts de la caution en lui donnant la faculté d'agir en indemnité contre le débiteur, même avant d'avoir payé, dans certains cas déterminés par l'art. 2032 C. N.?

Enfin la caution est fondée à opposer au créancier l'exception établie par l'art. 2024 précité, lorsque celui-ci a omis de comprendre dans ses poursuites tous les immeubles du débiteur qui lui avaient été indiqués, bien que la valeur apparente des biens saisis ait paru, lors des poursuites, plus que suffisante pour le désintéresser : c'est ce qu'a décidé la chambre des requêtes de la Cour de cassation par arrêt du 8 avril 1835.

§ III.

Conditions de forme du bénéfice de discussion.

Quand c'est sur une demande judiciaire que le bénéfice de discussion est requis, il doit l'être par acte d'avoué à avoué contenant l'indication et les offres prescrites par les art. 2022 et 2023. — Quand il n'y a pas lieu à une demande en justice, parce que le créancier est muni d'un titre exécutoire, le bénéfice de discussion peut être réclamé par le fidéjusseur soit sur les actes d'exécution au moment où ils lui sont signifiés, soit ultérieurement, mais alors par exploit notifié au créancier, et, dans ces deux cas, avec l'indication des biens à discuter et l'offre des frais. Ceci posé, prenons l'hypothèse d'une demande judiciaire, et cherchons à quel moment la caution devra se prévaloir de l'exception de discussion.

Si nous consultons à cet égard les anciens jurisconsultes, nous les trouvons en désaccord : les uns, avec Dolive et Loyseau, voulaient que ce moyen pût être invoqué en tout état de cause ; — les autres pensaient avec Pothier qu'il devait être opposé *avant la contestation en cause :* « Si le fidéjusseur a contesté au fond sans l'opposer, dit ce jurisconsulte, il n'y est pas recevable, étant censé, en défendant au fond, avoir tacitement renoncé à cette exception. » C'est dans le même sens que M. Treilhard s'exprimait comme il suit : « Cette exception est toute en faveur des cautions, et de là il résulte.... que la caution doit réclamer ce bénéfice dans le principe, toute exception étant couverte par une défense au fond. » Le Code Napoléon, reproduisant la même idée, veut que l'exception qui nous occupe soit opposée sur les *premières poursuites* du créancier contre la caution.

D'après les termes précités de Pothier et de M. Treilhard, l'exception de discussion est couverte par une défense au fond, parce qu'on voit là, de la part du fidéjusseur, une renonciation à se prévaloir du bénéfice; par conséquent, toute demande au fond qui ne sera pas de nature à engendrer cette présomption ne fera pas obstacle à ce que le fidéjusseur puisse se prévaloir de l'exception dont il s'agit. Supposons, par exemple, le cas où la caution a commencé par nier l'existence de son accession à l'obligation principale; on ne pourra pas dire, quand même elle aurait succombé sur ce chef, qu'elle s'est rendue par cela non recevable à invoquer l'exception de discussion; il impliquerait, en effet, contradiction que le fidéjusseur qui conteste sa qualité fût obligé sur les premières poursuites de se prévaloir du bénéfice de discussion; ce serait de sa part une reconnaissance tacite de la qualité qu'il repousse. — Même solution au cas où la caution opposerait au créancier un défaut de qualité ou la nullité de l'assignation. — Même solution encore au cas où, le débiteur n'ayant pas de biens lors des premières poursuites du créancier, la caution n'a pas invoqué le bénéfice de discussion; car c'eût été en vain qu'elle s'en fût prévalue; son silence ne peut faire présumer de sa part une renonciation à un moyen de défense qui n'existait pas encore à son profit.

Mais si la caution, poursuivie par le créancier, a commencé par défendre au fond, en soutenant, par exemple, que le créancier demande plus que ce qui lui est dû; — si, sans qu'il y ait de débat judiciaire engagé, elle a laissé prononcer la validité d'une saisie-arrêt faite sur elle; — si, sur une saisie de biens-fonds, elle a laissé faire la notification; — si elle a laissé vendre des meubles sur saisie-exécution ou sur saisie-brandon, dans tous ces cas, l'exception de discussion

ne saurait lui appartenir; il y a, en effet, renonciation tacite
à s'en prévaloir.

Remarque. — De ces termes de l'article 187 C. pr. civ. :
« L'héritier, la veuve et la femme séparée pourront ne pro-
poser leurs exceptions dilatoires qu'après l'échéance des délais pour faire inventaire et délibérer, » nous tirerons cette
double conséquence : qu'il existe, après l'exception des délais (art. 174 C. pr. civ.), d'autres exceptions dilatoires que
celle de garantie, et que l'exception de discussion doit être
une de celles auxquelles le législateur fait allusion; de plus,
que cette exception ne peut être proposée qu'après l'exception des délais accordée par l'article 174 précité, et qu'elle
doit l'être conjointement avec l'exception de garantie, s'il y a
lieu. (Art. 187 C. pr. civ.)

§ IV.

Cas dans lesquels le bénéfice de discussion est refusé.

Le bénéfice de discussion ne peut être accordé :

1° Lorsque la caution y a renoncé soit expressément, soit
tacitement. — La renonciation expresse est, en quelque
sorte, devenue de style dans la pratique du notariat; quant
à la renonciation tacite, on a agité la question de savoir si
elle résulterait de ce que le fidéjusseur aurait déclaré s'engager comme *débiteur principal.* Le parlement de Paris avait
décidé, par plusieurs arrêts, que la qualité de débiteur principal prise par la caution ne suffisait pas pour qu'on pût en
induire de sa part une renonciation au bénéfice d'ordre.
Basnage, dans son *Traité des hypothèques,* invoquait la jurisprudence du parlement de Normandie contre celle du parlement de Paris : « On ne doit pas croire, disait-il, qu'on ait
employé ces termes pour qu'ils ne signifiassent rien; » et Pothier, intervenant dans ce débat, s'était prononcé dans le

même sens que Basnage. Sous l'empire du Code Napoléon, cette dernière opinion est la seule admissible, car notre législateur a reproduit ce principe, base de la doctrine de Pothier : Les conventions doivent être interprétées dans le sens qui doit leur donner effet plutôt que dans celui avec lequel elles ne peuvent en produire aucun. (Art. 1157 C. N.) — Mais la renonciation de la caution ne devrait pas s'induire d'expressions vagues qui ne manifesteraient pas suffisamment la volonté des parties : par exemple, si l'acte se terminait par ces mots : *promettant, obligeant, renonçant*, ce terme *renonçant*, non suivi de l'indication de ce à quoi l'on renonce, n'aurait aucune valeur. — Nous devons ajouter qu'il y a de la part du fidéjusseur renonciation tacite au bénéfice de discussion dans le fait de s'obliger *solidairement* avec le débiteur principal; cette circonstance se réalise lorsqu'il a cautionné par aval l'un des signataires d'une lettre de change, à moins que, dans ce cas, il ne se soit réservé le droit commun.

2° Lorsque la caution est judiciaire (art. 2042 et 2043 C. N.);

3° Lorsqu'elle vient à hériter du débiteur principal, car elle n'est tenue dès lors qu'en cette dernière qualité ;

4° Lorsque l'insolvabilité du débiteur principal est notoire (arg. de l'art. 2023 C. N.);

5° Lorsque le créancier se trouvant débiteur de la caution, celle-ci oppose à ses poursuites l'exception de compensation ;

6° Lorsque l'acquéreur, troublé par une action en revendication de la caution du vendeur, invoque contre elle la maxime : *quem de evictione*, etc.; car elle ne peut, par des moyens dilatoires, retarder l'effet de la garantie qu'elle a promise.

Nous dirons, en terminant, qu'il est généralement reconnu que l'exception de discussion n'est pas admise dans les matières commerciales, où le cautionnement est rarement gratuit, et où elle serait un obstacle à la prompte expédition des affaires.

A la différence des codébiteurs ordinaires, les cofidéjusseurs sont réputés s'être obligés pour le tout, s'il n'y a de leur part stipulation contraire ; quant au motif de cette rigueur, le tribun Lahary le donne en ces termes : « C'est que le cautionnement, ayant pour but d'assurer l'exécution de l'obligation principale, doit nécessairement la garantir tout entière. » Mais chacun d'eux, actionné pour le tout, peut forcer le créancier à diviser son action eu égard au nombre des cautions solvables : tel est le but du bénéfice de division. Nous verrons successivement entre quelles personnes le créancier doit diviser son action, quelles sont les conditions de forme de ce bénéfice, quelles sont ses conditions de fonds, enfin quels effets il produit.

§ Ier.

Entre quelles personnes la division doit avoir lieu.

Il résulte de la combinaison des art. 2025 et 2026 C. N. que le créancier ne peut être contraint à diviser son action qu'entre les cautions qui sont intervenues en faveur du même débiteur et à raison de la même dette ; d'où les conséquences qui suivent : 1° les cautions données séparément par plusieurs codébiteurs solidaires ne peuvent invoquer le bénéfice de division ; — 2° la caution ne peut demander la division entre elle et son certificateur ; — 3° le certificateur ne peut, à l'inverse, demander la division entre lui et le fidéjusseur qu'il a cautionné ; — 4° le certificateur d'une caution peut de-

mander la division entre lui et un autre certificateur de la
même caution ou les cofidéjusseurs de celui pour lequel il est
intervenu; dans ce dernier cas, il ne peut agir que du chef
du fidéjusseur qu'il a cautionné (art. 1166 C. N.); — 5° l'un
des cofidéjusseurs d'une caution ne peut demander la division entre lui et le certificateur d'une autre caution.

Lorsque les fidéjusseurs sont obligés sous des modalités
différentes, l'un purement et simplement, l'autre à terme, un
troisième sous condition, nous croyons qu'il faudrait admettre
dans notre droit la décision donnée par Ulpien dans la
loi 27, D., *de fid. et mand.* (*V.* 1re part. tit. II, ch. III, sect. II.)

§ II.

Condition de forme du bénéfice de division.

A la différence de l'exception de discussion, qui est dilatoire, celle de division est péremptoire, puisqu'elle tend à
affranchir entièrement la caution qui l'invoque de l'action du
créancier pour tout ce qui excède sa part virile; elle est donc
opposable en tout état de cause; ainsi, quand bien même la
caution ne s'en serait pas prévalue en première instance, elle
pourrait l'opposer, lorsque le jugement qui l'aurait condamnée pour le tout aurait été cassé ou annulé par la voie de
la tierce opposition, ou rétracté par la voie de la requête
civile. La forclusion du fidéjusseur ne sera donc définitive que
lorsque le jugement ne pourra plus être attaqué ni par les
moyens ordinaires, ni par les moyens extraordinaires.

Jusqu'ici nous avons supposé que la caution était poursuivie judiciairement; que faudrait-il décider si elle était en
butte à des poursuites extrajudiciaires? Nous croyons avec
M. Ponsot que, dans ce cas, elle peut exciper du bénéfice de
division même après la vente, et tant que les deniers ne
sont pas partagés; car son silence lors de la saisie et de la

vente peut avoir eu pour cause l'impossibilité où elle était de payer même sa part seule sans subir ces actes ; on ne peut donc induire de ce silence qu'elle ait renoncé au bénéfice de division. Faut-il dire, d'après M. Duranton, qu'en différant jusqu'après la vente la demande du bénéfice de division, la caution a prolongé sans utilité pour elle-même les poursuites du créancier? Nullement, car, d'un côté, qu'il s'agisse du payement de sa part virile ou du payement du tout, la caution est soumise aux mêmes poursuites ; de l'autre côté, en payant sa part, elle met à la charge du créancier, au lieu de les prendre à la sienne, l'insolvabilité ultérieure des autres cautions, quant au surplus de la dette.

Mais, avant toute poursuite judiciaire ou extrajudiciaire, la caution peut-elle forcer le créancier à recevoir sa part virile et à la décharger de la dette? La négative est généralement admise. Le créancier, en effet, ne peut être contraint à recevoir d'une caution un payement partiel, quand il est possible qu'il reçoive du débiteur ou d'un autre coobligé un payement intégral, et c'est en ce sens que s'est prononcé le tribun Chabot, de l'Allier, sans motiver, il est vrai, son opinion : « La division, a-t-il dit, ne peut être demandée qu'après que l'action a été formée par le créancier. » Au reste, celle des cautions qui veut se libérer de sa part de la dette devenue exigible peut agir contre le débiteur principal à l'effet de se faire décharger.

Nous avons vu que la caution qui invoque le bénéfice de discussion doit avancer les frais de discussion ; celle qui requiert la division n'est pas tenue d'avancer les frais à faire par le créancier dans ses poursuites contre les autres condéjusseurs.

§ III.

Condition de fond du bénéfice de division.

Pour qu'une caution actionnée pour le tout puisse obtenir le bénéfice qui nous occupe, il faut :

1° Qu'elle le requière ; car la division de la dette n'étant qu'une faveur accordée aux cautions, elle ne peut avoir lieu de plein droit, ni être prononcée d'office par le juge ;

2° Qu'elle n'y ait point renoncé : cette renonciation peut être expresse ou tacite, ce qui arrive quand la caution a pris, en s'engageant, la qualité de caution solidaire ou celle de débiteur principal.—Mais il ne faudrait pas inférer une renonciation au bénéfice de division de ce que la caution aurait renoncé à celui de discussion ; car, entre autres différences, ces bénéfices se distinguent par celle-ci, à savoir que le bénéfice de division est accordé à la caution judiciaire, qui ne peut invoquer celui de discussion ;

3° Que les coldéjusseurs de la caution soient solvables au moment où la division est demandée : il suffit à une caution, pour être considérée comme solvable, d'avoir un certificateur solvable. En cas de contestation sur la solvabilité de ses coldéjusseurs, la caution est recevable, en offrant de payer sa part, à demander qu'avant de faire droit sur le surplus, le créancier soit tenu de les discuter, ce qui se doit faire aux risques de la caution requérante.

Quant à la preuve de la solvabilité des coldéjusseurs, nous croyons, d'après Pothier, qu'elle incombe au créancier, et que, sur l'exception que lui oppose la caution poursuivie pour le tout, il doit discuter les autres.

On doit considérer comme insolvable le coldéjusseur qui, demeurant à l'étranger, ne posséderait aucun bien en France ; autrement on imposerait au créancier des poursuites trop difficiles et trop dispendieuses.

1° Que le cofidéjusseur de la caution ait pu valablement s'engager; la caution qui a pour cofidéjusseur une femme mariée ou un mineur intervenu sans autorisation se trouve dans la même situation que si elle avait un cofidéjusseur capable mais insolvable, en sorte que le bénéfice de division lui est refusé.

Toutefois une distinction doit être faite, suivant que le cofidéjusseur incapable a ou n'a pas encore fait resciuder son engagement. Au premier cas, la caution actionnée ne peut se plaindre du refus de l'exception, car elle pouvait aussi bien prévoir une restitution de l'incapable qu'elle aurait pu prévoir l'insolvabilité d'un cofidéjusseur capable. En vain dirait-on, d'après Papinien, que la caution n'a pas dû ignorer le sexe de son cofidéjusseur, lorsque c'est une femme, tandis qu'elle a pu ignorer son âge, lorsqu'il s'agit d'un mineur ; car nous considérons qu'il y a faute tout aussi grande à ne pas avoir connu l'incapacité du mineur que l'on acceptait comme cofidéjusseur, qu'à s'être engagé conjointement avec une femme mariée; autrement il faudrait aller jusqu'à valider les engagements contractés par les mineurs, sous prétexte que les tiers qui ont traité avec eux ont ignoré leur état de minorité. — Au second cas, le cofidéjusseur incapable peut être considéré comme engagé valablement sous la condition suspensive de la ratification, en sorte que le créancier ne peut être obligé de diviser son action qu'en se réservant le droit de revenir contre la caution qu'il actionne, au cas où la rescision serait ultérieurement prononcée en faveur de l'incapable. A défaut de cette réserve, le créancier serait considéré comme ayant pris sur lui les risques de la rescision, et tout recours lui serait refusé contre la caution capable.

Observons que le bénéfice de division est accordé sans qu'il y ait lieu de distinguer si les cautions se sont obligées en même temps ou les unes après les autres. On pourrait en douter, en considérant que celle qui s'est obligée la première n'a pas dû compter sur le concours des autres ; mais elle a dû espérer que le débiteur principal pourrait donner au créancier de nouvelles cautions qui partageraient avec elle le fardeau de la dette.

Nous ajouterons que notre droit n'a pas reproduit la déchéance prononcée par la loi romaine contre la caution qui avait commencé par nier de mauvaise foi son intervention en faveur du débiteur.

§ IV.

Effets du bénéfice de division.

Nous avons vu que l'art. 2025 C. N. établit une espèce de solidarité entre les cautions d'une même dette ; l'art. 2026 C. N., tout en laissant subsister ce principe, en atténue les conséquences par la consécration qu'il fait du bénéfice de division ; il résulte de là :

1° Que la caution qui a payé plus que sa part ne peut répéter l'excédant ;

2° Que la somme payée par la caution avant d'opposer l'exception de division doit être imputée sur la dette entière et non spécialement sur la part de la caution, sauf stipulation contraire ; mais nous croyons qu'on devrait admettre dans notre droit le tempérament apporté par Papinien à cette conséquence rigoureuse : on devrait, en cas de solvabilité du confidéjusseur de la caution, imputer sur sa part de la dette ce qu'elle a payé ;

3° Que la caution solvable est responsable des insolvabilités des autres cautions survenues avant la division , le créancier courant les risques des insolvabilités postérieures. Mais à quel moment faut-il se placer pour déterminer quelles insolvabilités demeureront à la charge de la caution, quelles insolvabilités seront supportées par le créancier? Deux opinions ont été émises sur ce point.

Dans une première opinion, on argumente de ces termes de l'art. 2026 : «... Lorsque, dans le temps où l'une des cautions *a fait prononcer* la division, il y en avait d'insolvables, cette caution est tenue proportionnellement de ces insolvabilités... » Il faudrait, dans ce système, se référer à l'instant de la prononciation du jugement qui ordonne la division de la dette.

Dans une seconde opinion, qui est à nos yeux la plus raisonnable, on soutient que le moment par nous recherché est celui où le fidéjusseur poursuivi a demandé la division. En effet, il ne doit pas supporter les conséquences des difficultés que suscite le créancier pour ne pas obtempérer à sa demande ; il doit donc laisser à la charge du créancier les insolvabilités survenues entre la demande de la division et la prononciation du jugement qui l'accorde ; au reste, un jugement rétroagit au jour de la demande.

Que faudrait-il décider si, par suite des diligences du créancier, on venait à reconnaître que l'une des cautions avait été mal à propos considérée comme solvable au moment où la division a été demandée? D'après ces termes de l'article 2026 : «... mais la caution ne peut plus être recherchée à raison des insolvabilités survenues depuis la division *demandée* » (mot dont l'opinion que nous avons adoptée justifie l'addition), le créancier aurait action contre les autres coudéjusseurs, bien qu'ils eussent chacun payé leur part, pour les faire contribuer à le garantir de cette insolvabilité et à payer les frais de la discussion qui l'a constatée.

Cette distinction entre les insolvabilités antérieures et les insolvabilités postérieures n'a pas lieu quand il s'agit du bénéfice de discussion. D'où vient cette différence ? Dirons-nous, d'après Pothier, qu'elle tient à ce que l'exception de discussion est dilatoire, tandis que l'exception de division est péremptoire ; que celle-ci empêche tout recours ultérieur du créancier contre le fidéjusseur qui l'a opposée, eu égard aux parts des autres fidéjusseurs devenus ultérieurement insolvables, tandis que l'exception de discussion n'y met aucun obstacle? Mais c'est là plutôt constater un fait qu'en donner l'explication. Nous formulerions ainsi la raison de cette différence : en envoyant le créancier discuter les autres fidéjusseurs, la caution poursuivie lui répond de leur insolvabilité, *à quelque époque* qu'elle ait pris naissance, tandis qu'il en est autrement quand il s'agit du bénéfice de division.

Jusqu'ici nous avons étudié les effets de la division judiciairement obtenue par la caution ; voyons maintenant les effets de la division spontanément accordée par le créancier, en recevant divisément de la caution sa part virile de la dette.

Il résulte d'abord de l'art. 2027 C. N. que la division spontanée est plus avantageuse pour la caution que la division judiciaire, car, à la différence de cette dernière, elle met à la charge du créancier même les insolvabilités antérieures à la division.

Mais le créancier qui *demande* à la caution sa part de la dette lui fait-il remise de la solidarité, en sorte qu'il ne puisse plus revenir sur ses pas et lui réclamer le montant intégral du surplus? On distingue suivant que la caution a renoncé ou n'a point renoncé au bénéfice de division. Au premier cas, le créancier, ayant formellement exigé l'engagement *in solidum* des cautions, n'est pas facilement présumé répudier l'avantage qu'il lui procure, et l'on doit alors, par application de l'art. 1214 C. N., dire que la demande formée contre le caution pour sa part n'emportera remise de la solidarité à son profit qu'autant qu'elle aura acquiescé à la demande, ou qu'il sera intervenu un jugement de condamnation. — Au second cas, le créancier n'a exigé que la solidarité légale de la caution, qui s'en peut défendre en excipant du bénéfice de division; alors, d'après l'art. 2027, par cela seul que le créancier a fait une demande partielle, il est présumé avoir renoncé à la solidarité, sans qu'il soit be-

soin qu'il intervienne ultérieurement un jugement de condamnation contre la caution, ni un acquiescement de sa
part,

SECTION III.

BÉNÉFICE DE SUBROGATION LÉGALE.

Le bénéfice de cession d'actions, que nous avons vu accordé
par la loi romaine à la caution, quand elle a payé le
créancier, est passé, sous le nom de bénéfice de subrogation,
dans notre ancien droit, auquel l'ont emprunté les rédacteurs
du Code Napoléon, en lui faisant toutefois subir une modi-
fication dans ses caractères, à savoir que la subrogation n'a
plus besoin, comme autrefois, d'être demandée, qu'elle a lieu
aujourd'hui de plein droit, par la seule force de la loi.

Les principes qui régissent cette matière sont contenus
dans l'art. 1252 C. N., ainsi conçu : « La subrogation ne nuit
pas au créancier, lorsqu'il n'a été payé qu'en partie ; en ce
cas, il peut exercer ses droits pour ce qui lui reste dû, par
préférence à celui dont il n'a reçu qu'un payement partiel. »
Observons toutefois que, d'après Renusson, à la doctrine duquel se sont assurément référés les rédacteurs du Code
Napoléon, on entend parler de ce qui reste dû au créancier
sur la créance partiellement acquittée, et non point de ce
qui pourrait lui être dû à tout autre titre. Nous allons essayer
de mettre ces principes en lumière dans les hypothèses qui
suivent.

Primus a prêté 20,000 fr. à Secundus, sous la double garantie d'une hypothèque et d'un cautionnement en exécution duquel Tertius s'est fait accepter comme fidéjusseur ; si
celui-ci rembourse 10,000 fr. à Primus, il ne sera point, par
préférence à ce dernier, subrogé dans l'effet de son hypothèque.

Supposons maintenant que Primus ait prêté à Secundus
deux sommes de 10,000 fr. chacune, l'une garantie par une

hypothèque inscrite le 1er mai 1865, l'autre par une hypothèque inscrite le 1er janvier de la même année, et par le cautionnement de Tertius; qu'arrivera-t-il si, la première n'étant pas encore remboursée, Tertius acquitte la seconde? Sera-t-il subrogé dans l'effet de l'hypothèque inscrite le 1er janvier qui prime celle conservée par le créancier? L'affirmative ne saurait être douteuse, d'après la doctrine de Renusson; car il y a là deux créances parfaitement distinctes.

Certains auteurs voient une sorte d'antinomie entre la disposition précitée de l'art. 1252 C. N. et celle de l'art. 544 C. Co., d'après laquelle le fidéjusseur à raison du payement partiel par lui effectué, et le créancier à raison de ce qui lui reste dû, peuvent figurer ensemble dans la masse du débiteur principal tombé en faillite; il n'y aura plus alors, disent-ils, pour le créancier, la préférence que la loi lui attribue, et les distributions dans la faillite étant diminuées de ce que recevra l'un, ce concours nuira d'autant aux droits de l'autre. On a essayé de justifier cette décision de l'art. 544 comme il suit: L'art. 544, dit-on, est écrit spécialement pour le seul cas de faillite et de répartition de dividende; tout dividende, quelque faible qu'il soit, emporte non point, il est vrai, pour le failli lui-même, car il reste personnellement débiteur de ce qui manque pour désintéresser le créancier, mais pour la masse, libération complète; dès lors le créancier qui a reçu son dividende dans la masse du débiteur principal, a reçu tout ce que cette masse lui devait. Par conséquent, l'art. 1252, évidemment inapplicable à cet égard, ne s'oppose pas le moins du monde à ce que la caution vienne toucher un dividende dans cette masse qui est pleinement libérée vis-à-vis du créancier cautionné. — Cette réponse n'est pas péremptoire, car il est hors de doute que, par suite du concours de la caution, le dividende perçu par le créancier se trouve diminué. A notre avis, rien n'est plus facile que d'expliquer cette contradiction apparente entre les art. 1252 et 544: le premier prévoit le cas de subrogation; il est la consécration de l'ancienne maxime: *Nemo contra se subrogasse videtur;* il ne peut être étendu à des cas pour lesquels il n'a pu être édicté, par exemple, au cas de faillite prévu par le second; celui-ci est tout à fait étranger à la subrogation; il n'a d'autre but que de faire figurer dans la masse d'une même faillite tous les créanciers du débiteur, aussi bien la caution qui a payé un à-compte que le créancier cautionné pour ce qui lui reste dû.

Nous verrons ultérieurement que, sans porter atteinte aux droits légitimes du créancier, le bénéfice de subrogation constitue pour la caution un juste sujet d'espérance, et que l'impossibilité où s'est mis le créancier d'en faire profiter la caution est pour lui une cause de déchéance. Quant aux effets que produit la subrogation légale entre la caution et ses cofidéjusseurs, nous les examinerons sous le chapitre III ci-dessous.

Nous terminerons l'étude des effets du cautionnement entre le créancier et la caution, en nous posant la question suivante: le fidéjusseur, créancier hypothécaire du débiteur, doit-il être colloqué avant le créancier *chirographaire* qui a reçu sa garantie? La négative semble, dès l'abord, devoir être admise: « Vous m'avez promis de me payer à défaut du débiteur, dira le créancier à la caution; par conséquent, tant que je ne serai pas entièrement satisfait, vous ne pourrez vous prévaloir contre moi de votre hypothèque. »— La caution devra triompher néanmoins, car elle pourra répondre au créancier, d'après les circonstances: « J'avais contre le débiteur une hypothèque lors de mon intervention, qui vous a empêché d'exiger de moi que je renonçasse à m'en prévaloir contre vous? » ou bien: « Je n'avais pas d'hypothèque lors de mon intervention, qui vous a empêché d'en obtenir une du débiteur, alors que je n'en avais pas encore? »

CHAPITRE II.

L'effet du cautionnement entre le débiteur et le fidéjusseur se réduit au recours qui appartient au second contre le
premier.

Nous allons examiner successivement les conditions d'exercice, la base et l'étendue de ce recours.

SECTION I.

CONDITIONS D'EXERCICE DU RECOURS DE LA CAUTION.

Ces conditions sont au nombre de trois ; il faut : 1o que la
caution ait fait quelque chose d'utile pour le débiteur, ou, du
moins, qu'il se présente une circonstance exceptionnelle
légitimant ce recours ; — 2o que la caution ait éprouvé un
déficit dans son patrimoine ;—3o enfin que le débiteur n'ait à
lui opposer aucune fin de non-recevoir.

PREMIÈRE CONDITION. — *Il faut que la caution ait fait quelque
chose d'utile pour le débiteur, ou du moins qu'il se présente une circonstance exceptionnelle légitimant ce recours.*

Nous examinerons successivement ces deux hypothèses.

1o Il faut que la caution ait fait quelque chose d'utile pour le
débiteur.

En thèse générale, l'avantage que le fidéjusseur doit procurer au débiteur consiste dans sa libération, ce qui peut se réaliser de diverses manières.

Le moyen le plus naturel que peut employer la caution pour arriver à ce résultat, c'est le payement. Il faut noter toutefois que, si elle paye avant l'échéance du terme, elle ne pourra exercer son recours que lorsque le terme sera expiré; il va de soi qu'elle n'a pas pu, par son fait, enlever au débiteur principal le délai qui lui avait été accordé.

La caution peut libérer le débiteur, non-seulement par un payement réel, mais encore par un payement fictif résultant soit d'une compensation qu'elle oppose au créancier, soit d'une dation en payement ou d'une novation intervenue entre elle et le créancier. Observons que ces deux dernières opérations ne diffèrent que quant à leur objet : dans un cas, le créancier accepte en payement un objet corporel, dans l'autre, une créance.

Enfin, pour épuiser la liste des modes suivant lesquels la caution peut procurer au débiteur sa libération, il nous resterait à parler de la confusion ; nous ajournons ce que nous avons à dire à cet égard au titre subséquent.

2° Il faut du moins qu'il se présente une circonstance exceptionnelle légitimant le recours.

La caution, accomplissant à l'égard du débiteur principal un acte de bienveillance, a le plus grand titre à la protection de la loi; aussi, non-seulement un recours lui est accordé contre le débiteur principal, quand elle a fourni satisfaction au créancier, mais encore elle peut, dans certaines circonstances exceptionnelles, agir, même avant d'avoir payé, contre le débiteur ; c'est ce qui arrive dans les cas suivants :

1° Lorsque la caution est poursuivie en justice par le créancier (art. 2032 1° C. N.). — Cette disposition a été empruntée par notre législateur à notre ancienne jurisprudence, qui s'était montrée plus libérale envers la caution que les jurisconsultes de Rome : « La caution, dit Pothier, n'est pas obligée, pour pouvoir poursuivre le débiteur, d'attendre qu'elle ait été condamnée. *Aussitôt qu'elle est poursuivie* par le créancier, elle peut assigner le débiteur principal comme son garant, pour qu'il soit tenu de l'acquitter (la dette). » Par application de ce principe, il a été jugé que l'engagement solidaire contracté par une femme avec son mari, dans l'intérêt d'une société dont celui-ci fait partie, n'est, de la part de la femme, qu'un cautionnement qui, en cas d'action en payement dirigée contre elle, lui donne le droit d'agir en garantie contre la société; telle est la décision rendue par la Cour de cassation (chambre des requêtes) le 17 août 1831 ;

2° Lorsqu'il y a eu convention expresse que le débiteur rapporterait à la caution sa décharge dans un temps déterminé (art. 2032 3° C. N.) ;

3° Lorsqu'il y a eu convention tacite que le débiteur lui procurerait sa libération dans un certain délai.

Cette convention tacite peut se supposer dans deux circonstances bien distinctes : d'abord, lorsque la dette est devenue exigible par l'échéance du terme sous lequel elle a été contractée (art. 2032 4° C. N.), et en second lieu en l'absence de terme fixe d'échéance, quand le cautionnement a duré dix années (art. 2032 5°).

Dans la première hypothèse, notre législateur a adopté la doctrine de Domat, qui s'exprimait en ces termes : « Si le principal obligé est en demeure de payer le créancier au terme, le fidéjusseur peut le poursuivre au terme échu pour l'y obliger, quoique le créancier ne demande rien. » Et M. Treilhard disait en ce sens, dans l'exposé des motifs du titre du cautionnement, que, « si le créancier oubliait sa créance, ce n'était pas pour la caution un motif de sommeiller aussi. »—D'après ce qui précède, on pourrait s'étonner que s'il suffit de l'échéance de la dette pour donner ouverture à la demande en décharge de la caution, le législateur ait parlé de poursuites dirigées contre elle comme produisant un résultat identique (art. 2032 1° et 4°). Nous répondrons que ces deux dispositions ont été empruntées à deux opinions divergentes sous l'ancienne jurisprudence, l'une soutenue par Domat, comme nous l'avons vu plus haut, l'autre par Pothier.

Dans la deuxième hypothèse, notre législateur a supposé que la caution n'a point entendu rester perpétuellement obligée, et, adoptant l'opinion le plus généralement suivie dans la pratique ancienne, il a fixé à dix ans le délai au bout duquel la caution peut demander au débiteur sa libération. Comme application de cette règle, nous prendrons le cas d'une caution accédant à une rente perpétuelle, et ce qui justifie notre choix, c'est que ce point a soulevé de vives controverses dans l'ancienne jurisprudence, par suite de la prohibition du prêt à intérêt, réputé contraire aux lois canoniques. Il n'y avait qu'un moyen pour faire produire intérêt à l'argent : c'était la constitution de rentes. Mais, pour que cette opération fût bien distincte du prêt, et pour enlever aux parties toute espèce de moyens de déguiser une opération usuraire sous la forme d'une rente, on avait privé le crédi-rentier du droit d'exiger le remboursement du capital, prohibition qui paraissait illusoire, si l'on permettait à la caution de demander une décharge que le débiteur ne pouvait souvent lui accorder qu'en remboursant le créancier. De là les controverses dont nous parlons. Nos anciens jurisconsultes distinguaient deux hypothèses : ils supposaient d'abord qu'il n'y avait pas eu, lors du contrat, de convention expresse permettant à la caution de demander sa décharge au bout d'un certain temps; alors Dumoulin, dont l'opinion était suivie par Pothier, refusait à la caution le droit d'exiger sa décharge au bout d'un certain délai ; ils fondaient leur décision sur cette idée que le fidéjusseur qui avait accédé à la dette d'une rente perpétuelle avait su qu'il s'obligeait à garantir un engagement d'une durée indéfinie; ils argumentaient par analogie de ce qui se pratique lorsque l'obligation de rendre compte imposée au tuteur, ou celle de restituer la dot imposée au mari survivant a été cautionnée. Basnage et la jurisprudence étaient d'un avis contraire : au premier argument de Dumoulin ils répondaient que, « si une rente est de nature à toujours durer jusqu'à ce qu'elle soit remboursée, elle est aussi de nature à pouvoir toujours être remboursée; » et à l'argument d'analogie qui précède ils objectaient qu'il n'y a aucune espèce de similitude entre l'obligation de servir une rente perpétuelle, d'une part, et l'obligation de rendre compte ou de restituer la dot imposée au tuteur ou au mari, d'autre part; la première, à la vérité, est indéfinie dans sa durée; « mais les rentes constituées pouvant être remboursées et se remboursant fréquemment, celui qui s'est rendu caution pour le débiteur a compté que celui-ci rembourserait la rente, et que son cautionnement ne serait pas éternel; » quant à la dernière, la caution n'a pu compter être déchargée qu'après l'expiration du temps de la tutelle ou du mariage; car il est de la nature de cette obligation de ne pouvoir finir plus tôt. — Lorsqu'au moment du contrat la caution avait expressément stipulé du débiteur qu'elle pourrait le forcer à rembourser le capital au bout d'un certain temps, il y avait encore controverse : d'un côté, on disait que les rentes étaient inexigibles, et que le pacte en question était un moyen de fraude donné aux parties pour transgresser cette règle essentielle de la constitution de rente. Mais on répondait à cela que la rente perpétuelle est inexigible en ce sens que le créancier ne peut contraindre le débiteur au remboursement, ce qui n'empêche pas qu'un tiers puisse l'y contraindre; — qu'il est vrai qu'au moyen de semblables arrangements des fraudes sont possibles, mais qu'on ne peut, sous prétexte d'une pareille possibilité, annuler des conventions sérieuses et éviter un inconvénient pour tomber dans un inconvénient non moins grand, en enlevant aux personnes pressées par le besoin d'urgent la facilité de trouver des cautions.

Sous l'empire du Code Napoléon, toutes ces controverses ne sont pas possibles ; car, d'un côté, comme nous l'avons dit, la caution peut se faire décharger au bout de dix ans, quand l'obligation principale n'a point de terme fixe d'échéance ; d'un autre côté, le prêt à intérêt est parfaitement licite, et les parties n'ont plus besoin d'un moyen détourné pour faire indirectement ce qu'elles peuvent faire directement. Toutefois, si, en l'absence d'un terme fixe d'échéance, l'obligation principale n'est pas de nature à pouvoir être éteinte avant un temps déterminé, la caution ne peut pas demander sa libération parce que son engagement aurait duré plus de dix ans ; notre législateur donne pour exemple le cautionnement d'une tutelle ; mais on peut y ajouter celui fourni par un mari à raison de la restitution de la dot de sa femme, par un débiteur de rente viagère, par un usufruitier, etc. Dans tous ces cas, en effet, la caution n'a pas pu compter sur sa libération avant la fin de la tutelle, la dissolution du mariage, la mort du crédi-rentier ou de l'usufruitier, le débiteur principal lui-même ne pouvant être libéré qu'à l'une de ces époques.

4° Lorsque le débiteur est en état de faillite ou de déconfiture. (Art. 2032, 2°.) — D'après le tribun Chabot, de l'Allier, le recours accordé exceptionnellement ici à la caution contre le débiteur principal a lieu « *parce qu'alors la dette est devenue exigible.* » Mais quelle sera l'utilité de ce recours ? Le créancier étant admis à toucher un dividende quelconque sur la masse de la faillite, la caution sera-t-elle aussi admise à se faire contributoirement indemniser de ce qu'elle payera ultérieurement à ce créancier ? Prenons une espèce : La faillite du débiteur principal ne peut donner que 50 0⁄0 aux créanciers ; l'un d'eux touche ainsi 30,000 francs sur 60,000 francs qui lui sont dus ; la caution qui a garanti sa créance pourra-t-elle réclamer de la masse 15,000 francs, à raison des 30,000 restants qu'elle devra payer à ce créancier? Nullement, car on arriverait ainsi à des résultats vraiment étranges. Et d'abord on admettrait à une même faillite deux fois une même créance; de plus, la masse sur cette créance payerait 75 0[0, alors qu'elle ne paye sur les autres qu'un dividende de 50 0[0. Quelque restreinte cependant que puisse être l'application de l'article 2032, n° 2, sa disposition n'est pas tout à fait inutile : il autorise la caution qui n'a pas encore payé le créancier à se faire admettre au passif de la faillite du débiteur principal pour le cas exceptionnel où ce créancier ne s'y présenterait pas lui-même à raison de la somme cautionnée.

Observons toutefois que la disposition qui précède ne doit pas être interprétée en ce sens que la déconfiture totale du débiteur puisse seule justifier l'action du fidéjusseur ; nous croyons, avec M. Troplong, que ce recours peut avoir lieu quand le débiteur, sans être arrivé à sa ruine, porte une sérieuse atteinte à sa fortune par des dissipations réellement inquiétantes. (Arg. de l'art. 1188 C. N.) L'action de la caution tendra, dans ce cas, à obtenir un titre à l'effet de faire arrêt sur les biens restants du débiteur, jusqu'à concurrence du montant de son cautionnement.

Hors les cas prévus par l'article 2032, la caution ne pourrait pas agir contre le débiteur avant d'avoir payé. Ainsi on ne pourrait, sous l'empire du Code Napoléon, admettre la décision rendue le 20 avril 1663 par le parlement d'Aix, qui accordait à la caution le droit de demander sa décharge pour inimitiés capitales survenues entre elle et le débiteur principal.

2e CONDITION. — *Il faut que la caution ait éprouvé un déficit dans son patrimoine.*

La caution ne saurait s'enrichir aux dépens du débiteur

principal; aussi tout recours contre celui-ci lui est refusé, quand elle n'a pas éprouvé de déficit dans son patrimoine ; d'où la question de savoir si un recours peut exister quand le créancier a fait, *donandi animo*, à la caution remise de la dette.

Pothier, admettant sur ce point la distinction de la loi romaine, suivant qu'il s'agit d'une donation ordinaire ou d'une donation rémunératoire, n'accorde de recours à la caution que dans cette dernière circonstance ; car, d'après ce jurisconsulte, la récompense des services rendus manquerait dans son patrimoine. Dans le droit actuel, on ne peut admettre cette doctrine, qui à nos yeux n'a qu'une subtilité pour base. Qu'importe, en effet, que le créancier ait fait remise de la dette à la caution pour la rémunérer ou pour lui faire une libéralité ordinaire ; dans l'un comme dans l'autre cas, la somme qu'il lui eût donnée, si elle n'avait pas été engagée vis-à-vis de lui, n'est-elle pas absente du patrimoine de la caution ? Le créancier donateur se trouve dans la même position que si, s'étant constitué débiteur envers la caution de la somme qui fait l'objet de la dette principale, il venait ensuite lui réclamer pareille somme, cas auquel il serait repoussé par une compensation qui donnerait lieu, ainsi que nous l'avons vu précédemment, au recours de la caution.

3ᵉ CONDITION. — *Il faut que le débiteur n'ait à opposer à la caution aucune fin de non-recevoir.*

Le débiteur principal peut repousser l'action récursoire de la caution dans plusieurs circonstances :

1° Lorsque le payement par elle effectué a été fait imprudemment, c'est-à-dire lorsqu'elle a négligé de faire valoir des moyens et exceptions de nature à rendre inefficace la demande du créancier. — Une distinction est ici nécessaire, suivant que l'exception à la disposition du fidéjusseur lui est ou ne lui est pas personnelle ;

Lorsque la caution a omis un moyen de défense qui lui appartenait, ainsi qu'au débiteur, elle ne peut prétendre à aucun recours. En vain dirait-elle qu'elle éprouvait quelque scrupule à l'invoquer, qu'il s'agissait, par exemple, d'une prescription, moyen peu honorable de payer une dette; car il y a eu faute de sa part à n'avoir pas mis en cause le débiteur pour qu'il fît lui-même valoir cette exception, si cela lui eût semblé bon. — Mais, si l'exception que le fidéjusseur n'a pas opposée lui était personnelle, il pouvait y renoncer sans perdre son recours, puisque, malgré cette renonciation, il n'en a pas moins, en payant, rendu service au débiteur, qui dès lors doit l'indemniser;

2° Lorsque la caution n'a pas averti du payement par elle effectué le débiteur qui le réitère. (Art. 2031 C. N.) — Il y a là de la part de la caution une faute grave, presque un dol dont le débiteur ne doit pas supporter les suites; aussi elle ne pourra obtenir que la cession de l'action en répétition de l'indû acquise au débiteur principal.

Réciproquement, la caution qui, faute d'avoir été instruite du payement précédemment effectué par le débiteur, aurait payé de nouveau, sur les poursuites du créancier de mauvaise foi, aurait droit à l'action *mandati*, pour se faire indemniser du préjudice que lui a causé le silence du débiteur, sans pouvoir être contrainte à se contenter de l'action en répétition contre le créancier.

Observons toutefois que l'avertissement prescrit par l'article 2031 ne doit pas nécessairement être fait par une notification en forme, car la loi ne l'exige pas. C'est à celui qui prétend avoir averti son coobligé à en fournir la preuve.

3° Lorsque la caution a payé *sans être poursuivie et sans avertir le débiteur qui, au moment du payement, aurait pu faire déclarer la dette éteinte.* (Art. 2031 C. N.) — Cette disposition n'est applicable qu'au cas où la caution a payé sans être *poursuivie et sans avertir* le débiteur; de là la question suivante : Que faudrait-il décider si la caution avait payé sans avertir le débiteur principal, mais *sur les poursuites du créancier?* MM. Delvincourt et Duranton refusent, dans ce cas encore, tout recours à la caution ; car elle est en faute, à leurs yeux, de n'avoir pas averti le débiteur ; bien plus, à l'appui de leur doctrine, ils argumentent de l'art. 1640 Code Nap., qui fait cesser la garantie pour cause d'éviction quand l'acquéreur s'est laissé condamner sans appeler le vendeur qui avait des moyens péremptoires opposables à l'action du créancier. Si, dans l'hypothèse où nous nous sommes placés, il s'agissait d'une caution qui s'est laissée condamner sans appeler en cause le débiteur principal, nous comprendrions l'analogie ; mais remarquons qu'il s'agit ici, non point d'une caution qui *plaide,* mais d'une caution qui *paye* à l'insu du débiteur ; or il n'est pas sans importance de distinguer entre les deux cas.

La caution *plaide-t-elle* à l'insu du débiteur, elle agit à ses propres risques et périls (à elle caution), et dépasse les limites de son mandat ; elle n'avait pas, en effet, mission de représenter le débiteur dans un procès ; d'ailleurs, puisqu'elle avait sur l'existence de la dette des doutes assez graves pour soulever des débats, que ne s'est-elle concertée avec le débiteur, qui lui aurait alors fait connaître ses moyens ? — La caution *paye-t-elle* au contraire à l'insu du débiteur, elle agit de bonne foi et remplit son mandat en acquittant une dette dont elle ignore l'extinction.

La caution *plaide-t-elle* sans avertir le débiteur, sa conduite est inexcusable ; — *paye-t-elle* dans la même circonstance, il en est autrement, car le temps peut lui manquer pour prévenir le débiteur ; le créancier peut exiger un payement immédiat ; elle paye pour éviter une saisie, la contrainte par corps.

D'après cela, nous ne saurions admettre la doctrine qui repose sur l'art. 1640 Code Napoléon ; la caution, dans notre hypothèse, doit avoir un recours contre le débiteur, car elle a agi de bonne foi, *fidem implevit, propter mandatum solvit ;*

ce n'est pas au moment de l'exigibilité de la créance que le débiteur doit sommeiller; il doit au contraire être prêt à la lutte, si on l'attaque, être prêt à défendre la caution, si c'est à elle que le créancier s'adresse ; si donc elle a payé, que le créancier se l'impute, *sibi imputet ;* d'ailleurs peut-il reprocher à la caution les efforts qu'elle a faits, à son insu, il est vrai, pour conserver sa fortune et sa liberté? Telle est la doctrine qu'adoptait Ulpien dans la loi 29, D., *mandati,* qui a été admise par Donat sous notre ancienne jurisprudence, par MM. Troplong et Ponsot sous la législation actuelle.

Néanmoins il se pourrait qu'il y eût faute réelle, légèreté ou négligence dans la conduite de la caution, en ce que, par exemple, l'état de fortune du débiteur ou le long délai écoulé depuis l'échéance aurait dû lui faire supposer qu'il y avait eu payement ou extinction de la dette. Mais, si le délai écoulé est peu considérable, et si le créancier se trouvait encore nanti du titre de sa créance, on comprend qu'il serait difficile de repousser le recours de la caution.

SECTION II.

BASES ET ÉTENDUE DU RECOURS DE LA CAUTION. — CONTRE QUELS DÉBITEURS IL S'EXERCE.

§ I.

Bases du recours.

L'intervention d'une caution peut avoir lieu dans des circonstances bien distinctes, soit d'après l'ordre du débiteur ou seulement à sa connaissance et sans opposition de sa part, soit à l'insu du débiteur, soit enfin contre son gré. La caution qui paye le créancier après être ainsi intervenue remplit un mandat exprès ou tacite au premier cas, accomplit une gestion d'affaires au second cas ; enfin, au troisième cas, elle est réputée n'avoir agi que dans un esprit de libéralité ; il résulte de là qu'elle a contre le débiteur une action de mandat au premier cas, une action de gestion d'affaires au second cas, que tout recours lui est refusé au troisième cas.

Outre les actions précédentes qui lui appartiennent de son chef, la caution peut encore exercer les actions qui appartenaient au créancier contre le débiteur principal et les autres coobligés à la dette, et cela en vertu de la subrogation légale qui, comme nous l'avons vu, résulte du payement par elle effectué. Nous n'étudierons ici la subrogation que dans ses effets entre la caution et le débiteur.

A la différence de l'action *mandati* ou *negotiorum gestorum*, la subrogation investit la caution du bénéfice des hypothèques consenties par le débiteur au créancier ; elle lui permet donc d'exercer son recours contre le débiteur dans des limites plus étendues ; cependant il arrive que l'action de mandat est plus profitable que la subrogation, par exemple si la caution a payé au créancier des prestations susceptibles de se prescrire par cinq ans (art. 2277 C. N.) : si, dans cette hypothèse, la caution n'avait à sa disposition que l'exercice des actions du créancier, elle devrait agir avec promptitude, afin de ne pas se laisser surprendre par la prescription. Mais si, au lieu de se prévaloir de la subrogation, elle exerce de son chef l'action de mandat, elle pourra agir pendant trente ans. — Cette action devrait encore être préférée, si la dette payée ne produisait pas d'intérêts ; car, en sa qualité de mandataire, la caution pourra réclamer les intérêts de ses déboursés courus de plein droit à partir du jour du payement (art. 2001 et 1372 C. N.), tandis qu'elle n'aurait droit qu'aux intérêts courus à partir du jour de la demande, si elle exerçait l'action du créancier primitif.

La caution ne peut exercer, en vertu de la subrogation, que les droits du créancier dont elle prend la place ; si donc elle avait à réclamer du débiteur, outre ce qu'elle a payé au créancier pour le désintéresser, des dommages-intérêts (art. 2018 C. N.), elle ne pourrait répéter cette créance supplémentaire que par l'action de mandat, sans pouvoir la faire participer à la garantie des hypothèques attachées à la créance dans laquelle elle a été subrogée. Mais la caution ne saurait avoir moins de droits que le créancier ; c'est ainsi qu'il a été jugé, par un arrêt de la Cour de Bourges du 8 juin 1812, que la caution du locataire ou de l'acquéreur qui paye le bailleur ou le vendeur succède non-seulement aux priviléges de ceux-ci, mais encore au droit qu'ils avaient de faire résoudre le bail ou la vente.

La caution peut-elle se prévaloir contre le débiteur de la subrogation, bien qu'elle n'ait rien payé, si le créancier, par esprit de libéralité, lui a donné quittance ? Oui, assurément, car le créancier a voulu lui permettre d'exercer contre le débiteur le recours qu'eût autorisé un payement effectif. — Pareillement la caution d'une rente non encore remboursable, à qui le créancier a permis, par une faveur spéciale, d'en opérer le remboursement anticipé, n'est point tenue d'accorder la même faveur au débiteur principal, et peut le contraindre à servir la rente jusqu'à l'époque qui a été fixée par le contrat pour le remboursement ; car, en percevant à son profit les arrérages échus dans cet intervalle, elle ne fera que réaliser le vœu du créancier qui a voulu lui en faire don.

De ce que la caution subrogée est investie de tous les droits qu'avait le créancier contre le débiteur, il faut conclure qu'elle profite même des hypothèques qui ont été affectées à la créance postérieurement au cautionnement. Notre législateur se trouve sur ce point d'un avis contraire à Dumoulin, car ce célèbre jurisconsulte refusait au fidéjusseur les garanties postérieures à son intervention, sous prétexte qu'il n'avait pu les prendre en considération lors de son engagement. Il nous suffira, pour repousser cet argument, de répondre qu'il a tacitement prévu que le créancier pourrait augmenter ses sûretés et lui en communiquer le bénéfice par la subrogation.

Nous ajouterons que la subrogation dans les droits du créancier n'est pas exclusive de l'action personnelle de la caution contre le débiteur principal, à l'effet d'en obtenir une hypothèque judiciaire, et c'est à tort qu'on opposerait que la caution ne peut avoir plus de droits que le créancier désintéressé, que par suite elle ne peut substituer une hypothèque judiciaire à une hypothèque conventionnelle ; ce serait, en effet, donner à la caution une position bien inférieure à celle de ce créancier, puisqu'elle pourrait ne plus avoir contre le débiteur qu'une obligation sans garantie réelle ; c'est ce qu'a jugé la Cour de Paris, par arrêt du 26 avril 1838.

§ II.

Étendue du recours.

Le recours de la caution doit avoir pour effet de l'indemniser pleinement ; c'est pourquoi il comprend, d'après l'article 2028 C. N., le principal, les intérêts, les frais et les dommages-intérêts, s'il y a lieu.

1º *Le principal.* — La loi a entendu désigner par ce mot le capital de la dette et les intérêts de ce capital courus jusqu'au jour du payement.

On a demandé si la caution qui, après la concession d'un concordat faite au débiteur tombé en faillite, a payé la totalité de la créance ou seulement la partie dont remise a été faite au débiteur, peut exercer contre celui-ci un recours pour tout ce qu'elle a payé. La négative ne saurait être douteuse. En effet, si la caution avait payé avant le concordat, elle aurait figuré dans la masse au lieu et place du créancier, et subi, comme les autres, une réduction proportionnelle de sa créance ; la circonstance qu'elle a payé depuis la formation de ce traité ne peut être un motif de rendre sa condition meilleure.

Lorsque la caution a satisfait le créancier par une dation en payement, l'étendue de son recours varie suivant les circonstances. L'objet livré au créancier est-il d'une valeur égale au montant de la dette principale, le recours s'exercera eu égard à cette valeur ; — est-il au contraire d'une valeur plus élevée, le débiteur principal ne doit pas subir les conséquences de la maladresse de la caution ; il ne sera tenu de l'indemniser que jusqu'à concurrence de la dette principale ; — est-il d'une valeur inférieure, une distinction est ici nécessaire : si le créancier a voulu, dans une intention de libéralité, faire remise au débiteur de la différence, le recours de la caution ne s'exercera que dans les limites de ce qu'elle a payé ; si c'est à la caution que s'adressait la libéralité, elle pourra exiger du débiteur principal le montant de la dette cautionnée.

Enfin la caution du mineur, de l'interdit ou de la femme mariée ne peut exercer son recours que jusqu'à concurrence de ce dont s'est enrichi l'incapable (art. 1312 C. N.).

2° *Intérêts.* — Le législateur a voulu désigner par ce mot les intérêts des sommes déboursées par la caution. Si le montant de ces déboursés comprend non-seulement le capital de la dette, mais encore des intérêts ou arrérages échus au moment du payement, « ces intérêts ou arrérages, dit Pothier, forment un capital à l'égard de la caution qui les a payés, vis-à-vis le débiteur pour qui elle les a payés, et les intérêts en sont dus à la caution... » C'est ce qui résulte d'ailleurs de la disposition de l'art. 1154 C. N.

A partir de quel moment courent pour la caution les intérêts de ses déboursés ? Si l'on en croit Pothier, c'est du jour de la demande. Mais son opinion, condamnée par un arrêt du 22 juillet 1682, a été rejetée par Dolive, Rousseau de Lacombe et Domat. Aujourd'hui on doit décider que ces intérêts courent de plein droit du jour du payement, et cette doctrine, consacrée par un arrêt de la Cour de cassation du 7 avril 1840, est professée par la plupart des auteurs. Au reste, elle s'appuie sur l'art. 2001 C. N., qui fait courir de plein droit, au profit du mandataire, les intérêts des sommes qu'il a déboursées pour le compte de son mandant. Quant au cas où la caution joue le rôle, non point d'un mandataire, mais d'un gérant d'affaires, devra-t-on encore appliquer l'article 2001 ? Ce point est controversé ; à notre avis, l'intérêt du crédit public devrait faire rejeter cette distinction entre le mandat et la gestion d'affaires.

3° *Frais.* — La caution a aussi un recours pour les frais qu'elle a été obligée de supporter à l'occasion de la dette cautionnée, pourvu toutefois qu'ils n'aient pas été faits par sa faute ; ainsi elle ne peut réclamer le montant du remboursement que de ceux faits depuis qu'elle a dénoncé au débiteur les poursuites dirigées contre elle ; quant à ceux antérieurement faits, le créancier peut en refuser le remboursement, disant que, s'il avait été averti, il se fût empressé de désintéresser le créancier. — Nous avons retrouvé la même idée dans l'art. 2016, d'après lequel le cautionnement indéfini s'étend aux frais postérieurs à la première demande dirigée par le créancier contre le débiteur principal, pourvu que cette demande ait été dénoncée par la caution.

D'après ce qui précède, le fidéjusseur qui veut conserver son recours relativement aux frais qu'il a supportés doit avertir le débiteur des poursuites ; mais qu'arrivera-t-il au cas où ce débiteur, bien qu'averti, ne paye pas le créancier ? Il ne pourra pas, du moins en thèse générale, opposer à la caution une fin de non-recevoir tirée de ce que, voyant son inaction, elle aurait dû payer, car elle a pu se trouver dans l'impossibilité de le faire ; mais si le débiteur prouve qu'il lui était réellement impossible de satisfaire le créancier, que la caution, de son côté, avait de l'argent comptant, que c'est par méchanceté et pour grossir le chiffre de son recours qu'elle a laissé continuer les poursuites, les tribunaux pourront alors, par application de l'art. 1382, laisser les frais à la charge de la caution.

Observons toutefois que la disposition de l'art. 2028, en ce qui concerne les *frais*, ne doit pas être prise à la lettre ; il résulte, en effet, de l'art. 2016 que les frais de la *première demande* qui est dirigée contre le débiteur principal sont garantis par le cautionnement ; par conséquent, le fidéjusseur, alors même qu'il les aurait payés antérieurement à la dénonciation des poursuites dirigées contre lui, pourrait se les faire rembourser par le débiteur principal ; de plus, il est clair qu'on ne peut imposer au fidéjusseur l'obligation de dénoncer au débiteur des poursuites qui n'existent pas encore; d'où la conséquence que la caution aura un recours pour les frais de la demande intentée contre elle, et même pour ceux qu'elle aurait exposés en constituant avoué, afin de se prévaloir à l'encontre du créancier de l'exception de garantie.

4° *Dommages-intérêts*, s'il y a lieu. — Quiconque rend service à autrui ne doit pas en éprouver de préjudice : *nemini officium suum damnosum esse debet;* aussi la loi permet à la caution de recourir contre le débiteur principal à raison du tort résultant pour elle soit d'une saisie pratiquée sur ses biens, soit de l'atteinte portée à sa liberté par la contrainte par corps, soit de l'inexécution de l'obligation par ce débiteur, et, dans ce cas, la loi ne distingue pas si elle consiste ou non dans le payement d'une somme d'argent: il n'y a donc pas lieu d'appliquer ici la disposition de l'art. 1153 C. X., qui, au cas d'inexécution d'une obligation ayant pour objet une somme d'argent, refuse au créancier toute indemnité autre que les intérêts de la somme due. Mais, d'après M. Delvincourt, on rentrerait dans le droit commun si le cautionnement n'était consenti qu'à *titre onéreux*, doctrine qui ne saurait être admise, car, d'un côté, la loi ne fait pas cette distinction ; de l'autre, comme le fait très-bien observer M. Duranton, le débiteur, tout en payant un prix pour le cautionnement, ne s'oblige pas moins à remplir son engagement envers le créancier et à prévenir par là le dommage qui viendrait atteindre la caution ; or, c'est pour ce dommage qu'elle réclame une indemnité, dommage qui peut souvent surpasser de beaucoup le prix du cautionnement. Si toutefois les tribunaux reconnaissaient dans ce prix une indemnité *aléatoire* des chances que devait courir la caution, celle-ci ne pourrait rien obtenir de plus à titre de dommages-intérêts.

La caution, après un engagement qui a duré dix années, peut-elle rembourser le capital de la rente perpétuelle dont elle a garanti le service, et répéter contre le débiteur la somme employée à ce remboursement? On est tout d'abord tenté d'admettre la négative, car il semble que le débiteur va repousser la demande contre lui formée, en disant à la caution qu'elle s'est mise volontairement au lieu et place du créancier, et que, comme celui-ci, elle peut exiger, non pas le remboursement de la rente, mais seulement la continuat'on du service des arrérages. — Mais la caution. pourra répondre au débiteur : « Vous étiez obligé par la loi à me procurer ma libération, et, pour y parvenir, il vous fallait rembourser le créancier; je vous ai libéré de cette obligation en payant pour vous; indemnisez-moi donc en me remboursant le capital de la rente que je viens d'éteindre à votre profit. » Toutefois la caution ne pourrait tenir un pareil langage au cas où le débiteur prouverait qu'il était en son pouvoir de la libérer sans racheter la rente, que, par exemple, il avait à donner au créancier une autre caution que celui-ci consentait à accepter ; alors, loin d'avoir agi, en rachetant la rente, dans l'intérêt du débiteur, la caution lui aurait porté préjudice ; aussi la seule indemnité qu'elle puisse demander, c'est que la caution nouvelle qui eût été donnée au créancier lui soit donnée à elle-même comme subrogée à celui-ci et lui garantisse le service exact des arrérages.

Le fidéjusseur serait pareillement réduit à exercer, en vertu de la subrogation, les droits du créancier, s'il avait remboursé le capital de la rente durant les dix ans à l'expiration desquels il pouvait réclamer sa décharge; dans ce cas, en effet, la caution n'a agi que dans son intérêt propre ; elle ne peut donc recourir contre le débiteur qu'en se prévalant de la subrogation. Mais, s'il était prouvé que, dans cette hypothèse, la caution n'a eu en vue que l'intérêt du débiteur, la solution contraire devrait être admise.

Jusqu'ici nous avons supposé qu'il s'agissait du recours ordinaire du fidéjusseur, de celui qu'il exerce après avoir donné satisfaction au créancier ; il reste à se demander quelle est l'étendue du recours anticipé autorisé par l'art. 2032. Nous distinguerons entre les différentes hypothèses :

1re *hypothèse : le débiteur avait promis expressément à la caution de lui procurer sa décharge dans un certain temps.* — « Ce temps expiré, dit Pothier, la caution peut agir contre le débiteur principal pour qu'il lui rapporte *sa décharge ou deniers à suffire pour payer le créancier.* » Nous n'irions pas si loin que le célèbre jurisconsulte, car la caution, au lieu d'employer cet argent à la libération du débiteur, pourrait au contraire le dilapider ; il suffit, pour sa sûreté, qu'elle puisse forcer le débiteur de remettre en mains tierces la somme qui doit servir à la libération commune, ou de lui donner caution qu'il payera lui-même le créancier.

2e *hypothèse : le débiteur est convenu tacitement de procurer à la caution sa décharge dans un certain délai.* — Même solution que ci-dessus.

3e *hypothèse : la caution est poursuivie.* — Même solution encore.

4e *hypothèse : le débiteur est en état de faillite ou de déconfiture.* — Deux cas sont alors possibles : ou le créancier se présente au passif de la faillite, ou la caution s'y présente à son défaut. Au premier cas, le créancier touche le dividende afférent à sa créance, en conservant le droit d'agir pour le reste contre la caution. Au second cas, la caution pourra se faire colloquer avec les autres créanciers de la masse ; mais,

13

comme elle pourrait ne pas employer le dividende par elle touché à désintéresser le créancier, il sera loisible au débiteur principal de la contraindre à le déposer entre les mains d'un tiers.

§ III.

Contre quels débiteurs s'exerce le recours.

La caution qui a payé le créancier a son recours contre le débiteur principal, soit que le cautionnement ait été donné au su ou à l'insu de ce débiteur. « Lorsqu'il y avait plusieurs débiteurs solidaires principaux d'une même dette, porte l'article 2030 C. N., la caution qui les a tous cautionnés a contre chacun d'eux le recours pour la répétition du total de ce qu'elle a payé; » chacun d'eux, en effet, était débiteur de la totalité. Au reste, peu importe encore que, dans ce cas, la caution soit intervenue sur le mandat exprès ou tacite des débiteurs solidaires, ou qu'elle se soit engagée à leur insu; car il résulte de l'art. 2002 C. N. que si le mandataire a été constitué par plusieurs personnes pour une affaire commune, chacune d'elles est tenue solidairement envers lui de tous les effets du mandat; d'un autre côté, si l'on refuse d'étendre par analogie à la gestion d'affaires l'art. 2002 précité, point qui est controversé, la caution pourra toujours agir *in solidum* contre chacun des débiteurs, en se prévalant de la subrogation aux actions du créancier.

Supposons maintenant que la caution soit intervenue pour un seul des débiteurs solidaires; elle aurait évidemment contre les autres, non pas une action de mandat ou de gestion d'affaires (car elle ne peut pas dire qu'elle a payé la dette principale pour leur rendre service, puisqu'elle était personnellement tenue de la payer pour se libérer elle-même de l'obligation qu'elle avait contractée en cautionnant leur codébiteur), mais une sorte d'action *de in rem verso*, se mesurant sur l'intérêt qu'avaient les codébiteurs non cautionnés à l'acquittement de la dette; de plus, la caution sera subrogée à l'action *in solidum*, non-seulement contre le débiteur qu'elle a cautionné, mais même contre les autres codébiteurs; car elle était tenue avec eux, et cette circonstance suffit, d'après l'art. 1251 3° C. N., pour qu'il y ait subrogation légale. Mais dans quelle mesure s'opère ici la subrogation? A cet égard, deux hypothèses peuvent se présenter : il peut se faire que les codébiteurs solidaires non cautionnés soient intervenus dans l'intérêt exclusif du débiteur cautionné; il peut se faire aussi qu'ils aient dans la dette un intérêt commun avec lui. Au premier cas, les débiteurs non cautionnés jouent le rôle de cautions (art. 1216 C. N.) à l'égard de leur codébiteur, et le rôle de cofidéjusseurs à l'égard de la caution de ce dernier; cette caution ne pourra donc poursuivre les débiteurs non cautionnés que *chacun pour sa part et portion*, conformément à l'art. 2033 C. N., que nous étudierons plus loin. Au second cas, tous les codébiteurs s'étant engagés dans un intérêt commun, chacun d'eux est débiteur principal pour sa part seulement, et caution pour le surplus qui concerne les autres. Le fidéjusseur qui est intervenu pour un seul d'entre eux pourra donc, après avoir payé la dette, exercer de son chef la subrogation légale contre chacun des autres pour la totalité de la part dont il est tenu en qualité de débiteur principal, et cela par application de l'art. 1251 3°, et quant au surplus, pour sa part et portion dans le cautionnement commun, d'après l'art. 2033.

La subrogation conventionnelle ne produit pas des effets plus étendus que la subrogation légale; il en résulte qu'il faut, nonobstant l'opinion contraire de M. Duranton, suivre les règles que nous venons de tracer, quand bien même la caution se serait fait conventionnellement subroger par le créancier.

Nous terminerons ce chapitre en posant l'espèce suivante : Deux époux communs en biens et un tiers avec eux se sont obligés solidairement dans une affaire intéressant pour moitié la communauté des époux, et pour l'autre moitié leur codébiteur, qui, aux termes de l'art. 1216 C. N., est réputé caution quant à la partie de la dette qui les concerne; ceci posé, le tiers paye intégralement le créancier; dans quelle mesure pourra-t-il exercer son recours contre la femme? Sera-ce pour la totalité, ou seulement pour la moitié de la part de la dette afférente à la communauté? Cette dernière solution est la seule admissible, car la dette solidairement contractée par le mari et la femme s'est divisée de plein droit entre eux (art. 1214 C.N). Malgré sa simplicité, cette question a pourtant conduit M. Troplong à des résultats fort étranges. Voici ce à quoi l'on peut résumer sur ce point la doctrine du savant magistrat : d'après l'art. 1431 C. N., quand deux époux s'obligent solidairement pour la communauté, le créancier (dont le tiers, dans l'espèce, joue le rôle après son payement) se trouve en présence d'un débiteur qui est le mari, de la caution de ce débiteur qui est la femme, de chacun desquels il peut exiger un payement intégral. Or il y a là, selon nous, deux erreurs : et d'abord le législateur dit expressément, dans l'art. 1431, que la femme qui s'oblige solidairement avec son mari pour les affaires de la communauté n'est reputée, *à l'égard de celui-ci, s'être obligée que comme caution ;* le savant jurisconsulte dont nous combattons la doctrine semble avoir perdu de vue ces mots : *à l'égard de celui-ci*, et avoir donné à une vérité relative un caractère tout à fait absolu ; de plus, on ne peut nier que le législateur n'ait eu en vue, dans l'art. 1431, d'adoucir, quant à la femme, les sévérités du droit commun ; on ne peut donc s'armer de sa disposition pour aggraver ces sévérités, en permettant d'agir *in solidum* contre la femme, à un codébiteur solidaire des époux qui ne pourrait, d'après les principes généraux (art. 1214), n'agir contre elle que pour sa part et portion.

CHAPITRE III.

DE L'EFFET DU CAUTIONNEMENT ENTRE LA CAUTION ET SES COFIDÉJUSSEURS.

Nous savons que chacun des fidéjusseurs d'une même dette est tenu *in solidum* vis-à-vis du créancier. Dans le droit romain, l'un de plusieurs cofidéjusseurs qui avait payé sans invoquer le bénéfice de division ou de cession d'actions supportait tout le fardeau de la dette, et n'avait aucun recours pour répéter de ses cofidéjusseurs ce qu'il avait payé à leur décharge. La considération suivante expliquait cette rigueur : plusieurs personnes qui se rendent caution du même débiteur ne contractent entre elles aucune obligation, et chacune d'elles se propose de faire l'affaire du débiteur, non celle de ses cofidéjusseurs. Notre ancien droit repoussa ces idées trop sévères; laissant de côté la subtilité de la loi romaine, et s'inspirant de l'équité, il considéra que la caution, en payant le créancier, libère ses cofidéjusseurs d'une dette qui leur était commune; qu'ainsi, en remplissant l'obligation qui lui est propre, elle a effectivement géré leur affaire ; d'où, pour eux, l'obligation de supporter leur part d'un payement dont ils ont profité autant qu'elle : tel était l'avis de d'Argentré, dans son Commentaire sur l'art. 212 de l'ancienne coutume de Bretagne, et de Pothier, dans son Traité des obligations.

Cette doctrine est passée dans l'art. 2033 C. N., ainsi conçu : « Lorsque plusieurs personnes ont cautionné un même débiteur pour une même dette, la caution qui a acquitté la dette a recours contre les autres cautions chacune pour sa part et portion. — Mais ce recours n'a lieu que lorsque la caution a payé dans l'un des cas énoncés en l'art. 2032. » Il résulte de là que l'exercice du recours est subordonné à deux conditions ; il faut :

1° Que la caution *ait acquitté la dette.* — La caution peut, dans certains cas, exercer son recours contre le débiteur principal même avant d'avoir satisfait le créancier ; ici, au contraire, l'acquittement de la dette est un préalable indispensable à l'exercice du recours de la caution, et les rédacteurs de notre Code n'ont pas reproduit l'opinion de Pothier, qui, dans le cas où la caution *était poursuivie,* lui donnait exceptionnellement une action pour obliger les autres fidéjusseurs à fournir chacun sa part de la somme demandée. N'est-il pas évident, en effet, comme le fait observer M. Troplong, que la caution poursuivie ne peut agir contre ses cofidéjusseurs, soit comme *negotiorum gestor,* soit comme subrogée aux droits du créancier, qu'après qu'elle l'a effectivement désintéressé, puisque c'est dans son payement seul que son action prend naissance ?

2° Que la caution ait payé *dans l'un des cas énoncés en l'art.* 2032. — Cette dernière disposition nous paraît à l'abri de toute critique, si l'on suppose que le débiteur était dans un tel état d'insolvabilité, qu'il n'aurait pu ni payer lui-même, ni trouver une autre caution pour remplacer la caution à décharger ; celle-ci n'avait donc d'autre moyen de se délier de son engagement que d'acquitter la dette. Mais, au cas de solvabilité du débiteur, cette disposition paraît conçue en termes trop généraux; la caution, en payant dans cette circonstance, a géré d'une manière onéreuse l'affaire commune ; en vain dirait-elle qu'elle était poursuivie, que la dette était devenue exigible par l'échéance du terme, que le délai au bout duquel le débiteur s'était engagé, soit expressément, soit tacitement, à lui rapporter sa décharge, était expiré; car, dans tous ces cas, elle pouvait se soustraire à l'acquittement de la dette en appelant en garantie, d'après l'article 2032, le débiteur qui, grâce à sa solvabilité, lui eût facilement procuré sa décharge. Ainsi entendue, la disposition finale de l'art. 2033 serait conforme à l'équité ; mais, en présence des termes absolus de la loi, et surtout de l'explication qu'en a donnée le tribun Chabot, de l'Allier, on ne saurait se méprendre sur l'intention du législateur, qui a voulu, contrairement à notre doctrine, bannir toute distinction ; mais, s'il en est ainsi, ce n'est, à notre avis, que par suite d'une erreur commise par Lahary devant le Corps législatif : « Le projet de loi, dit ce tribun, veut, dans l'art. 2033, que, lorsque plusieurs personnes ont cautionné un même débiteur, la caution qui a acquitté la dette puisse avoir recours contre les autres cautions..., pourvu toutefois qu'elle n'ait payé que dans l'un des cas énoncés en l'article 2032, c'est-à-dire *quand elle y aura été contrainte.* » Peut-on dire que la caution a été *contrainte à payer*, quand elle a effectué un payement que ce débiteur solvable, appelé en cause, eût effectué lui-même? Une distinction devait donc être faite ; le tribun Lahary s'est exprimé en termes trop généraux, et l'erreur qu'il a ainsi commise, répétée par le tribun Chabot, a été reproduite par la disposition finale de l'article 2033, qui, à cet égard, exigerait, suivant nous, une révision du législateur.

Le recours de la caution s'exerce contre ses cofidéjusseurs tantôt par une action de gestion d'affaires, tantôt par une action provenant de sa subrogation aux droits du créancier désintéressé. (Art. 1251, 3° C. N.) Mais, par quelque voie qu'elle procède, elle ne peut recourir contre chacune des autres cautions que pour une part et portion virile. Quel est le fondement de cette dérogation aux principes de la subrogation? En traitant cette question à propos des débiteurs solidaires, Pothier a dit, et l'on a répété après lui, que ce fractionnement de l'action exercée en vertu de la subrogation légale avait pour but d'éviter *un circuit d'actions;* « car, dit le célèbre jurisconsulte, celui de mes codébiteurs à qui j'aurais fait payer le total de la créance, ma part déduite, aurait droit, en payant, d'être subrogé aux actions du créancier, sous la déduction de la part dont il est lui-même tenu, et, en vertu de cette subrogation, il aurait droit d'exiger de moi, sous la déduction de sa part, ce qu'il m'aurait payé, puisque je suis tenu moi-même de la solidité. « Soit une dette de 9,000 francs garantie par trois fidéjusseurs, Primus, Secundus et Tertius. Primus paye la totalité de la dette; s'il peut ensuite recourir contre Secundus ou Tertius pour la totalité, déduction faite de sa part, c'est-à-dire pour 6,000 fr., Secundus, par exemple, qui aura payé cette dernière somme, se trouvera subrogé au créancier, et pourra, en conséquence, répéter de Primus 3,000 fr., c'est-à-dire une partie de ce qu'elle lui a payé précédemment. En forçant Primus à diviser son action entre Secundus et Tertius, à ne demander à chacun que 3,000 fr., on évite, d'après Pothier, ce circuit d'actions. Une telle doctrine est tout à fait erronée, car ce circuit est impossible, et, pour s'en convaincre, il suffit de se rappeler l'ancien adage : *Nemo videtur contra se subrogâsse*, reproduit en ces termes dans l'art. 1252 C. N. : « La subrogation ne peut nuire au créancier...; » par conséquent, c'est en vain que Secundus, après avoir été poursuivi par Primus, voudrait se prévaloir contre lui de la subrogation. A notre avis, le fractionnement d'action dont il est question est motivé par la répartition de l'insolvabilité de chacune des cautions sur les autres ; autrement il serait possible que toutes les insolvabilités fussent supportées par un seul des fidéjusseurs, ce que mettra en lumière l'espèce suivante. Supposons encore que Primus, Secundus et Tertius aient cautionné une dette de 9,000 fr., et que Primus ait forcé Secundus à lui rembourser 6,000 fr.; Secundus pourra répéter les 3,000 fr. qui excèdent sa part dans la dette contre Tertius; mais ce recours pourra être devenu illusoire par suite de son insolvabilité. Alors, sans doute, Secundus pourra se retourner contre Primus, pour le forcer à supporter sa part dans l'insolvabilité de Tertius ; mais, dans l'intervalle, Primus lui-même peut être devenu insolvable, de telle sorte que l'insolvabilité de Tertius serait supportée en entier par Secundus. Un semblable résultat est évité par la division du recours.

Comme nous l'avons dit précédemment, la subrogation conventionnelle ne saurait avoir des effets plus étendus que la subrogation légale, par suite permettre à la caution d'exercer, après payement, un recours *in solidum* contre chacun de ses cofidéjusseurs.

L'action de la caution s'exerce contre tous ses cofidéjusseurs, même contre ceux dont les cautionnements ont été donnés par actes séparés et successifs; en vain, pour soutenir le contraire, dirait-on que la caution n'a pas dû, lors de son engagement, compter sur leur concours; car le législateur, dans l'art. 2033, ne s'est nullement préoccupé de la possibilité d'une pareille circonstance; il existe à ses yeux plusieurs cautions libérées par le payement que l'une d'elles a effectué; l'équité veut que toutes supportent également le poids de la dette.

Dans l'art. 2033, on suppose qu'il s'agit de plusieurs personnes qui ont cautionné un même débiteur pour une même dette; que faudrait-il décider, dans le cas où il y aurait plusieurs codébiteurs solidaires dont chacun aurait fourni un fidéjusseur particulier qui n'aurait cautionné que lui-même? Pothier répond à cette question dans le passage suivant : « On peut même dire que celui qui s'est rendu caution pour l'un de plusieurs débiteurs solidaires est aussi, en quelque façon, caution des autres : car l'obligation de tous ces débiteurs n'étant qu'une même obligation, en accédant à l'obligation de celui pour qui il s'est rendu caution, il a accédé à celle de tous. » Il résulte de là que les divers fidéjusseurs sont censés avoir cautionné tous les débiteurs pour la même dette, en sorte que l'on se trouve dans un cas d'application de l'art. 2033.

Y aurait-il exception à la règle posée par cet article, si les cofidéjusseurs se trouvaient être deux conjoints? en d'autres termes, le cautionnement que le mari et la femme ont souscrit par pure bienveillance, dans l'intérêt d'un tiers, doit-il être mis entièrement à la charge du mari, par application

de l'art. 1431 C. N., ou bien être mis contributoirement à la
charge de l'un et de l'autre, d'après l'art. 2033 précité ?
« Dans ce cas, dit M. Delvincourt, le cautionnement est un pur
contrat de bienfaisance entre le débiteur principal et la caution. Le mari et la femme peuvent donc être considérés en
quelque sorte comme donateurs à l'égard de celui envers qui
ils se sont portés caution ; or, certainement, s'ils avaient fait
conjointement une donation à la même personne, la femme
qui en aurait payé la moitié ne pourrait exiger d'indemnité
de son mari. Je pense donc qu'il en doit être de même dans
l'espèce, et que le mari et la femme doivent être traités comme
le seraient deux cofidéjusseurs étrangers. » Cette opinion
paraît d'ailleurs consacrée par la jurisprudence ; elle s'appuie
notamment sur un arrêt de la Cour de Lyon du 11 juin
1833, et sur un arrêt de la Cour de Paris du 30 décembre
1841.

CHAPITRE IV.

DE L'EFFET DU CAUTIONNEMENT ENTRE LA CAUTION ET SON CERTIFICATEUR.

Le certificateur n'étant autre chose que le fidéjusseur de
la caution, celle-ci joue, par rapport au certificateur, le rôle
de débiteur principal ; d'où ces conséquences :

1° Dans les rapports du créancier et de la caution, il faut
faire les distinctions que nous connaissons entre le cas où la
caution donne spontanément au créancier, et sans y être
contrainte, un certificateur, et le cas où elle le donne en
vertu d'une obligation qu'elle a contractée à cet effet ;

2° Dans les rapports du certificateur et du créancier, il
faut appliquer les règles sur les rapports du créancier et de
la caution : ainsi, par exemple, le certificateur peut réclamer
la division de l'action du créancier, de son propre chef entre
lui et les autres certificateurs de la même caution, du chef

de cette dernière entre lui et les autres fidéjusseurs du même débiteur ; de plus, il peut exiger la discussion préalable de la caution certifiée, et même celle du débiteur principal du chef de cette caution. Observons toutefois que, d'après l'art. 2043 C. N., celui qui a simplement cautionné la caution judiciaire ne peut demander la discussion ni du débiteur principal ni de la caution ;

3° Dans les rapports entre le certificateur et la caution, il faut suivre les mêmes règles que dans les rapports de la caution et du débiteur principal : ainsi le certificateur, après payement, a son recours contre la caution. Observons, toutefois, qu'il peut encore agir contre le débiteur principal du chef de cette caution (art. 1166 C. N.) ; — que, s'il y a plusieurs débiteurs solidaires tous cautionnés par le fidéjusseur certifié, le certificateur a pareillement son recours pour le tout contre chacun d'eux ;—que si la caution certifiée n'avait répondu que pour quelques-uns des débiteurs principaux, il n'aurait d'action contre les autres que pour la part de chacun d'eux dans la dette ;

4° Dans ses rapports avec les cofidéjusseurs de la caution par lui certifiée, le certificateur peut, du chef de cette caution, exercer son recours, conformément à l'art. 2032.

TITRE III.

EXTINCTION DU CAUTIONNEMENT.

L'extinction du cautionnement peut être considérée sous deux points de vue différents : indépendamment de l'extinction de la dette principale, ou comme conséquence de cette extinction. Ce troisième titre comprend donc naturellement deux chapitres.

CHAPITRE PREMIER.

En thèse générale, les modes d'extinction des obligations
se peuvent diviser en deux grandes catégories : 1° les modes
naturels ; 2° les modes accidentels ; à quoi il faut ajouter la
confusion, qui est moins une extinction de la dette qu'une
impossibilité de fait dans laquelle se trouve la personne qui
réunit en elle les deux qualités incompatibles de créancier
et de débiteur, de se poursuivre elle-même.

Bien que l'art. 1234 C. N. énumère parmi les modes d'extinction la prescription et la condition résolutoire, l'une est
plutôt la présomption légale d'une libération antérieure dont
le titre probatif se trouve perdu, et l'autre une déclaration
que la dette n'a jamais existé ; et l'observation que nous venons de faire relativement à la prescription s'applique aussi
à l'autorité de la chose jugée. Enfin le serment prêté par le
défendeur qu'il ne doit pas, est plutôt un moyen de preuve
qu'un moyen de libération.

Ceci posé, nous allons examiner successivement l'influence
de ces divers modes soit d'extinction, soit de preuve d'extinction, sur le cautionnement.

SECTION I.

MODES NATURELS D'EXTINCTION.

Les modes naturels d'extinction sont au nombre de trois :
1° le payement réel, soit volontaire, soit forcé ; — 2° la compensation ; — 3° le terme extinctif du cautionnement.

§ 1.

Payement.

La manière la plus naturelle d'éteindre une obligation, c'est de l'exécuter; et, pour la caution, exécuter son obligation, c'est payer pour le débiteur qui ne paye pas ; mais il est à remarquer que ce payement opéré par la caution n'éteint absolument que sa propre obligation, car il laisse subsister la dette principale au profit de la caution demeurée subrogée aux actions du créancier désintéressé.

La caution qui s'est obligée, conjointement avec d'autres cautions, au payement de la dette d'autrui, et qui n'a point renoncé au bénéfice de division, peut-elle se libérer en offrant au créancier qui ne la poursuit pas encore la part pour laquelle elle devra contribuer à ce payement? La négative ne saurait être douteuse, parce que la division de la dette ne peut avoir lieu que lorsqu'elle est demandée sur les poursuites du créancier.

§ II.

Compensation.

Lorsque deux personnes se trouvent débitrices l'une de l'autre, il s'opère de plein droit entre elles une compensation qui éteint les deux dettes à l'instant où elles se trouvent exister à la fois, jusqu'à concurrence de leurs quotités respectives (art. 1289 et 1290 C. N.). D'après cela, il semblerait vrai de dire que si le créancier d'une dette cautionnée est devenu lui-même débiteur de la caution, les deux obligations se sont respectivement éteintes par suite d'un payement *fictif* et *réciproque.* Mais cette *fiction* sur laquelle se base le législateur pour décider que la compensation opère de plein droit est *évidemment inadmissible* dans le cas où la caution peut opposer le bénéfice de discussion, et il en serait de même encore que la *caution* ne pût s'en prévaloir, soit parce qu'elle y aurait renoncé, soit parce qu'elle se serait obligée solidairement; car son obligation ne laisse pas d'être accessoire, nonobstant l'une ou l'autre de ces clauses; elle ne doit payer que si le débiteur ne paye pas; d'ailleurs la preuve que, dans cette hypothèse, la compensation n'opère pas de plein droit, c'est que, d'après l'art. 1294 Code Nap., le débiteur principal ne peut l'opposer au créancier, ce qui ferait porter sur la caution le fardeau de l'avance.

Nous sommes ainsi amenés à conclure avec M. Ponsot que la compensation ne peut opérer du chef du fidéjusseur que par voie de reconvention; en sorte que, si des deux créances respectives du fidéjusseur et du créancier l'une produit seule intérêt, elle continuera d'en produire jusqu'à la demande reconventionnelle relative à la compensation, et que, si le débiteur paye le créancier, la caution conservera contre celui-ci la créance qui lui était personnelle, avec toutes les sûretés qui s'y trouvent attachées.

Ajoutons que, dans le cas où la caution fait judiciairement prononcer la compensation de la dette cautionnée avec ce qui lui est personnellement dû par le créancier, le jugement intervenu tient lieu de quittance, et que toute personne qui aurait pu se prévaloir, à l'encontre du créancier, d'un payement réel comme cause d'extinction de la dette, peut également lui opposer le jugement dont il s'agit. « Vainement, dit M. Duranton, le créancier opposerait-il que le jugement ne fait loi qu'entre les parties (art. 1351 C. N.); on répondrait qu'il prouve aussi bien la compensation opérée entre lui et l'un des cofidéjusseurs, et par suite l'extinction de la dette, qu'une quittance donnée par lui à ce fidéjusseur en prouverait le payement; incontestablement un autre fidéjusseur pourrait argumenter de cette quittance, s'il était poursuivi. »

§ III.

Terme extinctif.

Ce mode d'extinction se comprend assez par lui-même pour que nous n'ayons rien à ajouter en ce qui le concerne.

Il est inutile d'observer ici que le cautionnement ne s'éteint pas par la mort du fidéjusseur ; il nous suffit de renvoyer aux explications que nous avons données à cet égard sur l'art. 2017 C. N.

SECTION II.

MODES ACCIDENTELS D'EXTINCTION.

Les modes accidentels d'extinction sont : 1° la novation et la *datio in solutum* ; — 2° la remise de la dette ; — 3° la perte fortuite du corps certain objet de l'obligation ; — 4° enfin un mode d'extinction spécial au cautionnement : l'impossibilité où se trouve le créancier de procurer à la caution la subrogation aux droits qui lui appartiennent.

§ Ier.

Novation et dation en payement.

Ainsi que nous l'avons déjà dit, la novation et la dation en payement ne diffèrent que par leur objet ; dans un cas, le créancier accepte en payement un objet corporel ; dans l'autre cas, une créance.

Y aurait-il novation dans l'espèce suivante ? *Secundus* s'était obligé envers *Primus* à faire telle chose ou à lui livrer tel objet, et *Tertius* avait cautionné sans explication cet engagement ; plus tard *Tertius* promet à *Primus* une somme de 1,000 fr. à titre de dommages-intérêts, pour le cas où le débiteur n'exécuterait pas son obligation. Il nous semble qu'il n'y a ici qu'une simple limitation apportée par le fidéjusseur à l'étendue de son cautionnement; d'ailleurs la novation ne se présume pas, il faut que la volonté de l'opérer résulte clairement de l'acte (art. 1273 C. N.), et, dans l'hypothèse où nous sommes placés, la dernière convention peut évidemment s'expliquer sans qu'il soit besoin de supposer une novation.

§ II.

Remise de la dette.

« On peut distinguer, dit Pothier, deux différentes espèces de remise qu'un créancier peut faire de sa dette, l'une que nous appelons *remise réelle*, l'autre que nous appelons *décharge personnelle.* » Voyons successivement l'effet de ces deux espèces de remise.

I. Décharge personnelle.

La remise qui sera le plus souvent accordée à la caution est la décharge personnelle ou la simple remise de son cautionnement. Elle peut avoir lieu soit à titre gratuit, soit à titre onéreux; ce dernier cas a soulevé, dans l'ancien droit, une controverse à laquelle le Code Napoléon est venu mettre fin par une disposition qui logiquement est inexplicable : « Ce que le créancier a reçu d'une caution *pour la décharge de son cautionnement*, porte en effet l'art. 1288, doit être imputé *sur la dette et tourner à la décharge du débiteur et des autres cautions.* » Il résulte de là que le créancier court le risque de l'insolvabilité du débiteur principal sans rien recevoir en échange de l'avantage qu'il a procuré à la caution; celle-ci, qui a été déchargée des dangers auxquels elle était exposée, reprend la somme qu'elle a payée pour obtenir cet avantage ; elle la reprend, disons-nous, car évidemment elle peut la répéter du débiteur qui en a profité. La caution et le créancier ont fait un contrat à titre onéreux et aléatoire ; la loi en fait un contrat à titre gratuit.

Nous remarquerons avec M. Bugnet (sur Poth., t. II, p. 330 et suiv.) que « les parties éludent la disposition de l'art. 1288 en ne mentionnant point dans l'acte qui constate la décharge de la caution le prix qu'elle a payé pour l'obtenir ; l'acte n'exprime qu'une décharge gratuite. Le créancier ne croit pas, en agissant ainsi, faire une mauvaise action ; or toute loi qu'on peut violer si facilement, avec autant de tranquillité de conscience, n'est pas en pratique une bonne loi. »

II. Remise réelle.

Dire que la remise est *réelle*, c'est affirmer qu'elle est absolue, générale, sans restriction à telle ou telle personne ; d'après cela, quand elle est faite à la caution, elle doit éteindre non-seulement son obligation, mais encore l'obligation principale.

On fait contre cette doctrine deux objections :

1° On oppose d'abord ces expressions de l'art. 1287 Code Napoléon : « la remise ou décharge conventionnelle... accordée à la caution ne libère pas le débiteur principal. » — S'agit-il, dans cette disposition, d'une remise de la dette cautionnée, ou seulement de la remise du cautionnement ? Le Code ne s'explique pas à cet égard. Ajoutons qu'il est assez présumable qu'il a entendu parler de la remise du cautionnement, car celle de la dette principale se fait d'ordinaire, non pas à la caution, mais au débiteur principal, et le législateur prévoit toujours les cas qui se présentent le plus fréquemment ; et s'il déclare qu'une semblable remise ne libère pas le débiteur principal, c'est par la raison que « *le cautionnement n'étant qu'un accessoire de l'obligation, la remise peut*

14

en être faite *sans qu'elle serve au débiteur principal* (expressions empruntées à l'exposé des motifs du titre des *contrats et obligations conventionnelles* fait par Bigot-Préameneu au Corps législatif). »

2° Nos adversaires vont plus loin : ils nous opposent l'art. 1119 C. N., portant « qu'on ne peut, en général, s'engager ni stipuler en son propre nom que pour soi-même. » Nous répondrons que cette disposition ne défend pas de stipuler pour autrui, soit comme mandataire, soit comme gérant d'affaires, qualité en laquelle agit la caution. Au reste, le législateur du Code Napoléon, par un texte formel, a reconnu que la caution avait le droit de stipuler sur l'existence de la dette, et que les conventions intervenues entre elle et le créancier profitent au débiteur qui s'en peut prévaloir, s'il le juge convenable ; c'est ainsi que le serment déféré à la caution sur l'existence de la dette profite, comme nous le verrons bientôt, même au débiteur principal (article 1365 C. N.).

§ III.

Perte fortuite du corps certain objet de l'obligation.

Nous trouvons ici l'application à l'obligation de la caution du principe écrit dans l'art. 1302 1° C. N., et ainsi formulé par la loi romaine : « *debitor certæ speciei interitu rei liberatur.* »

§ IV.

Impossibilité où s'est mis le créancier de subroger le fidéjusseur dans ses actions.

L'art. 2037 C. N. dispose à cet égard que « la caution est déchargée lorsque la subrogation aux droits, hypothèques et priviléges du créancier ne peut plus, par le fait de ce dernier, s'opérer en faveur de la caution. » Il importe avant tout de rechercher l'origine de cette disposition.

Assurément on ne saurait y voir une application de l'article 1251 C. N., établissant la subrogation légale au profit de celui qui, tenu avec d'autres ou pour d'autres au payement de la dette, avait intérêt à l'acquitter. Cet article, en effet, n'est que la reproduction des principes admis par la loi romaine en matière de subrogation ; à la cession *conventionnelle* des actions qui avait lieu à Rome a succédé chez nous la cession ou subrogation *légale*, il est vrai; mais le bénéfice dont il s'agit n'a point changé de caractère ; il impliquait et il implique pour le créancier l'obligation de céder au fidéjusseur ses actions, non celle de les lui conserver ; il en est donc quitte en les lui cédant telles quelles, c'est-à-dire dans tel état qu'il lui a plu de les réduire, pourvu que la fraude soit demeurée étrangère à ses actes.

Pénétrés avec raison de cette idée que l'exception *cedendarum actionum* n'impose pas au créancier qui veut s'en prévaloir la nécessité de conserver ses actions au fidéjusseur, certains jurisconsultes considèrent l'art. 2037 comme un corollaire du bénéfice de discussion. Voici en quelques mots l'exposé de leur doctrine : le bénéfice d'ordre a pour conséquence nécessaire de mettre le créancier dans l'obligation de conserver au fidéjusseur ses droits intacts contre le débiteur principal; il est évident, en effet, que, dès que la loi accorde au fidéjusseur ce bénéfice, il ne peut appartenir au créancier de l'en priver par son fait ou par sa négligence. Si donc un créancier a, par sa faute, rendu impossible la discussion du débiteur, le fidéjusseur est bien fondé à faire retomber sur lui les conséquences de cette impossibilité. Or, dès que le créancier est ainsi obligé de conserver ses actions entières pour être à même de discuter le débiteur principal, si la caution vient à l'exiger, il doit aussi les conserver intégralement pour le cas où la caution renoncerait à se prévaloir du bénéfice de discussion ; car il serait manifestement injuste que cette renonciation, toute dans l'intérêt du créancier, tournât contre la caution. Celle-ci, en un mot, doit, au moyen de la cession des actions du créancier, trouver, dans la discussion des facultés du débiteur, les ressources qu'y aurait trouvées ce créancier, si elle l'avait obligé à faire lui-même cette discussion. — Ce système repose sur une corrélation fort étroite qui existerait entre le bénéfice d'ordre et celui de subrogation, corrélation tout à fait inadmissible ; car, ainsi que cela résulte des développements qui précèdent, toutes les cautions indistinctement jouissent du dernier de ces bénéfices, tandis que certaines d'entre elles ne peuvent se prévaloir du premier. En d'autres termes, si le système que nous venons d'exposer devait être admis, on serait conduit à des résultats fort étranges : la caution solidaire ou judiciaire qui ne jouit pas du bénéfice de discussion ne pourrait invoquer l'exception tirée de l'art. 2037; or la disposition de cet article est conçue en termes absolus ; elle ne fait aucune espèce de distinction. Bien plus, le créancier pourrait impunément abdiquer les hypothèques grevant les immeubles sortis des mains du débiteur principal et ceux qui se trouvent situés hors du ressort de la Cour du lieu où le payement doit être effectué, puisque, à l'égard de l'une et de l'autre classe d'immeubles, la discussion ne peut être requise.

Pour nous, l'art. 2037 résulte de la combinaison des articles 1251 et 1382 du Code Napoléon. Le premier de ces articles impose au créancier l'obligation de céder ses actions ; le second, celle de les conserver, car il n'y a là qu'une application du principe : *Nul ne doit porter préjudice à autrui*, et la caution éprouverait du préjudice si, après avoir acquitté la dette, elle se trouvait dans l'impossibilité de réaliser les espérances qui l'ont déterminée à s'engager envers le créancier, de se prévaloir des sûretés attachées par celui-ci à sa créance. Au reste, nous retrouvons la même idée exprimée

en ces termes par le tribun Lahary devant le Corps législatif:
« Le fidéjusseur doit sans doute s'interdire tout ce qui pourrait compromettre la garantie de l'obligation qu'il a cautionnée. Mais, de son côté, le créancier ne doit-il pas s'interdire tout ce qui tendrait à ravir au fidéjusseur les moyens
d'être indemnisé du cautionnement qu'il a fourni ? C'est pour
maintenir entre eux ce devoir de réciprocité que le projet
(lisons l'art. 2037) décharge le fidéjusseur de son obligation,
lorsque la subrogation aux droits, hypothèques et priviléges
du créancier ne peut plus, par le fait de ce créancier, s'opérer
en sa faveur. »

Ceci posé, à quelles personnes l'art. 2037 est-il applicable ?
Bien que ce point soit controversé, nous admettons sans hési-
tation la doctrine de ceux qui soutiennent que sa disposition
s'étend à la caution même solidaire, car la caution même
solidaire n'est toujours qu'une caution, et non un débiteur
direct. « La solidarité, porte un arrêt de la Cour de cassation du 14 juin 1841, ne change ni la nature de l'obligation,
ni les conséquences qui en résultent ; la caution solidaire est
seulement privée du bénéfice de discussion, » et de celui de
division, doit-on ajouter ; d'ailleurs il est juste de faire supporter au créancier les conséquences de son propre fait. Admettre l'opinion contraire, ce serait restreindre, sans aucune
raison qu'on puisse, ce nous semble, trouver plausible, la
sage disposition de l'art. 2037, et étendre outre mesure l'effet
de la solidarité : telle est l'opinion soutenue par Merlin, par
MM. Duranton, Zachariæ et Ponsot, et consacrée par divers
arrêts de la Cour de cassation et des Cours impériales.

Que faudrait-il décider quant aux sûretés que le créancier
aurait laissées périr, si elles avaient été attachées à sa créance
postérieurement à l'engagement de la caution ? Nous croyons
que, même dans ce cas, la caution pourrait exciper de l'article 2037 pour repousser l'action du créancier ; car le Code
n'a pas reproduit les distinctions formelles que faisaient sur
ce point nos anciens auteurs, en sorte que l'on peut dire que

la caution a compté non-seulement sur les sûretés dont la naissance était contemporaine de son intervention, mais encore sur celles qui, dans un temps ou dans un autre, pourraient servir d'accessoire à la créance.

Quant aux faits qui, d'après l'art. 2037, sont de nature à opérer la décharge de la caution, Pothier distinguait entre le cas où la perte des actions provenait d'un fait positif de la part de ce créancier ou, suivant l'expression des docteurs, d'un fait *in committendo*, et celui où elle provenait d'une simple négligence ou, en d'autres termes, d'un fait *in omittendo*. Dans la première hypothèse, il admettait la déchéance du créancier, qu'il repoussait, au contraire, dans la seconde. Il motive cette différence par cette considération que la caution n'a pas pu mettre obstacle au fait par lequel le créancier a perdu ses sûretés, tandis qu'elle aurait pu paralyser les effets de sa négligence en le sommant de prendre les mesures nécessaires pour la conservation de ses droits; ainsi, par exemple, elle pouvait lui faire sommation d'avoir à interrompre, à ses risques et périls, la prescription d'une hypothèque contre les tiers acquéreurs; d'ailleurs, si le créancier est de bonne foi, sa négligence ne saurait lui faire encourir une déchéance. — Malgré ces raisons, la doctrine contraire nous semble préférable. Si les rédacteurs du Code eussent voulu consacrer la distinction de Pothier, ils auraient sans doute, comme le fait cet auteur, exigé, pour accorder à la caution l'exception *cedendarum actionum*, que le créancier se fût mis, par un fait *positif*, hors d'état de la subroger à ses droits. Il est à remarquer, d'ailleurs, que l'article 1383 Code Napoléon assimile la simple négligence à la faute positive; bien plus, on ne saurait raisonnablement reprocher à la caution de n'avoir pas agi elle-même à la place du créancier, ou de ne l'avoir pas mis en demeure d'agir; ce serait la condamner à un rôle plein de difficultés et de périls que de l'obliger ainsi indirectement à intervenir dans les affaires d'autrui. Observons enfin que, dans notre législation actuelle, les principes du mandat *credendæ pecuniæ* et du cautionnement proprement dit ont été fondus ensemble, considération qui aurait bien pu déterminer le législateur à édicter l'article 2037.

Le principe d'après lequel le fidéjusseur est autorisé à fonder sa décharge sur les omissions comme sur les faits du créancier qui lui portent préjudice souffre exception, suivant M. Troplong, pour le cas où, la dette étant devenue exigible par l'échéance du terme, la caution n'a pas usé du droit que lui confère l'article 2032, et a laissé le débiteur devenir insolvable. Dans ce cas, en effet, la caution, après avoir montré elle-même tant de négligence, ne serait pas fondée à reprocher au créancier une conduite qui, si elle n'a pas été le résultat de son inertie, a pu lui être inspirée par des sentiments d'humanité pour le débiteur.

Des mots *par le fait de ce créancier*, on tire, par argument *à contrario*, cette conséquence, à savoir que l'article 2037 n'est plus applicable lorsque l'impossibilité de subroger la caution aux actions du créancier provient du fait d'un autre que ce dernier. La Cour de cassation a jugé en ce sens, par arrêt du 9 mars 1835, que, dans l'hypothèse d'une soustraction frauduleuse de marchandises d'un entrepôt, la caution de l'entrepositaire ne peut se prétendre libérée envers l'administration, quand ce n'est pas par le fait de celle-ci que la soustraction a eu lieu. — A plus forte raison, le fidéjusseur n'est-il pas déchargé, s'il a rendu lui-même la subrogation impossible.

Il est, du reste, évident que, si la subrogation aux droits du créancier n'est devenue impossible que pour partie, la caution n'est affranchie de son engagement que dans la même proportion ; car, ainsi qu'on le dit généralement en posant comme règle juridique une proposition que la Rochefoucault a écrite au nombre de ses maximes , « *l'intérêt est la mesure de nos actions.* »—Il résulte de là que la décharge obtenue du créancier par l'une des cautions libère ses cofidé-

jusseurs de sa portion contributoire ; on argumenterait en
vain pour l'opinion contraire de ces termes de l'art. 1287
C. N. : « La remise ou décharge conventionnelle... accordée
à l'une des cautions ne libère pas les autres. » Il est vrai que
cette disposition a été justifiée par ces paroles du consul
Cambacérès : «... Les cautions ne sont pas cautions entre
elles...; l'engagement de l'une n'a aucun rapport à l'engagement de l'autre... ; » mais un pareil langage ne saurait être
tenu depuis que l'art. 2033 est venu établir des rapports de
gérants d'affaires en quelque sorte entre les divers fidéjusseurs, et par suite abroger implicitement la disposition précitée de l'art. 1287.

SECTION III.

MODE QUI, SANS ÉTEINDRE L'OBLIGATION, LA PARALYSE.

On comprend que nous voulons parler de la confusion. Le
point de vue sous lequel nous devons l'examiner ici nous est
suggéré par cette disposition de l'art. 1301 C. N. : « La confusion... qui s'opère *dans la personne de la caution* n'entraîne point l'extinction de l'obligation principale...,» ce qui
arrive quand les qualités de débiteur et de caution, ou celles
de créancier et de caution viennent à se réunir sur la même
tête. Nous examinerons ces deux hypothèses.

1re *hypothèse :* le débiteur succède à la caution , ou *vice
versâ.* — Nous savons que les jurisconsultes romains faisaient sur ce point une distinction : ils admettaient sans difficulté la confusion, quand le débiteur héritait de la caution ;
mais, lorsqu'à l'inverse la caution héritait du débiteur, une
sous-distinction avait lieu entre le cas où l'obligation accessoire était moins pleine et celui où elle était plus pleine que
l'obligation principale : — au premier cas, il y avait extinction du cautionnement, de telle sorte que le fidéjusseur du
fidéjusseur était libéré, et si l'hypothèque donnée par le fidé-

jusseur originaire n'était pas éteinte, c'était sans doute parce
que la *fidejussio* était régie par les principes rigoureux du
droit civil, et l'hypothèque par les principes beaucoup plus
larges du droit honoraire; — au second cas, le cautionnement subsistait, en sorte que le certificateur de la caution
pouvait être valablement poursuivi. Toutes ces distinctions
n'ont pu être reproduites par notre Code, ce que prouve la
disposition si générale de l'art. 2035 C. N.: « La confusion qui
s'opère dans la personne du débiteur principal et de la caution, lorsqu'ils deviennent héritiers l'un de l'autre, n'éteint
pas l'action du créancier contre celui qui s'est rendu caution de la caution. »

Le législateur a voulu exprimer par cette disposition que
la confusion n'opère extinction du cautionnement qu'autant
qu'elle ne nuit pas au créancier. Le plus souvent celui-ci n'a
aucun intérêt à contester l'existence de la confusion, car il
ne perd rien ; il gagne même fréquemment à trouver réunies dans une même personne des garanties précédemment
divisées entre deux, en ce que, par exemple, on ne peut lui
opposer le bénéfice de discussion, ou même à trouver con-
fondus entre les mains d'une même personne deux patrimoines
autrefois distincts ; alors il n'y a pas de doute que le cautionnement, devenu sans objet pour le créancier, ne soit considéré
comme éteint. Mais il en serait autrement si, à raison de
quelque circonstance particulière, le créancier avait intérêt à
réclamer l'effet du cautionnement; on ne saurait lui objecter,
dans une telle hypothèse, que cet effet se trouve anéanti par
la confusion; car, d'un côté, rien ne serait aussi injuste que
de voir le créancier privé sans son fait d'une garantie qu'il a
voulu se procurer et qui lui a été librement accordée; de
l'autre côté, la confusion opère plutôt la paralysie que l'extinction de l'obligation du fidéjusseur, de telle manière que
si l'obligation principale vient à être annulée par suite d'une
exception personnelle au débiteur, cette annulation fait cesser
la confusion et laisse reparaître le cautionnement dans toute

sa force. Supposons, par exemple, une obligation principale contractée par un mineur et cautionnée par une personne capable ; celle-ci, devenue héritière du mineur, ne serait pas fondée à invoquer contre le créancier, outre la nullité de l'obligation principale, l'extinction du cautionnement qu'il avait exigé pour se mettre à l'abri de cette nullité. — Pareillement, si le fidéjusseur hérite du débiteur principal devenu insolvable, le créancier peut demander la séparation des patrimoines, qui, rescindant la confusion, a pour effet de ressusciter en quelque sorte la personne morale du défunt et de faire reparaître le cautionnement. — Disons enfin que la confusion ne saurait éteindre, au préjudice du créancier, l'hypothèque à lui consentie par la caution, de même qu'elle laisse subsister, comme nous l'avons vu, l'obligation du certificateur.

La confusion ne doit pas nuire non plus au débiteur principal ; il est convenable de rappeler ici qu'elle ne l'oblige pas à fournir une caution nouvelle en remplacement de celle qui se trouve déchargée.

Quant aux cofidéjusseurs de la caution, la confusion n'exerce aucune influence sur leur obligation ; elle constitue à leur égard un fait auquel ils sont demeurés étrangers, en sorte qu'ils supportent le fardeau de la dette, d'après la règle écrite en l'article 2033, concurremment avec la caution ou son héritier.

2° *hypothèse : le créancier succède à la caution, et vice versâ.* — La confusion qui s'opère dans cette hypothèse n'a également que des effets extinctifs limités ; mais elle n'efface point le passé, et laisse subsister les actions antérieurement nées. Si donc, avant la confusion, la caution avait payé quelque chose à la décharge du débiteur, le créancier devenu héritier de la caution, ou la caution devenue héritière du créancier aurait l'action de mandat pour répéter contre le débiteur l'à-compte qu'elle aurait versé pour lui.

La confusion ne peut non plus aggraver la position du

débiteur. Supposons, par exemple, que le créancier succède à la caution ; pourra-t-il se présenter comme s'étant *payé à lui-même*, et réclamer, par application de l'art. 2001 C. Nap., les intérêts de ses déboursés du jour où la confusion s'est opérée ? Non, car on arriverait ainsi à un résultat inadmissible, à faire produire *ipso jure* des intérêts à une dette qui n'en produisait pas avant la confusion ; on ne peut donc lui attribuer les effets d'un payement réel ; d'ailleurs, s'il en était autrement, l'existence de l'obligation principale impliquerait contradiction. Par conséquent, la dette principale demeurera ce qu'elle était : si elle produisait des intérêts avant la confusion, elle continuera d'en produire, et si elle n'en produisait point alors, elle n'en produira pas davantage depuis cette époque : telle est sur ce point la doctrine de MM. Troplong et Ponsot.

SECTION IV.

SERMENT. — TRANSACTION. — CHOSE JUGÉE. — PRESCRIPTION.

§ I

Serment et transaction.

Lorsque le créancier a déféré le serment à la caution sur l'existence seule du cautionnement, le serment prêté par elle ne profite pas au débiteur principal. L'art. 1365 Code Nap., en décidant le contraire, se place dans l'hypothèse où le serment a été déféré à la caution sur l'existence de la dette principale elle-même. Ce que nous disons du serment, il faut l'étendre à la transaction, le serment n'étant autre chose qu'une transaction judiciaire entre les plaideurs. Mais, si la transaction et le serment sont intervenus sur la dette principale elle-même, ils profitent au débiteur principal et à tous les fidéjusseurs.

Qu'arriverait-il, si la caution avait refusé de prêter le serment à elle déféré et de le référer, ou si la transaction était désavantageuse au débiteur principal ? le créancier pourrait-il s'en prévaloir contre ce dernier ? Nullement, car la caution a reçu mandat du débiteur principal à l'effet d'améliorer sa position, et non à l'effet de l'empirer.

§ II.

Chose jugée.

Nous retrouvons les distinctions qui précèdent, quand il s'agit de la *chose jugée* entre le créancier et la caution. Si l'on suppose que le jugement ne soit intervenu que sur une question de cautionnement, par exemple sur l'incapacité de la caution, il est évident que la *chose jugée* ne sera d'aucun profit pour le débiteur principal ; les débats ont-ils, au contraire, porté sur l'existence de la dette principale, la caution a-t-elle opposé au créancier, par exemple, que cette dette n'a jamais existé, ou bien qu'elle est éteinte, alors le jugement obtenu par la caution sera opposable au créancier par le débiteur. Observons toutefois que cette conséquence ne se produira pas *nécessairement* au cas où le fidéjusseur aurait triomphé en excipant du dol ou de la violence qui vicierait l'obligation principale, car il peut se faire que, postérieurement au cautionnement, le débiteur ait ratifié cette obligation ; dans ce cas, d'après ce que nous avons dit en traitant du cautionnement d'une obligation annulable, il arrive que « la caution, suivant les expressions de M. Troplong, est maîtresse d'opposer l'exception d'invalidité, quand même le débiteur ne le pourrait pas, » et celui-ci demeure engagé nonobstant le jugement qui a libéré la caution.

Quant à la *chose jugée* contre la caution, elle peut être remise en question par le débiteur, car le fidéjusseur qui émet des doutes sur l'existence de la dette ne doit pas les faire résoudre par les tribunaux sans appeler le débiteur principal, sur qui, en définitive, retombe la perte du procès.

Si le fidéjusseur avait cautionné solidairement le débiteur, la décision serait encore la même; car la solidarité ne change pas la nature des rapports qui existent entre le débiteur et la caution, elle ne fait que priver celle-ci des bénéfices de discussion et de division.

§ III.

Prescription.

La prescription de la dette, comme l'a jugé la Cour de Bruxelles par arrêt du 26 juin 1818, peut être invoquée par la caution, alors même que le débiteur principal y renonce; car le droit de s'en prévaloir appartient à toute personne ayant intérêt à ce qu'elle soit acquise (art. 2225 C. N.).

En ce qui touche l'interruption de la prescription, plusieurs de nos anciens jurisconsultes décidaient que, lorsqu'elle était interrompue contre le débiteur principal, elle ne l'était pas par cela seul contre la caution, et ils en donnaient ce motif, à savoir que « les cautions, quoique débiteurs de la même chose que le débiteur principal, sont débiteurs en vertu d'un autre contrat; » et faisant allusion à ce qui se passait dans le droit romain, ils ajoutaient ceci : « L'action qu'a le créancier contre eux est différente de celle qu'il a contre le débiteur principal. » On peut répondre à cette argumentation que, s'il y a deux contrats, ce qui est incontestable, l'un est l'accessoire de l'autre ; que l'action née du contrat accessoire n'a d'autre objet que de corroborer celle née du contrat principal : telle était l'opinion de Pothier, qu'a consacrée l'art. 2250 C. N., ainsi conçu : « L'interpellation faite au débiteur principal, ou sa reconnaissance, interrompt la prescription contre la caution. » M. Bigot-Préameneu a essayé de justifier cette décision, en disant

que, « quant à la caution, son obligation accessoire dure
autant que l'obligation principale. » Ce motif ne saurait être
satisfaisant, car il est la négation de la possibilité de l'extinction du cautionnement par voie principale ; à nos yeux,
la disposition qui précède ne peut s'expliquer que par un
mandat tacite qu'aurait reçu de la caution le débiteur, à
l'effet de payer pour elle et de recevoir les poursuites du
créancier.

Réciproquement, la prescription interrompue contre la
caution l'est-elle aussi contre le débiteur? L'affirmative,
soutenue par MM. Troplong et Dalloz, nous semble devoir
être admise ; car le fidéjusseur est censé mandataire du
débiteur pour payer, en sorte qu'à ce titre il a capacité pour
recevoir, tant en son nom qu'en celui du débiteur, les de-
mandes à fin de payement ; toutefois le fidéjusseur doit prévenir l'accumulation des intérêts en donnant connaissance
au débiteur des actes interruptifs. Nous répondons par cette
restriction à l'argument que formulent contre nous les par-
tisans de la négative en disant que le fidéjusseur ne saurait
avoir mandat pour aggraver la position du débiteur. Nos
adversaires vont plus loin : ils voient un excès de pouvoir
dans le fait, de la part de la caution, de reconnaître la dette,
et pour cela ils ne veulent pas que cet acte interrompe la
prescription contre le débiteur. L'objection est peu fondée,
partant facile à réfuter ; il suffit de répondre que quiconque
a reçu mandat d'acquitter une dette a reçu implicitement mandat d'en promettre l'acquittement, promesse qui
n'est autre chose qu'une reconnaissance ; au reste, loin de
nuire au débiteur, la reconnaissance émanant de la caution
prévient peut-être les poursuites dont il allait être l'objet.

CHAPITRE II.

DE L'EXTINCTION DU CAUTIONNEMENT COMME CONSÉQUENCE DE CELLE DE L'OBLIGATION PRINCIPALE.

Si l'obligation cautionnée s'éteint, le cautionnement s'éteint avec elle, car l'accessoire ne peut subsister sans le principal ; et peu importe que l'extinction de la dette cautionnée s'opère de plein droit ou qu'elle s'opère seulement par le secours d'une exception ; dans ce dernier cas, en effet, le moyen qui se trouve à la disposition du débiteur principal peut être opposé au créancier par la caution, à moins toutefois que ce moyen n'ait été accordé au débiteur que par suite d'un privilége, d'une protection toute spéciale de la loi. C'est ce qui résulte de la disposition de l'art. 2036 C. N.: « La caution peut opposer au créancier toutes les exceptions qui appartiennent au débiteur principal et qui sont inhérentes à la dette ; mais elle ne peut opposer les exceptions qui sont *purement personnelles* au débiteur. » Pourquoi cette différence entre les deux catégories d'exceptions? C'est parce que le créancier n'a souvent exigé l'engagement d'une caution que pour se garantir contre les conséquences des *exceptions personnelles au débiteur* ; or son intention ne serait pas remplie si la caution pouvait aussi se prévaloir de ces moyens de défense. — Ces expressions : *exceptions purement personnelles au débiteur*, n'ont pas ici le même sens que dans l'art. 1208 C. N., et pour déterminer la portée des dispositions des art. 2036 et 1208 qui les contiennent, il faut se référer aux principes de la matière à laquelle se rapporte chacune de ces dispositions. « C'est ainsi, dit M. Zachariæ, que l'on doit dire, d'après la nature du cautionnement, et par argument de l'art. 2012, que la caution, même solidaire, est autorisée à opposer au créancier les exceptions que le débiteur principal lui-même pourrait tirer des vices de son consentement, et que l'on doit décider, au contraire, d'après la nature des obligations solidaires, que les exceptions fondées sur un vice du consentement de l'un des débiteurs solidaires sont purement personnelles à ce débiteur, et ne peuvent être opposées par les autres. » Ceci entendu, nous allons passer en revue les principaux moyens d'extinction qui réagissent du débiteur sur la caution, en divisant notre matière comme dans le chapitre précédent.

SECTION I.

MODES NATURELS D'EXTINCTION.

§ Ier.

Payement.

Quand le débiteur principal a payé ce qu'il doit, le cautionnement tombe et le fidéjusseur est libéré.

Il peut arriver que le payement soit fait par une personne étrangère à la dette (art. 1236 C. N.), ou bien avec les deniers empruntés à un tiers par l'un des obligés. Dans le premier cas, le créancier peut subroger celui qui le paye ; dans le second, le débiteur peut accorder le même avantage au prêteur de deniers (art. 1250 C. N.), et dans l'un et l'autre cas la subrogation produira ses effets non-seulement contre le débiteur principal, mais encore contre ses cautions (articles 1250 et 1252 C. N. comb.). La disposition de ce dernier article fait cesser les divergences qui s'étaient élevées dans notre ancien droit sur les effets de la subrogation émanée du débiteur seul. Ce mode de subrogation était autorisé par une ordonnance de 1609, dite *des subrogations*; mais on se demandait si la subrogation produirait alors ses effets, comme quand elle était consentie par le créancier, non-seulement à l'égard du débiteur, mais encore à l'égard des cautions. Cette question, résolue négativement par un arrêt de règlement rendu en 1666 par le parlement de Rouen, affirmativement au contraire par un arrêt de règlement rendu en 1690 par le parlement de Paris, se trouve désormais tranchée en ce dernier sens par l'article 1252 du Code Napoléon. Mais le législateur, pour empêcher des fraudes du débiteur envers ses coobligés, a imposé à la subrogation des conditions qui garantissent la sincérité de l'acte : il a voulu que l'emprunt et la quittance fussent passés devant notaires, et qu'il fût déclaré dans l'acte d'emprunt que la somme a été empruntée pour faire le payement, et dans la quittance que ce sont, en effet, les deniers empruntés qui ont servi à cet usage. (Art. 1250, 2°, C. N.) Sans ces formalités, il serait à craindre qu'un débiteur, voulant se procurer du crédit, ne déguisât, sous la forme d'un emprunt destiné à payer un précédent créancier, un acte par lequel il contracterait une nouvelle dette, et ne retînt par cette fraude dans les liens d'un nouveau cautionnement les personnes qui avaient accédé à la première obligation. Si une caution prétendait que les conditions exigées pour la validité de la subrogation n'ont pas été remplies, et partant qu'elle est libérée de son engagement, elle devrait fournir la preuve de ce qu'elle avancerait.

Lorsque le débiteur principal a plusieurs dettes envers le créancier, et que l'une de ces dettes a été cautionnée, le payement par lui effectué, lorsque la quittance ne porte aucune imputation, doit être imputé sur cette dernière dette ; car elle est plus onéreuse que les autres, eu égard au recours auquel se trouve exposé le débiteur lorsque la caution vient lui réclamer le montant du payement par elle effectué au créancier, et celui des frais de poursuites et des dommages-intérêts.

Une autre règle relative à l'imputation, c'est qu'un débiteur ne peut, sans le consentement du créancier, la diriger sur le capital, par préférence aux intérêts ou arrérages. (Art. 1254 C. N.) D'après cela, si la caution n'a garanti que le payement du capital, et que le créancier ait reçu du débiteur un à-compte représentant le montant des intérêts, elle pourra être poursuivie pour tout le capital, à moins que, lors de son engagement, elle n'ait exigé du créancier qu'il renonçât à se prévaloir de cette imputation établie par la loi à son profit.

Une question plus délicate se présente quand la caution ne s'est engagée que jusqu'à concurrence d'une partie de la dette. Un payement partiel fait par le débiteur devra-t-il alors s'imputer sur la partie cautionnée ou sur celle qui ne l'est pas, question qui présente un grand intérêt lorsque le débiteur, tombé en faillite, par exemple, ne peut payer qu'une partie de son passif ? Sous notre ancien droit, un arrêt rendu le 3 août 1709 par la seconde chambre des enquêtes de Paris voulait que l'imputation fût faite sur la partie cautionnée de la dette, et Brillon, qui rapporte cet arrêt, étayait cette jurisprudence de plusieurs lois romaines établissant que le débiteur est censé acquitter la dette la plus onéreuse. Cela est vrai, disons-nous, quand il y a plusieurs dettes, et partant erroné quand il n'y en a qu'une seule, hypothèse que nous examinons. Nul ne conteste que le créancier d'une dette unique ne puisse être contraint à en recevoir divisément le payement ; si donc il accepte un payement partiel, il peut mettre telle condition qu'il lui plaît à son acceptation. Peut-on présumer qu'il eût accepté un payement partiel, si le débiteur eût voulu l'imputer de manière à nuire à ses droits, de manière à éteindre le cautionnement que ce créancier n'avait exigé que pour se prémunir, jusqu'à concurrence de la somme cautionnée, contre l'insolvabilité du débiteur ? L'opinion de Brillon ne saurait donc être admise.

Quant aux offres réelles suivies de consignation effectuées par le débiteur, elles ne libèrent irrévocablement les cautions que dans le cas où ce débiteur ne les aurait pas retirées avant qu'elles fussent acceptées par le créancier, ou qu'elles fussent déclarées bonnes et valables par jugement passé en force de chose jugée (art. 1261 et 1262 C. N.).

§ II.

Compensation.

La caution peut opposer la compensation qui s'opère entre le débiteur principal et le créancier, car elle ne peut être obligée alors que ce débiteur ne l'est plus lui-même.

SECTION II.

MODES ACCIDENTELS D'EXTINCTION.

Les modes accidentels d'extinction de la dette principale sont : 1° la novation et la dation en payement ; — 2° la remise ; — 3° la perte de la chose objet de l'obligation.

§ I.

Novation et dation en payement

La novation qui a lieu entre le créancier et le débiteur principal opère la libération de la caution. Cependant le créancier peut mettre pour condition à la novation que le fidéjusseur accédera à la nouvelle dette, qu'il en répondra comme il répond de la première ; si la caution donne son adhésion à cet arrangement, la nouvelle créance sera garantie par le cautionnement; si elle la refuse, la novation est défaillie ; les choses restent dans leur premier état.

Que devrait-on décider dans le cas où il interviendrait

entre le créancier et le débiteur une convention autorisant celui-ci à payer autre chose que ce qu'il avait promis ? cette convention libérerait-elle la caution ? — Oui, si elle opérait novation ; non, dans le cas contraire. — Ainsi M. Troplong enseigne que celui qui se serait porté caution d'une vente se trouverait déchargé si, les choses étant encore entières, le vendeur et l'acquéreur venaient à changer les conditions, et notamment le prix de la vente ; car il y aurait alors un nouveau contrat auquel n'aurait point accédé la caution. Mais, si les choses n'étant plus entières, parce qu'il y a eu payement de quelques à-compte ou livraison de l'objet vendu, de nouvelles conventions interviennent entre le débiteur et le créancier, elles ne libéreront pas le fidéjusseur, mais il pourra s'en prévaloir en tant qu'elles améliorent sa condition, sans que le créancier puisse les invoquer contre lui pour la rendre pire ; le débiteur, en effet, a représenté la caution dans tous les actes de nature à opérer ou à faciliter l'extinction du cautionnement, non dans les actes de nature à la retenir dans les liens de son obligation.

Si le débiteur d'une certaine somme convenait avec le créancier, et sans l'intervention de la caution, de convertir son obligation en une rente constituée, il y aurait là évidemment une novation qui, éteignant la première obligation, déchargerait la caution. C'est ce qu'ont jugé deux arrêts rapportés par Basnage, des 29 mars 1661 et 1er juillet 1667. Il est même à remarquer que, dans l'espèce du second de ces arrêts, on n'a eu, et avec raison, aucun égard à la réserve que le créancier avait expressément faite dans la nouvelle convention de ses actions contre les fidéjusseurs, ces réserves ne pouvant pas soutenir un droit qui n'avait plus de base.

Quant à la simple prorogation de terme accordée par le créancier au débiteur principal, elle n'opère pas novation, et par suite ne décharge pas la caution, « qui peut, en ce cas, poursuivre le débiteur pour le forcer au payement, » après toutefois l'expiration du terme primitivement fixé (art. 2039 et 2032 4° C. N.). Cette décision s'applique au cas où la caution s'est engagée purement et simplement ; il ne serait pas juste, en effet, qu'elle fût libérée par la simple prorogation de terme, faveur accordée au débiteur et dont elle-même profite ; il suffit, pour la protection de ses intérêts, qu'elle ait le droit, si les nouvelles conventions passées entre le créancier et le débiteur lui déplaisent, de contraindre celui-ci à payer la dette ou d'opérer elle-même le payement. — Lorsque la caution ne s'est obligée que pour un temps, il est clair que, dans ce cas, elle se trouve libérée à l'expiration du temps auquel elle a limité son engagement, nonobstant toute prorogation de terme convenue entre le débiteur et le créancier ; elle ne saurait être liée par une convention qui étendrait sans son consentement la durée de son obligation.

Nous consacrerons maintenant quelques lignes à la dation en payement. Ce mode de libération n'est réellement extinctif de l'obligation qu'autant qu'il transfère au créancier la propriété de la chose payée ; si donc cette condition est défaillie, en un mot si le créancier est évincé, l'obligation reparaît avec tous ses accessoires ; c'est là ce qui résulte des principes rigoureux du droit ; mais notre législateur, adoptant la doctrine que professaient Pothier et Basnage, a consacré une exception à ces principes dans l'art. 2038 C. N., ainsi conçu : « L'acceptation volontaire que le créancier a faite d'un immeuble ou d'un effet quelconque en payement de la dette principale décharge la caution, encore que le créancier vienne à en être évincé. » La caution, dans ce cas, a eu le plus juste motif pour se croire libérée ; elle n'avait donc aucun intérêt à surveiller la solvabilité du débiteur principal qui, dans l'intervalle, a pu devenir insolvable. — L'analogie nous conduit à étendre cette décision au cas où, une novation étant intervenue entre le créancier et le débiteur, la nouvelle obligation viendrait à être annulée ; on nous opposera sans doute que les exceptions sont de droit étroit ;

mais cette objection tombe devant la maxime : *Ubi eadem ratio , ibi idem jus.* D'ailleurs, si l'on en croit M. Ponsot , la disposition de l'art. 2038 ne serait pas limitative, « *parce que la question générale s'était ainsi spécifiée devant les tribunaux.* »

Que faudrait-il décider si le créancier n'avait accepté la dation en payement que sous la réserve de ses droits contre la caution ? Si cette réserve a été notifiée à la caution, elle pourrait lui être opposée, bien que convenue en son absence, car, étant avertie du péril qu'elle court en négligeant d'agir, elle peut, dans les cas prévus par l'art. 2032 C. N., poursuivre contre le débiteur la décharge du cautionnement que cette réserve laisse subsister conditionnellement contre elle ; d'ailleurs cette notification à la caution n'équivaut-elle pas à une acceptation expresse de sa part? (Art. 1690 C. N.) Si, au contraire, la réserve n'a pas été notifiée, elle ne saurait être opposable à la caution, qui pourrait, dans ce cas, se prévaloir de l'art. 2038.

§ II.

Remise.

La remise faite au débiteur profite à la caution (art. 1287 C. N.). — Néanmoins cette règle ne s'applique qu'autant qu'il s'agit de la remise de la dette elle-même, et non dans le cas où le créancier s'est borné à faire au débiteur remise de l'action qu'il a contre lui. Nous trouvons une application de cette dernière hypothèse dans le cas de concordat : quand un commerçant vient à tomber en faillite, et que la majorité des créanciers représentant les trois quarts en sommes lui a fait remise partielle de ses dettes, les cautions qui ont garanti certaines d'entre elles continueront à être tenues pour leur montant intégral ; et il n'y a pas à distinguer ici entre les créanciers qui ont signé le concordat et ceux qui ont refusé de le signer ; les premiers comme les derniers conserveront leur action pour le tout contre les cautions ; la remise qu'ils ont consentie au débiteur est purement personnelle : ils peuvent dire, en effet, qu'ils avaient exigé l'intervention des cautions pour se prémunir contre les conséquences de la faillite.

. Par exception, nous croyons, nonobstant la solution contraire qui semblerait résulter de la combinaison des art. 1419 C. N. et 545 C. comm., que le mari commun en biens peut se prévaloir des remises faites par concordat à sa femme marchande publique, lorsqu'il s'est porté caution des engagements solidaires par elle contractés ; s'il en était autrement, le concordat serait tout à fait inutile, puisque la femme ne fait le commerce que dans l'intérêt de la communauté ; d'ailleurs, eu égard à la société qui existe entre les époux, la remise faite à l'un doit profiter à l'autre.

§ III.

Perte de la chose due.

Lorsque le corps certain qui fait l'objet de l'obligation principale vient à périr par cas fortuit, le débiteur est libéré, et avec lui la caution.—Si c'est cette dernière qui a fait périr le corps certain, cette circonstance constitue, par rapport au débiteur, un cas fortuit qui le libère, et comme le fidéjusseur est responsable de ses fautes, l'extinction de l'obligation principale n'entraîne pas ici celle du cautionnement.—Si c'est au contraire par le fait du débiteur qu'a péri la chose due, le fidéjusseur se trouve obligé, à moins toutefois qu'il n'ait restreint son engagement.

SECTION III.

[MODE QUI, SANS ÉTEINDRE L'OBLIGATION, LA PARALYSE.]

La confusion éteint en quelque sorte l'obligation principale, et par voie de conséquence le cautionnement, quand
elle réunit sur la même tête les qualités de débiteur et de
créancier. Dans ce cas, en effet, le créancier est censé s'être
payé à lui-même.

Si la confusion venait à cesser et l'obligation principale à
renaître, le cautionnement serait-il éteint? Ce point comporte
une distinction : la cessation de la confusion procède-t-elle
d'un fait nécessaire, *ex causa antiqua et necessaria*, est-elle
le résultat de l'annulation de l'acte générateur de la confusion, le cautionnement renaît, *non a morte; sed a somno re-
surgit;* procède-t-elle, au contraire, d'un fait volontaire
émané de la personne en qui s'opérait la confusion, le cautionnement demeure éteint. Ainsi, supposons que le débiteur
ait hérité du créancier, la vente que ce débiteur ferait de
l'hérédité éteindrait le cautionnement ; mais l'annulation du
testament qui contient son institution le laisserait subsister.

SECTION IV.

SERMENT. — TRANSACTION. — CHOSE JUGÉE. — PRESCRIPTION. — CAUSES DE
NULLITÉ.

§ 1.

Serment.

Le serment prêté par le débiteur sur la non-existence de
la dette principale libère la caution (art. 1365 C. N.), et réciproquement on peut invoquer contre la caution soit le

refus qu'a fait le débiteur de prêter serment, soit le serment que le créancier, à qui il avait été déféré par le débiteur, a prêté sur le non-payement de la dette ; car, dans ces deux cas, un jugement intervient pour condamner le débiteur, et nous verrons bientôt que la chose jugée contre lui est opposable à la caution.

§ II.

Transaction.

Lorsqu'il intervient entre le créancier et le débiteur une transaction contenant des clauses avantageuses pour celui-ci, la caution a, comme lui, le droit de s'en prévaloir. Mais il ne serait pas loisible au débiteur, en consentant à une transaction qui aggraverait sa position, d'aggraver en même temps la condition de la caution ; celle-ci serait fondée à invoquer, même malgré lui, les exceptions dérivant de la convention primitive auxquelles la transaction aurait eu pour objet de renoncer. De là il résulte qu'à la différence de la transaction *judiciaire*, du serment décisoire, en d'autres termes, la transaction *extrajudiciaire* ne peut aggraver la position de la caution ; or ceci n'implique point contradiction : la caution a dû prévoir, en s'obligeant, la possibilité d'un procès, et elle est censée avoir donné, pour ce cas, mandat au débiteur de soutenir les intérêts communs ; mais elle n'a pu lui conférer un mandat à l'effet de la représenter dans une transaction ; un tel acte a dû échapper à ses prévisions, car il est parfaitement libre et volontaire de la part du débiteur, il ne s'impose pas nécessairement à lui comme une demande en justice.

§ III.

Chose jugée.

La caution, avons-nous dit, est représentée en justice par

le débiteur lorsqu'il plaide sur l'existence de la dette : rien n'est plus juste; car le débiteur est souvent plus capable que la caution pour défendre à la demande ; il est mieux instruit des moyens et des faits ; il résulte de là que le jugement obtenu par le débiteur profite à la caution, et que le jugement obtenu contre le débiteur lui est opposable. Il a été jugé en ce sens par un arrêt de la Cour de cassation, rendu le 27 novembre 1811, que la caution ne peut former tierce opposition à un jugement rendu avec le débiteur qu'autant qu'elle ne peut être considérée comme ayant été représentée par celui-ci lors du jugement (art. 474 C. pr. civ.), c'est-à-dire qu'autant qu'elle invoque des exceptions purement personnelles, et non des exceptions réelles inhérentes à l'obligation principale et déjà employées par le débiteur lui-même.

La caution, ayant été partie dans l'instance avec le débiteur, peut, même contre son gré, interjeter appel du jugement rendu contre lui, pourvu que le délai fixé par l'art. 443 du Code de procédure ne soit pas écoulé : il importerait peu qu'on n'eût pas signifié le jugement personnellement à la caution; il suffirait qu'il eût été signifié au débiteur qui la représente. Nous devons ajouter que l'acquiescement fait par le débiteur au jugement qui le condamne ne saurait fermer à la caution la voie de l'appel : « Dès qu'elle a le droit d'en appeler, dit Merlin, il est impossible qu'elle en soit privée par le fait du débiteur. » — Si le jugement avait été rendu en dernier ressort, la caution pourrait, sans aucun doute, en demander la rétractation par voie de la requête civile, ou la cassation en se pourvoyant devant la Cour suprême.

§ IV.

Prescription.

Il nous suffira de renvoyer à ce que nous avons dit sur cette matière dans le chapitre précédent.

§ V.

Causes de nullité.

Nous avons déjà vu, en traitant de la *base du cautionnement,* l'influence que les moyens de nullité peuvent avoir sur
les deux obligations du débiteur et de la caution. Il nous
suffit d'y renvoyer.

Nous ajouterons seulement que, lorsque la résolution d'un
contrat a lieu pour raison d'inexécution, la caution qui y est
intervenue pour en garantir les effets ne peut argumenter de
cette résolution pour se prétendre libérée. L'inexécution du
contrat principal met précisément en évidence l'utilité du
cautionnement. C'est ainsi que les cautions intervenues
pour garantir l'exécution d'un concordat sont libérées par
son annulation, mais non par sa résolution (art. 520 C.
comm.).

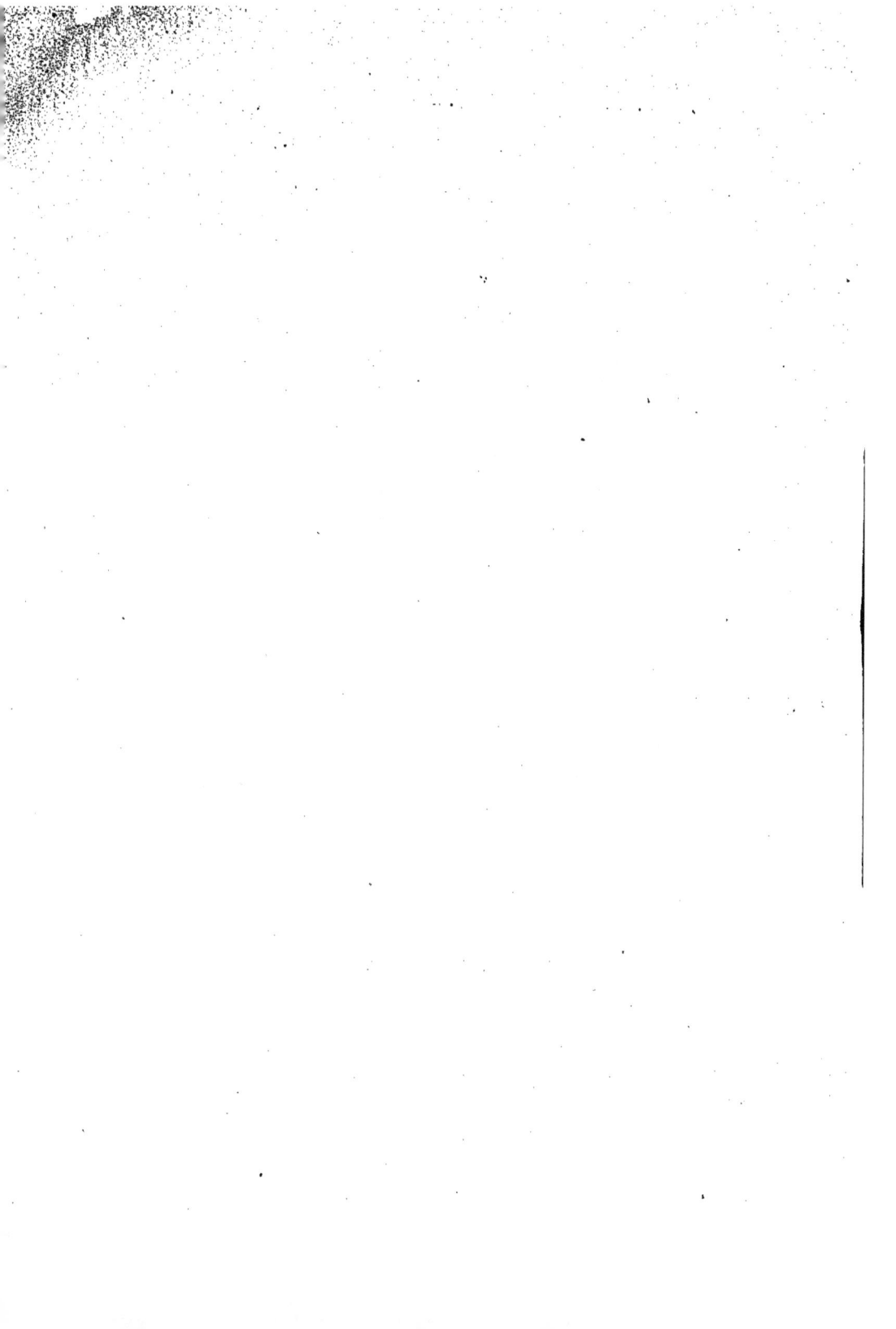

POSITIONS.

DROIT ROMAIN.

I. Il n'y a pas contradiction entre les lois 19, D., *de dolo malo*, et 95, § 1, D., *de solutionibus.*,

II. Pour savoir si le fidéjusseur du mineur de 25 ans peut invoquer la *restitutio in integrum*, il faut distinguer.

III. L'engagement du *fidejussor indemnitatis* est-il pur et simple, ou conditionnel ? — Il est conditionnel.

IV. Il n'y a qu'une apparence de contradiction entre les lois 21, § 5, D., *de fidejussoribus*, et 11, D., *mandati*.

V. Les lois 71, § 1, D., *de solutionibus*, et 69, D., *de fidejussoribus*, statuent dans l'hypothèse d'un fidéjusseur libéré seul par le laps de temps.

VI. Il n'y a pas contradiction entre les lois 95, § 1, D., *de solutionibus*, et 5, pr., D., *ut legatorum*....

VII. L'engagement d'un fou ou d'un prodigue peut-il être valablement cautionné ? — Il faut distinguer.

DROIT FRANÇAIS.

CODE NAPOLÉON.

I. Peut-on cautionner une dette de jeu ? — Non.

II. Le mari ou la femme vend le fonds dotal en déclarant quelle est sa qualité et en promettant d'indemniser l'acquéreur en cas d'éviction; cette vente peut-elle être cautionnée ? — Oui, quant à l'obligation aux dommages-intérêts.

III. L'art. 2037 C. N. tire son origine de la combinaison des art. 1252 et 1382 du même Code.

IV. Lorsque la caution a payé sans avertir le débiteur principal, mais sur les poursuites du créancier, elle n'encourt aucune déchéance quant à son action contre le débiteur.

V. L'interpellation faite à la caution ou la reconnaissance de la dette émanant de la caution interrompt la prescription contre le débiteur principal.

CODE DE PROCÉDURE.

L'exception de discussion est un moyen dilatoire.

CODE DE COMMERCE.

I. On ne peut voir dans l'art. 541 2° C. comm. qu'une exception à l'art. 1252 C. N.

II. Le mari commun en biens peut se prévaloir des remises faites par concordat à sa femme marchande publique, lorsqu'il s'est porté caution solidaire de ses engagements.

CODE PÉNAL.

I. L'acte par lequel on donne la mort à une autre personne avec le consentement de celle-ci ne doit-il être considéré que comme un cas de complicité de suicide ne pouvant entraîner contre son auteur aucune pénalité ? — Non.

II. Le complice est-il passible de l'aggravation de peine qui résulte d'une qualité personnelle à l'auteur du crime ou du délit, lorsqu'il n'a pas eu connaissance de cette qualité aggravante? — Oui.

DROIT ADMINISTRATIF.

Les ministres sont les juges de droit commun.

TABLE DES MATIÈRES.

DROIT ROMAIN.

DROIT FRANÇAIS.

Vu par le président de l'acte public,

RAGON.

Vu par le doyen,

H. GRELLAUD, ✽.

Vu par le recteur,

DESROZIERS, (O. ✽).

Les visas exigés par les règlements sont une garantie des principes et des opinions relatives à la religion, à l'ordre public et aux bonnes mœurs (statut du 9 avril 1825, art. 41), mais non des opinions purement juridiques, dont la responsabilité est laissée au candidat.

Le candidat répondra en outre aux questions qui lui seront faites sur les autres matières de l'enseignement.

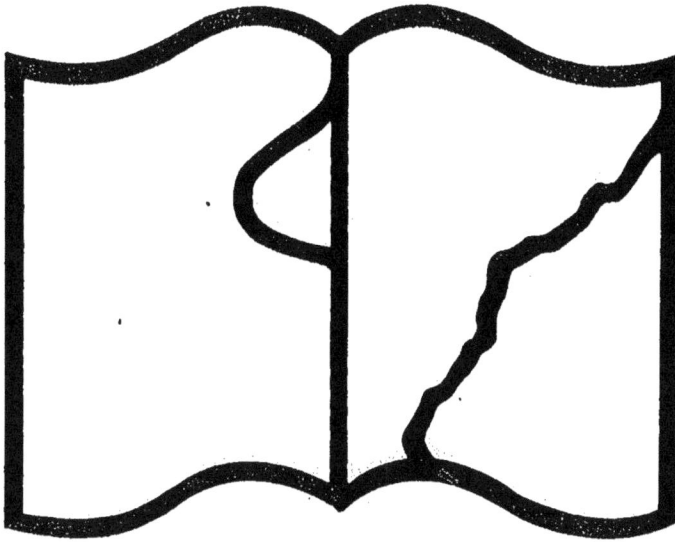

Texte détérioré — reliure défectueuse

NF Z 43-120-11